S O C I O L O G Y

社会学に正解はない

中根光敏＋野村浩也＋河口和也＋狩谷あゆみ

NAKANE MITSUTOSHI

NOMURA KOYA

KAWAGUCHI KAZUYA

KARIYA AYUMI

SHORAISHA
松籟社

社会学に正解はない

まえがき——The Real Sociology への招待

大学で初めて社会学という学問を学ぼうとする人たちに、実戦的に使えるテキストを作りたい！　そんな思いから本書は生まれた。

大型書店の「社会学コーナー」に行ってみれば、陳列棚に並べられた数多くの入門者向けのテキストを手にすることができる。それらの中には、社会学の専門用語や理論を覚えるのに、便利なテキストもあるだろう。でも、使えないのだ。なぜなら、社会学とは、人間社会の現実を既成の理論や知識に上手くあてはめて説明する学問ではなく、人間社会の現実から論理を構成しようと試みる学問だからだ。どれだけ、専門用語や理論を覚えても、社会学を学ぶことはできないし、学んだことにはならない。

「社会学をやるならば、まず、この本を読みなさい」と自信を持って推薦できるテキストがない。そうつねづね考えていた私たちは、いっそ自分たちで作ってしまおうと思い立った。そして、誕生したのが本書である。なお、本書は、広島修道大学テキストシリーズとして学術出版助成を受けて刊行されたものである。

さて、本書の見取り図を示しておこう。

この本は、大きく二部構成になっている。

第1部では、「論文の書き方」から、社会学的方法・視点の根本問題についてまでが論じられている。研究テーマ設定の仕方から始まり、文献の収集、参与観察やインタビュー調査の視点と方法までが、対談《ディスカッション》形式で示されている。是非、本文と並行して、下段に記した注も読んでほしい。また、論文を執筆する際に、最低限、必要とされる「目次」「注」「文献」などの書き方に関する基本的なルールは、横書き表示にしてある。

第2部には、執筆者四人それぞれ二本ずつの独立した論文が合計八本収められている。それぞれの論文には、社会学的分析レベルを落とすことなく、初めて社会学を学ぶ人にも読みやすいように配慮をしたつもりである。

読者には、第1部からでも第2部からでも、どちらから読み始めてもらってもかまわない。けれども、第1部については、是非、最初から読み進めてほしい。そうすれば、次第にヒートアップしていく即興演奏のようなThe Real《これこそ》 Sociology《社会学》が体験できるはずである。

目次

第1部　社会学の現場

社会学に正解はない

第1部

レポート／論文の書き方

テーマの設定

狩谷　さっき、学生からメールが来たんです。ところが、携帯電話からのメールで名前もわからないし、何についての「ガイドブック」なのか説明もない、……一行だけの質問。

　＞ガイドブックを参考文献にしようと思うんですが、書き方は、発行社・年月日・『題名』でいいですか？

推測するに、カフェについてのガイドブックを見つけたので、それを参考文献に含めていいのかということだろうと思うけど……。なんで私が親切に「推測」してやらなければならないのだ？

「ガイドブックは文献じゃなくて、資料だろ！」「文献の書き方は、執筆者、出版年、タイトル、出版社の順だろ！」と、心の中でつっこんでしまいましたよ。

前期のゼミが始まったとき、私は、自分で作った「研究マニュアル」――すいません、マニュアル世代で――を学生に配布した上で、それぞれの学生が報告するたびに、文献リストの書き方だの、資料の集め方だの、どのように人やモノを観察したらいいのかを説明したんですけど……。

このメールを送ってきた彼女にとっては、配布されたマニュアルを開いて確認することも、本を探すことも、本を開くことも、「無駄な作業」なのかもしれませんね。わからなくなった時にだけ、「先生に教えてもらえばいい」と思ってる……。しかも、ケータイ使ってだよ!?「カフェ」というテーマ自体、彼女がどのように決めたのかというと、他の学生が「カフェ」で報告したのを見て、「あたし、「カフェ」をテーマにする！」とその場で宣言したわけなんです――「カフェ」で報告した学生は、さすがに引いていましたけれどもね。

報告した学生も、「誰とどこで何を食べるか？」というテーマで報告した別の学生に、私が「調査する場所を決めたら？　例えばカフェとか」とアドバイスしたのをパクっただけ……。――「語彙」を与えてしまった私も悪いのでしょうか？

普段、講義をしていてよく目にするのは、学生は黒板に書かれた内容しかノートにとらないし、ノートも余白がないようにぎっしりつめて書く。私が順番を間違えて黒板を消そうものなら、学生は憤慨し、私を責める!?

最低限の本、最低限の情報、最低限の観察記録、最低限の資料、最低限の人から聞いた話……なるべく「無駄」を省いて、楽《らく》して研究しようなーんてもってのほか！

お勉強と学問との違いは、お勉強は、一方的に知識を与えてもらうことでも成立するけれど、学問は「無駄な作業」の連続の上でしか成立しないと思うんです。テーマを決めるまでの作業も、テーマに関する文献を集めて読む、テーマの対象となる人やモノを観察し検証する。その繰り返しを行なわなければ、テーマなんて絶対に決められない。テーマを決めてからも、同じような「無駄な作業」の連続なわけです。レポート／論文を書くのも、書いては直し、書いては直し……。まさに「無駄な作業」の繰り返し!!……身につまされる。

中根　私のところにも、ゼミの二年生からこんなメールがありましたよ……。

＞そのテーマは社会学の範囲ではない、ということはあるんですか？　若者の言葉について本を読みましたがどうなんでしょうか。

★テーマ設定が うまくいかないタイプ

私のこれまでの経験から言えば、テーマ設定がうまくいかない人には、以下のような典型的なタイプがある。

タイプA：最初関心を抱いている漠然とした大きなテーマからテーマを絞りきれない人。例えば、「環境問題」「マスコミ」「現代文化」「差別問題」「女性問題」など、一生かかっても追いきれない巨大なテーマから逃れられない人である。

タイプB：関心を持っているテーマが複数あり、それらが拡散していて、どのテーマにも絞りきれない人。ゼミの報告ごとにテーマが変わってしまうような浮気性な人。

味気ないメールには、素っ気のないメールで返答するというのが、私の流儀です。——「現段階では、人間社会の範囲で起こっていることであれば、それが社会学のテーマかどうかを考える必要はありません。研究テーマを絞り込んでいくうちに、社会学の範囲のテーマにしていけばいいのです」ってね……。

一般的に、社会学に限定しなくても、論文を書く際に最も重要なのは、テーマを設定することですよね。テーマの設定を誤れば、その論文がいかに精巧に作成されていようと、全く価値のないものになってしまう。逆にテーマの設定が適切であれば、少々雑に構成されていても、大きな評価を受ける場合もある。実際、論文の作成に最も時間と労力を注ぎこむのは、テーマ設定のプロセスだと言ってもいいと思うんですね。テーマさえ設定してしまえば、登山で言えば目標とする山頂にたどりついたも同じでしょう。後は、慎重に下山するだけです。

卒業論文を作成しようとする際、たいていの学生は、自分が作成しようとする論文のテーマが漠然としていたり、自分が関心を持っているテーマが複数で絞りこめていなかったりする場合がほとんどですよね。……もしかすると、自分の関心自体がわからない、あるいは全くないという人がいるような気がしてならないんです。

そのような人は、まず、自分の日常生活を具体的に振り返ってみることから始めてみるべきじゃないでしょうか。——今日一日、起きてから何をしたかに始まって、遡って一週

タイプC：関心を持っているテーマが、あまりにも独特なものであるために、参考にしたり参照したりする文献やデータがほとんど見つからず、研究が進まない人。

タイプD：比較的絞りこんだテーマに関心を抱いているにも関わらず、参考にした複数の文献のそれぞれにひきずられてしまい、自分のテーマを見失ってしまう人。

タイプE：自分の手に負えないようなテーマを設定してしまう人。典型的な事例としては、学習したこともない外国語の語学力を必要とするテーマを設定してしまう人や、莫大な調査費用が必要となるようなテーマを設定してしまう人があげられる。

テーマ設定のうまくいかない人のタイプは、このように様々であるけれども、それらの人々の多くに共通していることが一つある。それは、自分が関心を抱いている課題の全てを、ひとつの論文で追

間ぐらい（一ヶ月でもいい）の自分の生活経験を、時系列で、できるだけ細かく書き出してみる。それを読み返しながら、よく考えてみるんです、……ここ一週間の間に「最も印象に残っている経験は？」「最も疑問に思ったことは？」「最も不満に思ったことは？」……何か？　こうした作業から、気になることが見つかったら、それをテーマとして設定することを考えてみるんです。ただ、それでも何も見つからない人は、それはそれでしかたのないことでしょうね。明日にでも大学の事務室に行って、退学の手続きをとったほうがいいでしょう。学問というのは、誰もがしなければならないものではないのですから、必要のない人は、大学にいる必要もない。何も気にしなくていい……、それでいいのです。

河口　いま中根さんがおっしゃった、一日の生活を振り返ることでテーマにつなげるというやり方は、有効な方法だと思います。ここ一週間の間に「最も印象に残っている経験は？」「最も疑問に思ったことは？」「最も不満に思ったことは？」……何か？

狩谷　学生に研究テーマを決めさせることって、教える側にとって、これほど苦しい作業はないですよね。――「何か関心があることってないの？」「普段、疑問に思うことってないの？」「趣味は？」「どんな音楽聞いてるの？」「映画とか見る？」「彼女／彼氏はいるの？」「普段、友達とどんな話をしてんの？」……。

それで、私自身が、研究テーマを決めた過程を思い返してみたんです。私の大学時代の

求してしまおうとする点である。卒業論文は、所詮、作成期間が限定されたひとつの論文にすぎない。この制約の中で、現実に実行可能なテーマを設定することが、卒業論文の作成においては、何よりも重要である。そして、実はそうしたテーマの設定こそが、自分が関心を抱いている課題の全体に迫るための一番の近道なのだ。

研究テーマは、「寄せ場★」でした。このテーマを決めたのは、大学二年のときでした。きっかけは、一九九一年三月に広島市内で起きた「橋桁落下事故」（新交通システム建設の際の事故）だったんです。

このとき、橋桁の下敷きになり死亡した「市民」に対しては、広島市から補償金が出たのですが、橋桁もろとも落下して死亡した「下請け会社の社員」には、何の補償もなく、しかも、マスメディアによる報道では、「加害者」扱いでした。

もともと、私は労働災害に興味がありました。新聞を見ていて、他の事故や災害の場合と異なり、労働災害の場合は、「作業員××名死亡」という形で、人の死が軽く扱われているような気がしていたからなんです。しかも、作業員の多くは、事故現場から遠く離れた、地方出身者がほとんどでしたから……。先の新交通システム（アストラムライン）だけでなく、瀬戸大橋の場合も、古くは青函トンネルや黒部ダムの場合も同じです。労働災害による犠牲者の上に成り立っている公共工事では、できあがってしまえば、「何事もなかったかのように」人びとは忘れ去ってしまう。下請け会社の作業員の死が軽く扱われたことも、事故現場から遠く離れた地方出身者が労働災害の犠牲者となっていたことも、「何事もなかったかのように」人々が忘れ去ってしまうことも、大学時代の私にとっては、すべて疑問でした。

同じ年の夏に、はじめて日本三大寄せ場のひとつである大阪の釜ヶ崎に行って、労働災

★寄せ場
寄せ場とは、日雇労働者の就労場所であり、ヤミの労働力市場が公然と展開されている場所である。寄せ場で就労する仕事は、過去の経歴を問われない「履歴書の要らない職業」であり、寄せ場労働者の多くが居住するのは、「保証人の要らない住居」である。詳細は［青木秀男編、一九九九、『場所をあけろ！』松籟社］を参照。

害は、土木建設現場でミスを犯した作業員の個人的な問題ではなく、労働災害の責任を下請けや孫請け・曾孫請け会社の作業員に課すことで責任を回避するという、土木建設業の重層構造にあることを知りました。そして、そういった重層構造を「見て見ぬふり」をし、「何事もなかったかのように振る舞う」社会の問題であることも——。

私自身の経験から考えると、日常生活を送っていて、疑問に思うことや納得できないことがあって、それが研究テーマとなっているのかもしれません。先ほど、中根さんは「関心や疑問が何も見つからない人は、明日にでも大学の事務室に行って、退学の手続きをとった方がいい」とおっしゃってましたが、私は学生をそこまで冷たく突き放すことができませんでした。私は、良い意味でも悪い意味でも、学生に期待してしまうので、研究テーマに関する「語彙」を学生に与えてしまう。考えてみれば、さまざまな社会現象に対して、疑問も関心もなく、何も考えなくても何もしなくても生きていける人たちに、こちらが、むりやり考えさせたり、何かさせたりする必要はないのかもしれませんね。学生にとっては「大きなお世話」なのかもしれません。

中根　冷たく突き放してショックを与えないと考えられない学生もいるということですよ。だけど、それでも考えられない学生に、研究テーマを提供する作業は無意味ですし、実際問題として不可能です。大学の教員は、宣教師ではありませんから……。私が最後の手段として試みるのは、学生たちに「いいんだよ、何も考えなくても!!　そのまま何も考えずにずっと生きていく君たちがとってもいい」って言ってあげるんです。そうすると、たいていみんな気持ち悪がって、少しは考えるようになりますよ。

メモの整理によるテーマの設定

河口　さっき言いました、一日の生活を振り返ることでテーマにつなげるというやり方なんですが、この過程で得られたメモをどのように整理していくかということが、問題になると思うんです。もちろんレポートや論文のテーマ設定に限らず、あるいはそれ以上に、この問題は、収集されたデータをどのように整理していったらよいのかを考えるときにも役立つと思います。とりあえず、ここでは、テーマを見つけ出すときのメモをいかに整理するかということに、焦点をあててみたいと考えます。

まず、多くのメモは、人間の生活時間の流れに沿って、時系列に並んでいると思います。そして、メモには多くの事柄が書かれているに違いない。人間の生活とは、詳細に書き記そうと思えば、どんな退屈な時間を送っていても、相当の数の言葉を駆使しなければ、記述できないものですよね。とりわけ自分の生活に関しては、起きた出来事だけではなく、考えていること、つまり自分の思考の部分も含めれば、言葉をつくさないと書ききれないことでしょう。――ただし、人間は、それほど違和感を感じないかぎりは、そのことを言葉にすることはないものでもありますが……。それは「自明」であるという状態――少なくとも本人にとっては「自明」であるという状態――でもあります。しかし、自明性をいったんは疑うという社会学的思考法を実践するならば、わかりきったことでも、やはり事細かに書く必要があるでしょう。

こうして時系列に並んだメモ群が生まれるわけですが、この時間に沿った思考の流れを、いったん壊す必要もあります。また、一枚のメモに複数の事柄について書かれている場合にも、それらはさらに一枚一枚のメモに分ける必要があります。つまり、一枚のメモにひとつのアイデアしか書かないという鉄則。こうすれば、もうすでに出来上がっている時間の流れから事柄を切り離してやることができるのです。なぜ、そうするのか……。人は、ああでもないこうでもないといろいろな思考をめぐらしますが、それは必ずしも時間に沿っているわけではなく、つねにバラバラにいろいろなことを考えているからなのです。だとすれば、時間という一つの軸から解放してやって、個別の考え《アイデア》として位置づけてやる必要があるということなのです。

バラバラになった紙片――そこには出来事や考えがひとつひとつ書きこまれていることになります。そして、次には、それを内容的に似たものどうしで集めてみる……、このときに集め方の基準として確固たる論理など必要ない。とにかく、紙片を眺めて、感覚的にどこか似ているなと思ったら、それをグループにするわけですね。グループができたら、そこに書かれていることをもう一度読み、グループごとのタイトルをつけてゆきます。そうすれば、自分の生活を振り返って、そこで起きたこと、感じたこと、考えたこと、それらがバラバラになった状態から、少しずつ整理されてくる。そうすると同じ時間に違うことを考えていたとか、また違う時間に同じようなことを考えていたとかが、整理されて提示されてくるでしょう。それは、自分の生活がある意味、相対化されていく過程でもあります。漫然と過ごしている自分の生活が、ひとつの対象となって相対化されること——それがまずは卒論への第一歩だと思うんです。いまお話ししたのは、わたしのオリジナルな方法ではなくKJ法★の一部を簡略化したものです。

こうして、グループ化されたメモの束には、なにがしかの標題がつけられていきます。さきほど、そうした標題は、論理的なものである必要性はなく、感覚的につければよいと言いました。個人の感覚というものは、一見恣意的であるように見えて、じつはそのなかに一定の論理を含んでいるものでもあるのです。メモに標題をつけていくという作業は、そうした隠れた論理を見つけ出すためのものでもあります。ひとつひとつ標題のつけられたメモ群のなかには、さらにグループとして似通ったものが出てくるでしょう。そうしたものをまたグループ化していく……。そうすると、標題自体はさらに抽象化されたものとなっていくはずです。多様な思考や出来事をまとめあげていくアイデアは、おのずと抽象

★KJ法

KJ法とは、野外観察により集めた多様なデータをまとめるために人類学者の川喜田二郎が考案した一種の思考整理法/発想法であり、個人による研究でも効果を発揮するが、集団討議などでも参加者から出されたさまざまなアイデアをまとめるためにも利用できる。なお、KJとは、発案者のイニシャルから取られている。詳細は、川喜田二郎『発想法』『続・発想法』（中央公論社）を参照。

化されていくわけです。これが、個別の生活における、具体から抽象へというプロセスでもあると思うんです。

ここで重要なことは、具体から抽象へまとめ上げられていく過程は、ひとつではないということを意識すること――、つまり、整理のしかた、抽象化への道筋はいろいろあるということなんです。バラバラのメモの紙片は、いろいろな方向性へと開かれております。その方向性がどのようなものかということを見つけ出すのは、整理をしている本人のなせる技でしょう。でも、この技は、才能というようなものではなく、試行錯誤によって支えられていると思うんです。何度も繰り返して、抽象化の試みをしてみること。紙片をまとめ上げては壊し、壊してはまとめあげるということを、何度も繰り返すことが大切なのです。そうしたプロセスを繰り返していけば、いくつかの方向性に収束していくでしょう。

さらに抽象化を繰り返していく過程では、メモ群にいくつかの標題がつけられ、その標題のつけられたグループがさらにまとめられ、メモ群の層ができあがっていくことでしょう。そして階層化されたメモ群は、互いになんらかの形で関連づけられます。それは、原因－結果というような関係性であったり、手段－目的というような関係性であったり、対抗的な関係であったり、さらには補足的な関係であったりというように、様々な関係性によってそれぞれが位置づけられています。関連のしかたはホントに様々です。この関係性は、ある意味「論理」と呼んでも／読んでもいいものではないでしょうか。感覚的なものの中には、論理が潜在的に含まれていて、メモ群の整理の過程をとおして、その「感覚」を「論理」へと変換していく作業が、ここでお話ししていることです。ただし、その「論理」が妥当なものかどうかは別問題なのですが……。

そこまで来ると、なんとなく大きな図式が見えてきます。論文のテーマの方向性もなんとか見えてくるのではないでしょうか。

いまお話ししたやり方は、一見単純な作業のように思われるかもしれませんが、こうした単純なものが、思考の整理には有効なのではないでしょうか。論文を書くときによく恩師から言われた言葉は、「考えてもだめなときにはまずは手を動かせ」でした。

文献の収集

中根　河口さんがおっしゃったようなやり方などで、ある程度、テーマの方向性が見いだせたら、次は、自分が関心を持ったテーマに関して書かれた代表的な文献を、最低五冊くらいは読むべきでしょうね。いくら自分が強い関心を持っているテーマであっても、全く無の状態からテーマを設定することは無謀ですよね……。けれども、二〇冊以上読んでもテーマがうまく設定できない場合は、思いきって、取りあえず何かテーマを設定してし

★スケジュールを立てる

テーマを決めるにあたっては、歴史（時間）的な区切りを行なうことと、地理（空間）的な区切りを行なうことである。この二つが曖昧だと、テーマは際限なく拡がってしまい、絞りこむことが不可能になってしまう。

たとえば、「現代社会の流行現象」なんていうテーマを掲げてみたのであれば、「現代」とは何年から何年までなのか、「社会」とはどの地域なのか、「流行」とは誰にとって何の流行なのかを出来るだけ具体的にしておく必要がある。「若者」「子ども」「老人」「女性」「オヤジ」などと言うならば、どこにいる何歳から何歳までなのかを決めてしまう。いったんは、強引にギリギリまで絞れるだけテーマに関連した対象を絞りこむ。この作業を経てはじめて、「自分自身が何に一番関心をもっているのか」という出発点に立つ

まうしかないでしょう。とにかく、何か取っ掛かりを見つけなければ、テーマを絞ることはできません。また、この際に、読むべき文献が見あたらない場合は、そのテーマ自体を再考したほうがよいと思います。よほどの思い入れやセンスがない限り、先行研究のないテーマで論文を書くことは難しいでしょうね……。

狩谷　文献の集め方には、ふたつの方法があると思います。

ひとつは、テーマに関する先行研究から集める、もうひとつは理論的枠組みとして利用できるものから集めるという方法です。

学生の文献の集め方を見ていると、タイトルに自分のテーマに関する内容が書いてあるかどうかを基準としているように見えるんですよ。例えば、「恋愛」をテーマにするとき、なぜかマニュアル本を集めてきたり、「ダイエット」をテーマにするとき、なぜかダイエット本を集めてきたり……。

もちろん、資料として使用することはできますが、マニュアル本やダイエット本は、決して先行研究には含まれないですよね。――あなたは「社会学」でレポートや卒業論文を書くのだから、あなたが選んだテーマに沿って、社会学者が書いた論文や本が、あなたにとっての「先行研究」ということになるんですよ――って学生によく言います。

また、タイトルに『○○の社会学』と書いてあっても、社会学関連ではないこともしばしばありますよね。

ことができる。

そして、テーマをうまく絞りこんでいくためには、卒業論文作成の大枠のスケジュールを組んでみることも大切である。ほとんどの人は、就職活動をするであろうから、四年次の四月〜七月中旬までは、卒論に集中することは出来ない。四年次の夏休みに入るころには、もう残された時間は五ヶ月ほどしかない。それまでに何をしておかなければならないのかを、あらかじめ考えてスケジュールを組んでみよう。

論文の作成は、テーマの設定を除けば、「データ・文献の収集」「データ・文献の分析」「執筆」の作業に分かれる。データ収集の際に、調査を必要とするテーマであれば、調査の日程もスケジュールに組みこまなければならない。特に、フィールド・ワーク調査を行なうのであれば、なるべく二年次の夏休み頃からフィールドに入る

社会学関連の文献と言われても、「社会学」自体どのようなものかわからない場合、学生にとっては、文献の集めようがないのかもしれませんね。そのようなときは、社会学の教員が講義で使っているキーワードを利用するという方法があると思うんです。ジェンダー／セクシュアリティ、家族、階層／階級、消費社会……、「講義で聞いたことあるな」と思うキーワードが載ってる文献を、「関係ないかもなあ」と思っても、実際に本を開いて確かめてみることを、学生に勧めています。あとは『岩波講座　現代社会学』（岩波書店）、『現代社会学人系』（青木書店）、『リーディングス　日本の社会学』（東京大学出版会）など、「理論の話は難しい」などと最初から諦めずに、実際に本を開いてみること――理論的枠組みの説明や事例に、その学生が関心をもっているテーマが使用されている場合もあるのですから……。例えば、ジェンダー／セクシュアリティ関連の文献に、「ダイエット」や「化粧」、「恋愛」「スポーツ」について書かれていたり、階層／階級関連、家族関連の文献に「結婚」や「恋愛」について書かれていたり、消費社会関連の文献に「流行」や「ファッション」「CM」について書かれていたり……。さらに、『社会学文献事典』（弘文堂）なんかを使えば、かなり効率よく文献を集めることができます。

このようなやり方で、先行研究を発見できたら、後は芋蔓《いもづる》式（？）です。先行研究の文献リストを利用すれば、さらに関係する文献を見つけだすことができます。

要は、タイトルだけ見て文献を集めようなどという「ズル」をせずに、ちゃんと中身を

のが、望ましい。文献研究のテーマであっても、文献を収集するのには、意外に時間がかかる。国内の文献であっても、書店で注文すれば、注文した本が手元に届くまでに、最低一ヶ月はみておいたほうがよい。遅くとも、四年になるまでには、卒論作成に使用する文献のほとんどを揃えておくべきである。そうすれば、就職活動の期間を有効な読書の時間に使うことができる。

実際に、長い論文を作成してみれば体験的にわかることだが、執筆には相当の集中力を必要とする。色々神経を使う就職活動と並行して、執筆を行なうのは、よほど頭の切り替えの早い人以外は不可能だろう。実際に、プロの研究者であっても、その多くが、投稿しようとする研究誌の締め切りにあわせて論文作成のスケジュールを組んでいるのである。

確認して、文献を集めることが大切なのです。

あとは、「自分の研究テーマには関係ないかも」と思うような本も読んでみることですよね。意外なところで、自分の研究テーマに使えるような理論的枠組みを見つけ出す場合だってあるんですから。

中根　そうですよね。そうやって文献を集めて、そして研究テーマに関連する文献リストを作成したら、そのリストで一番多く著書や論文のある研究者、つまり最も社会的（学術的）に評価の高い研究者を、「モデル研究者」に設定するのも、テーマを絞っていくのに、有効かと思います。その研究者の書いたものを片っ端から、収集して読破していくわけです。

まず、自分が設定したテーマに関連の深いものから順に読み、関連のなさそうなものでも一応目を通す。むろん、モデルとした研究者の思想や考え方に同調する必要は、全くない。いや、絶対に同調などしてはいけないですよね。というのも、学問っていうのは、基本的には喧嘩だ——と私は思っていますから……。論理的というルールに則ってする喧嘩は、互いに相手を言い負かそうと試みるゲームなんです。

喧嘩というのは、やるからには勝つつもりでやらなければ意味ないです。最終的な結果がどうなろうと、そんなことはどうでもいい……、相手の意見に同調してしまうのは、学問上の喧嘩では敗北だ！って、学生にハッパかけています。「プロの研究者になんて

★資料の種類
社会学の論文を書く際に、必要とされる資料は、文献資料に限られない。代表的な資料を分類すると以下のようになる。
①映画・ビデオ・DVD
②テレビ番組やCM
③ラジオ番組やCM
④レコード・CD
⑤ホームページ
⑥絵画・リトグラフ・ポスター・絵葉書など
⑦折り込み広告・チラシやステッカー・看板など
⑧落書き
思いつくまま、挙げてみたけれども、基本的には資料を分類する際には、①メディアの形態、②文字以外の視覚情報（動画か静止画か）、③音（発話言語とそれ以外）って感じで分けるしかないのかもしれない。ただ、難しいのは、フィールドワークで取得するデータとの線引きが曖昧なものも

勝てっこない」と思うかもしれません。でも、だからこそ、最も高い社会的評価を受けている研究者を、自分の喧嘩相手に選ぶのが必要なんですよね。サッカーだってトルコと対戦して負けるより、ブラジルと対戦して負ける方が納得するだろうって、学生によく言います。なにも全面戦を挑む必要はないんですね。強敵に勝てる局地戦を工夫するわけです。現実の社会現象や社会意識などを研究対象とする社会学的研究には、完全なものなどありえないのですから……つまり、どんなに優れた研究であっても、必ず論理的な矛盾や穴があるはずなんです。それを見出そうとモデル研究者と格闘すれば、必ず自分の論文テーマは絞られてくると思うんです。

あるところだ。基本的には、メディアで線引きするしかない。

レポート・卒業論文の書き方

◆目次の書き方

実際に論文を書くというとき、重要なのは目次の作成である。

４００字詰め原稿用紙５０枚前後の論文を書くとき、それで明らかにできるのは１点である。そして、多くの場合、論文の結論は研究者の思いこみである。最初から結論を決めてしまうと、その結論に拘ってしまうために、いくらデータを集めても、いくら本を読んでも、さして新たな「発見」というのは期待できない。もちろん、実際に文章を書きながら、細かい箇所は調整する必要があるし、実際に書き始めないと結論自体はっきりしないことも多い。しかし、大枠を決めてないと、いくら文献を引用し、データを使用しても、筆者が何を伝えたいのかが読み手には伝わらない。目次は、「卒業論文完成」までの道しるべのようなものであり、実際に書きながら、横道にそれたり、迷ったり、途方にくれたりするのを防いでくれるものだ。

❶目　次

章、節、項に分割する。

【例1】	【例2】
第1章	I
第1節	I－1
第1項	I－1－i

(a) それぞれにページ番号を付す

❷はじめに

(a) テーマを選んだ理由、動機、自分自身の問題関心、調査・研究方法について

(b) 卒論で、何をどのように明らかにするのか？

論文で最も重要なのは「はじめに」「結び」である。「はじめに」「結び」は論文全体の内容と一致するように最後に書く。

★目次の構成方法

本格的な論文を書く際には、目次を作ってから書き始めたほうが効率的である。個人差もあるけれども、長い文章を書くことに慣れていない人は、とりあえず、目次を構成してみたほうがいい。ただし、ここで構成する目次は、最終的なものではなく、あくまでも「とりあえず」のもので、書くための目安にすぎない。だから、気楽にやり始めればいい。けれども、それは、細かければ細かいほどいい。なぜなら、ここで示す方法は、短い文章をつなぎ合わせて、長い文章にしていく方法の一つであるから。

まず、５０枚ほどの付箋紙を用意する。付箋紙は、目次の小見出しを書き込める程度の大きさで、小さいもののほうがいい。それから、机の上に拡げられる程度の大きさで、手に持っても折曲がらな

❸第１章（もしくは、Ⅰ）——先行研究をまとめる

【例】

第１章　社会学におけるアイデンティティ概念の検討

Ⅰ　社会学におけるアイデンティティ概念の検討

(a) 自分が使用するカテゴリーの説明に重点を置く。「アイデンティティ」「ジェンダー」「セクシュアリティ」など、社会学という領域で無前提に使用されている言葉であっても、きちんと説明すること(説明することによって、著者の視点が明確になる)。また、「家族」「若者」「ファッション」など、日常的に使用される言葉であればあるほど説明を要する。

(b) テーマに関する先行研究を引用しながら、批判点、問題点、自分の考えとの類似点を明らかにすることで、著者の視点を明確にする（枠組みを提示する)。

その際、自分のテーマに関する先行研究で明らかにされている点、明らかにされていない点をはっきりさせること。

い厚さをもった紙（ボール紙）を１０枚程度用意する。Ａ４サイズ以上の大きさがあれば十分だろう。

次に、付箋紙に、思いつくまま、自分が書きたいことを小見出しとして、１枚に１項目ずつ書き込んでいく。書き込んだ付箋紙は、机上に拡げた紙に貼り付けていく。机上の紙に貼り付けた付箋紙が、ある程度の枚数になってきたら、とりあえず、それらの付箋紙を順番に並び替えてみる。小見出しを思いつけないほど付箋紙に書き込んだら、今度は、付箋紙を貼り付けていない新しい紙を使って、１枚を「１章」にみたてて、目次の構成を考えながら、章ごとに紙をかえて、付箋紙を移動させていく。この作業が、終わったら、章ごとに付箋紙を貼り付けた紙が数枚できあがっているはずである。そうしたら、各章ごと１枚になっている紙を眺めながら、他に書

❹ 第２章～第３章（もしくは、Ⅱ～Ⅲ）―― 研究内容

【例】

第２章　寄せ場労働者のアイデンティティ

第３章　在日韓国朝鮮人のアイデンティティ

Ⅱ　寄せ場労働者のアイデンティティ

Ⅲ　在日韓国朝鮮人のアイデンティティ

(a) 第１章（もしくは、Ⅰ）で示した枠組みに沿って、具体的にデータを解釈、分析していく。

(b) 先行研究で明らかにされていないこと、不充分な点に関して、著者自身が集めたデータを用いて分析していくことを目指す。

(c) 人から話を聞いた場合、(仮名、年齢、職業、年月日、場所）等をデータの最後に付す。

(d) 新聞や雑誌記事の場合は掲載日／新聞名（雑誌名）、テレビ番組の場合は番組名／放送日／放送局を付す。

(e) 年代、時期、いくつかのパターン、カテゴリーに分類し、それぞれを比較する形で分析する。

かなければならない項目が漏れていないかどうかチェックする。たいてい、そうした作業をおこなえば、最初に書き込んだ項目以外に、書くべき項目がいくつか浮かび上がってくるはずである。

これらの作業を終えたら、一旦、それを目次として、書きやすい項目から書きはじめてもかまわないし、さらに目次の階層を考えてもいい。

これらの作業は、アウトラインプロセッサというパソコンソフト（たいていのワープロソフトには標準機能として付属されている）を使っても行なうことができる。ただ、実際にやって比較してみればわかるけれども、作業としては、付箋紙をつかったほうが効率的である。

❺第4章（もしくは、Ⅳ）——結び

(a) 卒論で、何をどのように明らかにしたのかをまとめて示す（Ⅰ、Ⅱ、Ⅲで既に書いたことの繰り返しでかまわない、最も読み手に伝えたいことは繰り返す）。

(b) 自分の研究テーマに関する課題を示すことで終わる。

❻注

「注の付け方」を参照。

❼文　献

「文献表示の仕方」を参照。

★図・表などの作成とレイアウト

ここでは、卒業論文のレイアウトを最終的にワープロやＤＴＰソフトで仕上げることを想定して、「図・表などの作成とレイアウト」について記しておく。

パソコンの普及によって、図や表の作成は、ずいぶん手軽にできるようになった。また、デジカメの写真は言うまでもなく、プリントされた一般の写真や手書きのイラストであっても、スキャナを使って簡単にデジタルデータとして処理することもできる。一般に、文字がテキストデータと呼ばれるのに対して、図・表・写真・イラストなどは画像データと呼ばれる。

◆文章の書き方

「文章のうまい／へた」は、訓練してもどうにもならない場合もある。けれども、論文を書く際には、「自分が言いたいことをいかに分かりやすく読み手に伝えるか」という点に配慮しなければならない。

❶文脈を考える

文献を引用する場合も、インタビューなどのデータや資料を提示する場合も、なぜその箇所が必要なのかを考える。そして、だらだらと引用したり、データを示したりするのではなく、最低限必要な箇所（最も効果的に、自分が言いたいことを伝えられる箇所）に限定する。

文献を引用する目的は2つある。1つは先行研究を批判（非難ではない）することで自分の言いたいことを伝えるため。もう1つは自分の言いたいこと（あっ、こう書きたかったんだ！というようなこと）を代弁してもらうため。必要な文献全てを購入するというのは、経済的に無理かもしれないが、最低限必要なものは自分で買っておいた方がよい。その理由は、図書館の本など、人から借りた本には付箋紙も貼れないし、線も引けないからである。

まず、画像データは、本文などのテキストデータとは、別にして、独立したファイルで保存する。画像データが複数ある場合には、一旦、ひとつひとつ別個にファイル名をつけて保存しておく。そして、最終的に本文がすべてできあがった後、ワープロやDTPソフトを使って、テキストデータと画像データを一緒にしてレイアウトしていく。

画像データは、本文と関連する近い場所におくのが原則である。ただし、図や表、写真などを多数連続して並べる必要があるときは、1ページ全体をそれらにあてたり、あるいは本文の最後に一括してまとめる方法もある。どのような配置のしかたが最も読みやすいか、見やすいのかを考えて、レイアウトしなければならない。

図・表の中の文字は、本文の文字の大きさよりも、ひとまわり小さな大きさの文字で作成すると、インタビューなどのデータや資料を提示する場合は、どの箇所が最低限必要となるのかを考え、蛍光ペンなどで線を引いておく（私の場合、論文を書く前に、フィールドノートや新聞記事に線を引く）。

❷ 引用する意図をきちんと説明する

学術書を読んでいたら分かると思うが、他人が書いた文章を一文字も引用していない本や論文というのは存在しない。そして、引用箇所の前後に何らかの説明が付け加えられているはずである。「……（著者）は、……を……と分類している／説明している」、「……（著者）によれば、……は……ということである」などなど。同じ人が書いた本を何ヶ所も引用することになっても、しつこいほど上記の説明の仕方に当てはめて書くこと（とにかく形から入る）。そして、本や論文の中で引用してある箇所を自分も引用したいと考えたときは、「［著者名字，出版年：引用頁］から重引」と注に付けてもいいけれども、できる限り引用されている本や論文に直接あたった方がよい。他人が引用した文章は、もともとそれが書かれていた文脈とは異なる場合が多いからだ。

読みやすく、また見栄えもよくなる。大きな表を作成する場合は、できるだけ1ページにおさまるように計算して、レイアウトをするよう心がけよう。はじめに大きめに作成しておいて、それを縮小するほうがレイアウトしやすい。どうしても、数ページにまたがるような場合は、図・表がどこで切れて、次のページのどこにつながっているのかが、一目見ただけで、はっきりと分かるようにレイアウトすること。もちろん、あまり小さな文字ばかりで作成すると、読みにくいのはいうまでもない。

図や表、写真などには、必ずネーム（キャプション）をつけることを忘れてはいけない。数が多い場合は、番号を付けて連番にする。卒業論文の原稿枚数であれば、頭から連続して番号を付けたほうがよいだろう。ネームを付ける位置は、図や写真は下、表は上の場合が多いが、すべて上でもか

【例１】 文中で引用する場合

……である［著者名字，出版年：引用頁］。……

……であり［著者名字，出版年：引用頁］、……

ミルズによれば、言語的に表現された動機は、個人に内在する何ものかの指標として用いられるのではなく、状況に拘束された行為に対する動機の語彙のタイプを推論するための基盤として用いられるのである［Mills，1940=1971：351］。

【例２】 引用箇所をまとめて示す場合

……ている。［著者名字，出版年：引用頁］

福岡安則は、「在日」の若者のアイデンティティの葛藤状況を「同化志向」／「異化志向」という二つの概念を対概念として用いることで説明している。「祖国志向」の若者たち、「同胞志向」の若者たち、「共生志向」の若者たち……という順番で、いわゆる「民族意識」が強く内面化されている。「帰化」していく若者たち、「個人主義の」若者たち……という順番で、いわゆる「同化意識」が強く内面化されている、と福岡は言うのである。［福岡，1993：104］

まわない。ようするに、できるだけ読みやすく見やすい位置に付けるのが原則である。それから、行政機関などが公表している数値データをもとに、グラフを作成した場合には、必ず「備考」として、そのデータの出典を図の下部に明示しておかなければならない。

【例】

図１　完全失業率の推移

※総務省統計局「労働力調査特別調査」より作成

また、本文中にレイアウトする場合は、図や表、写真と本文とのあいだに、１行ぶんくらいのスペースを空けたほうが読みやすい。本文と図表とのあいだが詰まっていると、見た目もごちゃごちゃしているばかりか、どこまでが本文の文字でどこからが図表の文字なのかが、分かりにくく読み

❸ いったん書いた文章を音読してみる

H・ベッカーは、『論文の技法』（講談社）の中で、「耳を使って修正する」と述べている。ある程度、上記の方法で文章として書いてみたら一度音読してみる。その際、他人に説明するように音読してみる。そうすることで、自分の書いた文章がおかしいことに気づくこともあるからだ（主語がないとか、文脈がおかしいとか）。

❹ 自分が書いた文章を他人に見せる

学生たちに「お互いに書いたものを交換して読みなさい」と言うと、当たり障りのないコメントしか出てこない。卒業論文を書くのは4年次だ。卒業後は、もう二度と会わないかもしれない。お互いに、「自分のことは棚に上げて」厳しくコメントし合ってみよう。他人に読んでもらうことによって、自分では気づかなかった「説明が不充分な箇所」を発見できることは多い。また、インタビュー調査や参与観察をした上で得たデータを、自分自身でうまく解釈できなかったときにも、他人にコメントしてもらうことで（他人の視点を提示されることで）、今まで気づかなかった視点から解釈できることもある。

論文を一度でいっきにうまく書ける人などいない。

卒業論文（レポート）の場合は、最終的に大学の教員に読まれるということが前提だが、

にくい。

せっかく画像データを使うのであれば、読みやすく見やすいだけでなく、見栄えもいいレイアウトを工夫してみよう。

「他人に読まれる」ということを意識して文章を書くのと、それを全く意識しないで書くのとでは、大きな差が生じるものである。

◆注の付け方

文脈上、本文中に記述することが適切でないと思われる補足説明等は、注に記述する。注を付ける場合は、本文の中に、注を付ける位置を示さなければならない。まず、注を付けたい語・文章・引用文、または文章の末尾に、1）、2）、3）……と通し番号を付ける。そして、本文中における他の数字と区別できるように、注番号は、本文中の該当箇所に[1)]と上付き文字で表示する。

【例】 本文中の注番号

釜ケ崎の労働者が単身であることを理由に、一律に施設保護を原則にした生活保護をおこなう大阪市の姿勢[1)]は、それ自体問題であるけれども、実際には、野宿している労働者が生活保護を願い出ても、「門前払い」[2)]にされてしまうことが多い。

注の記述は、本文の後にまとめて記載する。

【例】 上記本文に対応する注の記述

注

1） 生活保護法第３３条の第１項には、以下のようにある。「住宅保護は、金銭給付によって行うものとする。但し、これによることができないとき、これによることが適当でないとき、その他保護の目的を達成するために必要があるときは、現物給付によって行うことができる」。単身者であることが、直ちに「但し……」以下に相当する根拠は全くない。

2） 釜ケ崎では、野宿者が生活保護の申請をしても、６０歳でも「まだ若い」「就労可能」という理由で受理されないことが多い。

◆文献表示の仕方

レポートや卒業論文では、引用した書籍・論文・雑誌・新聞などの出典を明記しなければならない。著作権法は、引用を定義して、「公表された著作物は、引用して利用することができる。この場合において、その引用は、公正な慣行に合致するものであり、かつ、報道、批評、研究その他の引用の目的上正当な範囲内で行われるものでなければならない」と規定している。この「公正な慣行」「正当な範囲内」という点が重要である。例えば、自説の論理にあわせるように勝手に表現を変えたり、著作意図を恣意的に歪めたりするようなことは許されない。また、引用ばかりで自分の表現が引用文献に従属していたり、引用の必要性や必然性が見出せないような場合も許されない。引用は著作物の公共的性格ゆえに認められている例外事項であって、知的財産権であることになんらかわりがないことを心得なければならない。

また、著作から文章を引用していなくても、書かれている文章をまとめたりして参照した場合も、参照文献の出典を明記しておかなければならない。

ここでは、日本社会学会によって推奨されている仕方［日本社会学会編集委員会編, 1999,『社会学評論スタイルガイド』］に準ずる形で、文献表記の仕方を示してみよう。この方法は、本文中の該当箇所に、省略した記号を使って文献名を指示し、その記号に対応する参考文献を、レポートや論文の末尾に文献リストとして、まとめて掲示する。

❶ 日本語文献の場合

引用した文章の末尾に［**著者名字，出版年：引用頁**］を記す。

【例】

……匿名のストレンジャーどうしの間に形成される社会関係は、ほかならぬその匿名性を守り維持するための協力関係である。［井上，1992：131］

① 書籍（単著）の場合

末尾の文献リストに **著者名，出版年，『書名』出版社名** を記す。注意しておかなければならないのは、書籍のタイトルは必ず二重括弧『　』で括ることである。

【例】

井上俊，1992，『悪夢の選択――文明の社会学』筑摩書房

② 書籍（編著）の場合

末尾の文献リストに **著者名，出版年，「引用した章のタイトル」編者名『書名』出版社名** を記す。引用した章のタイトルはカギ括弧「　」で、書名は二重括弧『　』で括る。

【例】

中根光敏，1999,「アンダークラスとしての寄せ場――釜ヶ崎を中心として」青木秀男編『場所をあけろ！――寄せ場とホームレスの社会学』松籟社

③ 論文の場合

末尾の文献リストに **著者名，出版年，「論文のタイトル」『雑誌名』巻数－号数（通巻号数）** を記す。論文タイトルはカギ括弧「　」で、雑誌名は二重括弧『　』で括る。

【例】

狩谷あゆみ，1998,「法廷における犯行動機の構成と被害者のカテゴリー化――『道頓堀野宿者殺人事件』を事例として」『社会学評論』49-1（193）

④ 記者など署名入りの新聞記事の場合

新聞記事の場合、記者の署名が入っていない通常の記事からの引用は、注番号を付けて、注に **『新聞名』年月日（朝夕刊の区別／地方名）** を記す。

【例】

『日本経済新聞』2002 年 7 月 16 日付け朝刊

ただし、記者などの署名が入った記事は、引用末尾に、著者名字，出版年、を付し、末尾の文献リストに **著者名，出版年，「記事タイトル」『新聞名』年月日（朝夕刊／地方名）** を記す。

【例】

山盛英司，2002，「花街を歩く――欲望と近代化の記憶をたどって」『朝日新聞』2002 年 6 月 10 日（広島版）

❷ 外国語文献の場合

【例 1】翻訳本からの引用の場合

……しかし、ここでの比率が示していることは、現実の女性が男性のジェンダーをえらぶ場合よりも、男性が女性のジェンダーを好んで使うことのほうが多いということである。[Stone, 1995=1999：172]

【例 2】翻訳本のある原著からの引用の場合

社会学者（すなわち、本当に我々のゲームに招待したい人）とは、人間の営みに、徹底的に、際限なく、恥じらうこともなく、関心を抱く人間である、と言っておこう。[Berger, 1963：29=1979：30]

【例 3】論文からの引用の場合

非合法組織に所属している様々な「ギャング」のメンバーたちにインタビューしている時、私は、自分の質問に対してならず者たちから露骨な拒否にあうことを恐れた。なぜならば、イタリア人たちには、彼らが自分たちの犯罪的な活動を隠蔽したり、知らないと言ったり、或いは些細なものにしてしまうということが典型的に見出せたし、また彼らが完全な沈黙を守るべきだという〈沈黙のおきて omelta〉に忠実であるということも典型的な事柄であったからである。[Boelen, 1992：15]

① 翻訳本からの引用の場合

原著を参照せずに、翻訳本から引用した場合は、引用の末尾に［**原著者ファミリーネーム，原著出版年＝訳書出版年：訳書頁**］を記す（**例１参照**）。そして末尾の文献リストに、**原著者名**（**ファミリーネームから**）**.，原著出版年，原著書名**（**イタリック体もしくは下線を付す**）**，原著出版社名.**（**＝訳書出版年，訳者名『邦訳書名』邦訳出版社名**）を記す。原著を参照した場合でも、翻訳本の日本語をそのまま引用に用いた場合も同様である。

【例】

Stone, Allucquére Rozanne., 1995, *The War of Desire and Tecnology at the Close of the Mechanical Age*, The Mit Press.（＝ 1999, 半田智久・加藤久枝訳『電子メディア時代の多重人格――欲望とテクノロジーの戦い』新曜社）

Stone, Allucquére Rozanne., 1995, The War of Desire and Tecnology at the Close of the Mechanical Age, The Mit Press.（＝ 1999, 半田智久・加藤久枝訳『電子メディア時代の多重人格――欲望とテクノロジーの戦い』新曜社）

② 翻訳本のある原著からの引用の場合

翻訳本のある原著を参照した場合（自分で訳し直して引用した場合）は、引用の末尾に［**原著者ファミリーネーム，原著出版年：原著頁＝訳書出版年：訳書頁**］を記す（**例 2 参照**）。そして、末尾の文献リストに　**原著者名（ファミリーネームから）.，原著出版年，原著書名（イタリック体もしくは下線を付す），原著出版社名.（＝訳書出版年，訳者名『邦訳書名』邦訳出版社名）**を記す。

【例】

Berger, Peter L., 1963, *Invitation to Sociology : A Perspective and Method*, Prince-Hall.
（＝ 1979，水野節夫ほか訳『社会学への招待』思索社）

Berger, Peter L., 1963, Invitation to Sociology : A Perspective and Method, Prince-Hall.
（＝ 1979，水野節夫ほか訳『社会学への招待』思索社）

③ 論文からの引用の場合

外国語論文を参照した場合は、引用の末尾に［**原著者ファミリーネーム，出版年：引用頁**］を記す（**例 3 参照**）。そして末尾の文献リストに **原著者名（ファミリーネームから）.，出版年，"論文タイトル"（タイトルは"　"で括る），雑誌名（イタリック体もしくは下線を付す），巻数号数.** を記す。

【例】

Boelen, W.A. Marianne., 1992, "Street Corner Society：Cornerville Revisited", *Journal of Contemporary Ethnography*, 21-1.

Boelen, W.A. Marianne., 1992, "Street Corner Society：Cornerville Revisited", <u>Journal of Contemporary Ethnography</u>, 21-1.

❸ 文献リスト

文献リストは、日本語文献も著者名をローマ字読みにして、アルファベット順に並べて表記する。また、同一著者が同じ年に複数の文献を発表し、それらを引用・参照した場合は、発表年の後にａ，ｂ，ｃ，……をつけて、文献の区別ができるようにしておく。なお、一つの文献の記載が複数行にまたがる場合、２行目以降は３文字分程度字下げして表示するのが望ましい。

【例】

文 献

Berger, Peter L., 1963, *Invitation to Sociology : A Perspective and Method*, Prince-Hall.
（＝ 1979, 水野節夫ほか訳『社会学への招待』思索社）

Boelen, W.A. Marianne., 1992, "Street Corner Society：Cornerville Revisited", *Journal*

of Contemporary Ethnography, 21-1.
井上俊, 1992,『悪夢の選択――文明の社会学』筑摩書房
狩谷あゆみ, 1998,「法廷における犯行動機の構成と被害者のカテゴリー化――『道頓堀野宿者殺人事件』を事例として」『社会学評論』49-1（193）
中根光敏, 1999,「アンダークラスとしての寄せ場――釜ヶ崎を中心として」青木秀男編『場所をあけろ！――寄せ場とホームレスの社会学』松籟社
中根光敏, 2001a,「寄せ場／野宿者を記述すること」『解放社会学研究』15
中根光敏, 2001b,「釜ヶ崎をめぐる社会問題の構成――"第一次暴動前"篇」『広島修道大論集―人文編』41-2（78）
中根光敏, 2001c,「下層労働力の再編としての外国人労働者問題」鐘ヶ江晴彦編『外国人労働者の人権と地域社会』明石書店
日本社会学会編集委員会編, 1999,『社会学評論スタイルガイド』日本社会学会
野村浩也, 2000,「植民地主義と共犯化――沖縄から考えるポストコロニアリズム」『解放社会学研究』14
Stone, Allucquére Rozanne., 1995, *The War of Desire and Tecnology at the Close of the Mechanical Age*, The Mit Press.（＝1999, 半田智久・加藤久枝訳『電子メディア時代の多重人格――欲望とテクノロジーの戦い』新曜社）

山盛英司，2002，「花街を歩く――欲望と近代化の記憶をたどって」『朝日新聞』2002 年 6 月 10 日（広島版）

◆データ表示の仕方

❶会　話

【例】

筆者：ドヤには泊まらないんですか？

E さん：ドヤはなあ、汚いから。まあ、汚いからっていうより、ああいう所に泊まるくらいやったら、この辺で寝てた方がええわ。

筆者：飯場には行かないんですか？

E さん：I とか T とか、知ってる手配師に「仕事行かへんか」って言われるけど、飯場なんて狭いし、金にならへんし、行く気せえへん。飯場なんてよっぽど困ってる奴がいくとこやで。

筆者：更生〔援護相談所〕には？

E さん：うーん、N さん〔支援者〕にもなあ、更生行くようにって、よう言われんねんけど、〔新開地から〕遠いしなあ、朝起きんのは、全然苦にならへんけど、野宿してる方がええよ。

［E さん，47 歳，男性，1997 年 12 月 29 日，兵庫区湊川公園にて］（〔　〕内筆者）

❷ テレビ

【例】

若者が何の理由もなく、無抵抗のホームレスに暴力を加える事件が相次いでいます。朝のラッシュアワー、川の中に落とされた老いたホームレス、殴る蹴るの暴力の上死亡したこれもやはり年老いたホームレス、この二ヵ月で二人が若者の暴力によって亡くなっています。命を軽んじたこうした事件に強い憤りを覚える一方で、悪質で冷酷な事件の多発はこの社会の抱える歪みを私たちに突きつけていると言えます。

［1995 年 12 月 5 日，ＮＨＫ総合テレビ放送『クローズアップ現代　続出するホームレス殺人事件　弱者を襲う若者たち』に於けるキャスターの発言］

❸ 新聞記事

【例】

ホームレスの男性をまるで物のように川に投げ入れたのは、あてもなく街を徘徊する若者だった。——定職もなく夜の繁華街に日々の不満のはけ口を求め、弱者いじめを続けるという「幼い大人」たちの殺伐とした実態が改めて浮き彫りになった。［『産経新聞』1995年10月20日付け朝刊］

❹ 映画

【例】

精神鑑定人：逮捕すれば終わりですか？

刑事：どっかで終わりを決めないと、事件なんて永遠に終わらないよ。［『39　刑法第三十九条』1999年，森田芳光監督作品，松竹］

「観察」の方法について

河口　実は最近の社会学の方法のなかで、論じたほうがいいのではないかというテーマのひとつに、「観察」という手法があるかと思います。なぜこのような問題提起を行なうかというと、このところの社会調査などでは、ライフヒストリーとかインタビュー調査が用いられることが多く、またそのような手法に関しては、調査者と被調査者のあいだの倫理的な手続きを経ている（と思いこまれている）ようなところで、一定の承認が与えられており、他方、「観察」あるいは「参与観察」については、調査手法を論じている文献もそれほど見たことがなく――見ていないのはわたしの不勉強のせいもあるかもしれませんが――、さらに被調査者に同意や承認を得ていないのではないかというような、倫理的手続き上の問題があるとみなされ、調査の前提として受容されていないような雰囲気も感じています。

中根さんと行なっていた四年生の合同ゼミでは、学生に対して、わたしはおもに「聞き取り」という調査手法を薦めていて、中根さんは聴き取りだけではなく観察にも力点を置かれていたように思います。また、中根さんの「ラポールという病」は調査者と被調査者のあいだの関係の盲点を論じた示唆的な論考でありますし、たとえばわたしがエイズの調査などで行なってきた手法をもう一度見直すきっかけにもなったものです――とはいえ、まだどのように見直していくかは具体的には考えていませんが……。狩谷さんは、参与観察という手法を実際にフィールドで使われてきた研究者であり、そのへんの具体的かつ多様な経験をお持ちだと思いますので、ぜひともそのあたりの問題についてお話しいただけませんでしょうか。「参与観察」についてきちんと書かれた文献が少ないのではないかというわたしの見当が、あまりはずれたものでなければ、ぜひともここで展開することにも、意味があるのではないかと思いまして……。

狩谷　確かにそう思います。初期シカゴ学派★の研究に関する論文は書かれていますが、翻訳を通じての「紹介」にとどまっているものがほとんどで、参与観察を行なったこともない研究者が、なぜ参与観察という方法論に関心を持っているのか、私には理解できません。

参与観察という手法をとることは、自分の目で見たこと、自分の耳で聞いたこと、自分で見て聞いて感じたこと以外は、信用するなということになるんでしょうか？――もちろん、自分で見たこと、聞いたこと＝《イコール》真実という意味ではありませんよ。

★初期シカゴ学派
(Early Chicago School)
十九世紀末から二〇世紀初頭にかけて急速に工業化したアメリカにおいて、シカゴは、ヨーロッパから資本や移民が集中的に流入し、代表的な都市であった。シカゴ大学には、早くから社会学部門が設置されていたが、初期シカゴ学派とは、一九二〇年代から一九三〇私が担当している「社会学研究入門」という講義で新聞記事を使ってグループ作業をさせているとき、学校週五日制に関する記事を選んだ班がありました。議論が滞《とどこお》っている様子を見て、私が学生に「自分で調べてきたら」と言ったのですが、翌週、学生は学校週五日制に関するホームページをプリントアウトして持ってきてました。「あなたたちが小・中学生のときは土曜日も授業があったでしょ？ 近所にいる小学生の様子を見て自分が小学生のときと比較するとどう思う？」と訊ねたんですけど、学生は黙ってしまいました。例えば、「近所の小学生は土日をどういう風に過ごしているのか？」——私が見ている限り、土曜日を休みにしても、朝から友達とぶらついているようにしか見えないのですが……。

参与観察は、「フィールドを決めて赴く」という以前に、自分自身が何気なく見過ごしていたり、聞き逃していた「日常」を、あらためて見直す作業、聞き直す作業から始まるんじゃないでしょうか。

もちろん、ただ漠然と観察していても、メモすらとれないでしょう。雑誌や新聞に書かれていることや、テレビで見たことや、本に書かれているものなど、なんでもいいから、比較する材料を準備しておく必要はあるかと思うんです。

あとは、自分が観察した内容を、ひたすらメモしておくことは必要でしょうね。その日の天候、何を見たのか、誰に会ったのか、どういう話を聞いたのか（会話形式で）、どう

年代初頭にかけて、多数のモノグラフやエスノグラフィを生み出し、アメリカ社会学でも中心的な役割を果たした研究者集団を意味している。日本の社会学では、都市社会学の一つの原型として、その信奉者も多い。創設者として評価されているR・E・パークは、ヨーロッパ留学でG・ジンメルに師事したが、もともと新聞記者だったことでも有名である。初期シカゴ学派は、参与観察法やライフヒストリーなど質的調査法を駆使したことや、スラム、ギャング、風俗、犯罪など、急速な都市化とともに顕在化した社会現象の分析でも知られている。ただし、R・E・パークが提唱した「社会的実験室としての都市」という視点は、都市社会学という狭い学問分野にとどまることのない学際的なものだった。

いう目に遭ったのか（しばしばトラブルに遭遇するということもあります）などなど、観察した内容というより、その日の自分の足取りを、ひたすら順番に書いていくわけです。

一見無駄な作業のように思えて、あとで文献や新聞、テレビで放映されたものなど、さまざまな情報と一緒に整理する段階で、「おっと、これは使える！」ということがしばしばあるでしょう。先に河口さんが言われた「メモの整理の仕方」につながる作業でもあると思います。

もちろん、「観察する」という行為は、情報を集めるための一方法にすぎません。けれども、「本や新聞に書いてあることを疑う」ということがなかなかできない場合は、自分が「観察したこと」と、本や新聞に書いてあることとを、比較したり、照らし合わせたりすることで、はじめて「著者が書いていることはおかしい」「新聞に書いてあることはおかしい」という感覚が生まれるのではないでしょうか。

河口　狩谷さんがおっしゃった内容をわたしなりに、それこそ「暴力的に」要約すれば、「まずは自分の目を信じろ」、そしてその後「自分の目で見たこと・モノを相対化せよ、あるいは自分が見る視点を相対化せよ」ということではないかというように理解しました。

――あまりにも「暴力的な解釈」なので何か補足していただけませんでしょうか……。

狩谷さんがおっしゃった言葉――「フィールドを決めて赴く」という以前に、自分自身が何気なく見過ごしていた、聞き逃していた「日常」をあらためて見直す、聞き直す作業から始まる――、この狩谷さんの言葉を聞きながら、わたしが考えたことは、まず自分の視点を保持しつつも（ということはおそらく「客観的」な視点などは存在しないということ）、そうした自らの視点を絶対化しないということが重要であるということですね。さらに、「観察」という行為が、見たものや人や行為や状態を書き取る、すなわち「記述」に通じるものであるならば、そのことは、観察には必然的に観察者の視点が伴っており、そうした視点が必ずその記述に入りこんでしまうということを意味する……と思います。しかし、問題は、これまでの社会学では「観察」という行為が「単に」客観的なものとして、あるいは「単なる」客観性を保証するものとしてみなされてきたということではないのかなと思っているのですが、どうでしょうか？

観察、あるいは参与観察の方法の中には、狩谷さんも言われているように、自らの視点を認識し、それを見直す、聞き直す、というような意味がこめられているとすれば、対象との関係を認識するという点において、対象に接近する道筋のひとつとして有効であるように思われます。「本や新聞に書いてあることは信用するな」という言葉も、もしかすると、対象との関係を考えることの重要性に通じるものなのかなというように感じます。つまり本や新聞に書いてあることを信じない自分というものは何者なのか、という主体と他者との関係性の問題です。

また、観察者の視点そのものが、記述の対象となっている当の社会状況なり、社会構造なり、社会関係を作り上げているとすれば、やはり観察者の視点の見直しは重要になってくるように思います。

中根　参与観察というのは、文字通り「参与」と「観察」というふたつの言葉で構成されています。実際、仮に、調査場面で全く同じ行為を行なったとしても、参与観察と観察とは違うと、私は考えています。ただの観察ならエスノメソドロジー★でもできます。厳密に言えば、エスノメソドロジーという手法は、非参与観察に特化した方法として用いてこそ、有効な方法論たりえる——と私は考えています。逆に、参与観察と呼ぶに値するのは、参与する社会的場面における参与主体のスタンス（関係性）と、観察主体のスタンス（関係性）とを、自覚している場合だけでしょう。その意味では、河口さんの言うように、参与観察に関して書かれた文献は、ほとんどないと言えるかもしれませんね。そして、参与主体と観察主体、さらに狩谷さんが言うような、観察したデータを記録する主体、これらの主体は同一人物であっても、それぞれ別個の主体として想定した上で、この手法を考えるべきではないかと思うんです。

　参与観察を用いる際のスローガンは、——狩谷さんの言われたことと重なりながらも違ってくる論点なのですが——「自分の目で見たり、耳で聞いたり、心で感じたことを疑え！」ということです。でも、それは「自分自身のモノの見方を相対化しろ」ということとは違うと思うんです。だって野村さんがテーマに掲げているように「現実は一つじゃ

★エスノメソドロジー
（ethnomethodology）
H・ガーフィンケルによって創始された学派。もともと、人びとが、認識と行為との間で、無自覚に用いている日常的な方法を指して、H・ガーフィンケルはエスノメソドロジーと名づけたが、後に、人びとによる日常的な方法を研究・記述する学派をあらわす用語としても使われるようになった。現在では、ミクロ社会学における一方法論としての地位を獲得している。こうした方法論への殉教者を自称する人たちを、エスノメソドロジストと呼ぶ。エスノメソドロジストは、人びとが自明なもの（当たり前）として、意識もせずに行なっている日常的な振舞いを凝視・記述することによって、人びとが見過ごしている「常識的な権力とその行使の仕方」を浮かび上がらせる。人びとが「当たり前である」と思いこんで意識

ない」わけだし、相対化だけならエスノメソドロジーでもできます。

　私がゼミ生に「もっと観察しろ」って言うのは、参与しなければ観察できない場合です。参与するためには、何らかの社会的関係性を形成しなければなりません。つまり、その場面を観察するためには、みずからの参与の関係性を含めた社会的場面を観察しなければならない。そして、参与観察で得たデータを記録する場合には、それらをひっくるめた社会的関係性や場面に関する解釈が、たとえ無自覚であったとしても、あらかじめ想定されていなければならない。ですから、参与観察っていうのは、なによりもまず、調査者による孤独な相互作用だと思うんです。

野村　いきなり初心者にこんなことまで言うなんて無謀《むぼう》な……。わたしが観察してきた東京の大学院生どもなんか、研究主体としての自分という問題すら、ほとんど発見できてないんですから……。以上、最近呼ばれて行ってきたことを含めて、東京での「参与観察」報告でした――。

中根　初心者向けのテキストだからこそ、あえて無謀なことを言うべきではないでしょうか。研究主体としての自分という問題に直面するかどうかは、年齢などの研究経験や社会学の専門知識などには還元できない要因に規定されているんじゃないでしょうか。しかも、専門的知識を身につければ身につけるほど、思想的には死んでいくっていうことなら、初心者にだからこそ、言わなければならないことがあるんじゃないでしょうか。野村

することもない常識を社会学では自明性と呼ぶ。エスノメソドロジーが最も効力を発揮するのは、自明性を解体し、常識を相対化する場面である。しかし、実際に、ある特定の自明性を解体したり、ある特定の常識を相対化する場合には、それらを相対化する分析者の視点＝ポジショナリティが存在する。ところが、分析者の視点をどのように相対化するのかという問題に対する回答を、単なる方法論としてのエスノメソドロジーから引き出すことは期待できない。

さんが参与観察した「東京の大学院生ども」の問題性って、そんなに難しい問題性なんでしょうか。私の勝手な憶測では、「馬鹿かお前、そんなことも考えずによく生きてこられたな」っていうぐらいのレベルじゃなかったですか。

野村 まさにその通り！ では、無謀でOKということでやりましょう。

中根 調査研究は、「データの取得」「解釈」「記述」の三つに分けられます。もちろん、それら三つは自分の頭の中でだけ「分けられる」だけで、実際の行為としては、たいてい、それぞれが同時進行で行なわれることになると思うんです。というのは、調査で「他人の話を聞く」ということは、データを取得することでもあり、そのデータを解釈することでもあり、聞いた話を記述することでもあるからです。たとえ、インタビューや聞き取り調査でなくても、他人から話を聞いた内容をデータとして、それを何らかの形で記述してしまえば、それは「結果として」調査を行なったことになりますよね。それを最初から意識的に行なう手法が、参与観察法だと言えるんじゃないでしょうか。

河口さんが指摘されたように、参与観察法の方法論に関して書かれた、まともなテキストは非常に少ない……邦訳されているものだと、J・V・マーネンのものくらいしか思い当たらない……。逆に、参与観察にもとづく具体的な調査研究に関しては、たくさんのものが翻訳され出版されていますし、ある程度評価を受けてもいます。参与観察の方法論を書くのが難しいのは、参与観察という手法が、日常生活において人々が無自覚に行なって

★まず、身近な人から始めよう

初学者が、他人から話を聞くという調査能力を高めようとするならば、まずは、身近な他人たちから話を聞いてみることだ。自分の両親でも、兄弟姉妹でも、友達でも、彼氏や彼女でもかまわない。「そんなこと毎日してる」だろう。だが、調査で話を聞くというのは、聞いた話を最終的に記述までもっていかなければならない。記述することを意識して、身近な他人と話をしてみよう、と言っているのだ。そして、話をした内容を徹底的に細かく再現することを目指して、記述してみる。そうすれば、他人と話をしているときに、いかに人間が無意識のうちに自分の観察力を使っているのかが、わかるはずである。他人と話すのが上手くなる一番の早道が、他人と話をすることであるならば、他人から話を聞くことが上手くなる早道は、それを記述することであ

いる「観察」にもとづかざるをえないからではないかと、私は考えております。
つまり、参与観察法が、多くの場合に、職人芸のようにみなされてしまうのは、観察者の観察力というものに、この手法がもとづかざるをえないからではないでしょうか。人間は、他者と話をするとき、話し相手の仕草や表情、さらには、経験的に知っている癖、その話をしている場面……、こういった非常に多様な情報を、とりたてて意識することなく、解読していますよね。そして、それをコミュニケーション能力だと考えれば、そうした能力には、自然と個人差が生じるのではないかと思うんです。そういう個人のコミュニケーション能力に、参与観察はもとづかざるをえないわけです。

狩谷　私自身のフィールドノートを見直してみると、人から聞いた話より、自分が参与し観察したことを記録したものの方が多いんですね。中根さんが言われたコミュニケーション能力には、自分が相手をどのように見ているのかと同時に、相手から自分がどのように見られているのかを、相対化できるかどうかという点も含まれてくると思います。参与し、観察した内容を記述するという行為は、「他者からの視線／他者に対する視線」を相対化するという意味があると考えます。私たちは、日常生活においても、人を観察することによって、「自分と同じタイプかどうか」「気が合うか合わないか」を判別していると言えます。――合コンなんかの時でも、好みじゃなければ最初から全く話をしないこともあるでしょうし……。

る。相手の話を理解していなければ、記述することは絶対にできない。それを実際に、いくらか行なってみれば、こんなことがわかってくるはずである。「意外に、自分が親しい相手ほど、記述することがない」ということが――。あたりまえである。互いに親しさを感じられる間柄では「わざわざそんなこと言わなくてもわかるだろ」っていう暗黙の了解で、コミュニケーションが成立してしまっているからだ。そして、記述を試みることによって、親しい人とはわかりあってるような気がしていたけど、意外に親しい人の言っていることは、よくわからないということに、あらためて気がつくはずである。

「他者からの視線／他者に対する視線」を相対化することによってはじめて、日頃、自分がいかに無意識に「性別」「年齢」「人種」「階層」「顔」「服装」「体型」などを判別することで人とコミュニケーションをとってきたかということが、分かるのではないでしょうか。

参与観察という手法は、さまざまな集団、コミュニティ特有に見られる「文化」「言語」「振る舞い」などを知るために、有効な方法だと思います――ここで言う「言語」というのは、「日本語」「韓国語」「英語」など、一般的に言われる「言語」を指すのではなくて、特定の集団やコミュニティ内でのみ通じる「言語」を意味しています。例えば、決まった友人同士でしか通じない「言語」というのもあるでしょう……。

べつに、自分が所属している（と思われる）社会階層以外の階層の存在や、自分が所属している（と思われる）社会集団以外の集団やコミュニティの存在を知らなくても、なんら日常生活には支障をきたさないかもしれないし、むしろ「知らない方がいいこと」もあるかもしれませんよね。「異文化」に自分の身をさらすことで発見できるのは、自分の日常生活から切り離された「文化」や「言語」ではなく、自分が普段の生活の中で、「何」を常識だと信じこんできたのか、「何」を基準に振る舞ってきたのか、「何」を基準に行動してきたのか、という点だと考えます――それを文化と呼ぶならば、ですが――。つまり、参与し、観察し、それを記述するという作業が意味するのは、自分の日常生活から切り離された特別な異世界について書くというよりも、自分が生きている「社会」というものが、どのようなものなのかを、「フィールド」――「異文化」――を通じて明らかにする作業ということだと思います。

ちょっとまわり道をしてしまいますが、思い出したことが消えないうちに、ここでお話ししておきますけれども……。私は、九月上旬に行なわれた「東京レズビアン＆ゲイパレード★2002」に参加したんです。そこで会った人に聞いた話や自分が見たことを、広島に帰ってから記録しているときに気づいたのは、自分自身がいかに「ヘテロセクシュアル」――「異性愛者」――の「女」として日々振る舞っていたのか、ということだったんです。私は、レズビアン＆バイセクシュアル女性のグループと一緒に歩いたのですが、一緒に歩くということは、そこにいるレズビアン＆バイセクシュアル女性から、私もレズビアンかバイだと思われているということですし、沿道にいる「一般の人びと」からもレズビアンかバイだと思われているということなんですね。

初めて参加したという「主婦」のレズビアン女性から、「子どもが三人いる」ことや、「家族にはレズビアンであることを隠している」という話を聞きました。初めて会った私に、そして二度と会うこともないかもしれない私に、彼女がそんな話をしたのは、私を「同じレズビアンだ」と認識していたからだと思うんです。彼女に聞かれました……、「わざわざ広島から来たの？　今だったらネットがあるでしょ。わざわざ来なくても知り合え

★レズビアン＆ゲイパレード
「レズビアン＆ゲイパレード」とは、ニューヨークをはじめとして、世界各地で行なわれているレズビアン＆ゲイ解放運動の一形態。レズビアンやゲイ、トランスジェンダー／トランスセクシュアルの存在を社会的に示すために大きな意味を持つ。日本では、一九九四年八月に東京で始まるが、数年間中断された。その後、紆余曲折がありながら二〇〇〇年に復活。詳細は砂川秀樹『パレード』（二〇〇一、ポット出版）を参照されたい。

るでしょ?」って。私は「知り合うとかじゃなくて、みんなと一緒に歩くことに意味があると思ったから」と、なぜか堂々と答えました。たぶん、その場で「私はヘテロセクシュアルだ!」と言い放つことも可能だったんだろうけど、それじゃもったいないというか、その場で「ヘテロセクシュアル」の「女」として振る舞うこと自体、無駄な作業に思えたんですね。

パレード自体は、レズビアン&ゲイ運動の一場面なので、参加しているレズビアンやゲイはほんの一部だし、その人たちを一般化できない。参与観察といっても運動の場面ということになる。けれども、そこで「ノンケ?」「ネコ?」「タチ?」「リバース?」★などと、レズビアン同士でしか通用しない「言語」を聞き、レズビアン同士でしか通用しない「文化」を知りました。同時に自分がいかに、日々、「異性愛」が常識であり疑われもしない社会で生きていたのかということを、気づかされたんです。

また、パレードの後、第三回新宿二丁目レインボー祭り★にも参加したんですが、新宿二丁目でも、パレード会場でも、そこにいるのが、圧倒的に「ゲイ男性」だったので、「女である」私は、「ゲイ男性」からの視線を全く感じなかったんです。「ゲイ男性」から、私は、存在するにもかかわらず「存在しないかのように」扱われていた気がします。私が感じたのは、「あんたには用はないわよ」という無言の圧力だけでした。そのことが嫌というより、男性から全く性的対象として見られないことの心地よさを感じたんです。「全

★ノンケ/ネコ/タチ/リバース
「ノンケ」はヘテロセクシュアル(異性愛)の人。「ネコ」はセックスする場合に受動的な役割の人。「タチ」は反対に能動的な役割の人。「リバース」は場合によって「ネコ」「タチ」両方できる人。詳細は、砂川秀樹『パレード』(ポット出版)、レズビアン&バイセクシュアルのための雑誌『anise』(二〇〇一年夏号/テラ出版)を参照されたい。

★レインボー祭り
「レインボー祭り」は、新宿二丁目(ゲイバーなどが集中する日本最大のゲイ・タウン)で、二〇〇〇年のパレード復活を機に始まった。祭りの最後にビルの屋上から打ち上げられる花火は圧巻。

く男性からの視線を感じない」っていうことが、これほど心地いいとは思わなかった……。

　私が最近出会った、とっても新鮮な経験だったので、一息に話してしまいましたけれども、この事例は、ジェンダー／セクシュアル文化について知るための参与観察ということにもなるかと思うんです。カフェ文化だったらカフェ、オタク文化だったらオタク専門店とかイベントといったように、自分が興味を持った場所に、「自分には関係ないかも」と思っても、行ってみることが大切なことではないか……、と思いますよ。もちろん、いろんなジャンルの本を読んでみても、ぴったりこないことが多々あるように、行ってみても、なんともならないこともありますが……。

中根　うーん、こう言ってしまうと、「とにかくフィールドへ行け」っていう、シカゴ学派系の発想になってしまうんじゃないかという気がするんですけど……。もちろん、そうじゃないですよね。

　むしろお訊きしたいのは、ここで言われている「フィールド」「異文化」というのは、いわゆる文化人類学のようなものと、どこが同じで、どこが違うのでしょうか。私は、社会学という学問のテリトリーは、異文化ではなく、同一の社会という土俵を前提にしないと成立しないと考えているのですが、いかがでしょうか。

狩谷　もちろん、おっしゃるように、「同一の社会の土俵」を前提とします。文化人類

★フィールドノートについて

「もし、インタビュー記録を取り、詳細なフィールドノートを書くべきだというこれまでの忠告が耐えがたいまでに退屈であるように思えたとしても、くじけてはならない。ひとたび規則的にトランスクリプションし、インタビューのノートを取り、覚え書きをつけ、さらに観察したことを記録し、行き届いた本格的なノートを作成するような体制が整えられると、それ自身が独自の要請と論理を持つようになる。」[Lofland J. & L. Lofland 1995 = 1997: 134-135]

　J＆L・ロフランドがテキストで主張しているように、「記録する」という作業は、インタビュー調査や参与観察調査に不可欠なものである。そしてフィールドノートの書き方に、定型のマニュアル

学で使用される「フィールド」「異文化」という言葉は、私の印象では、研究者自身が所属する社会集団と切り離して位置づけられているように感じるんですが、ここで私が言っているのはそういう意味ではありません。

文化という言葉をどう位置づけるかにもよると思いますけれども、アイデンティティが、自己を問われる本人の問題ではなくて、自己を問わせる社会の問題であるのと同様に——この解釈も私の主観だと処理されがちなんですが——、文化も、ある特定の文化を「異質な」「逸脱した」文化として成立させている社会の問題があるんだと考えています。確かに、「異文化」という言葉自体には、私も違和感を感じるんだけど、あえてこの言葉をここで私が使っているのは、ある特定の文化を「異質な」「逸脱した」文化として構成していく「社会的排除の問題」として考える必要があると思うからなんです。

中根　それともうひとつ、……というか、むしろこちらのほうをお訊きしたいのですが……狩谷さんは、男性から全く性的対象として見られないことに心地よさを感じたという点なんですけど、この「心地よさ」に関して、もう少しその解釈のプロセスを示していただけないでしょうか？　というのは、参与観察法の科学性を保証するひとつの仕方として、読み手に解釈のプロセスを示し、その解釈自体を検証可能なものとして提示する方法があると思うんですね。ですから、同じ経験をしても、狩谷さんとは正反対の解釈をする人もいるんじゃないかと、お話をうかがいながら、ふと思ったんです。

が存在しないのは、「行き届いた本格的なノートを作成するような体制が整えられると、それ自身が独自の要請と論理を持つようになる」からだと言うことができる。つまり、「独自の要請と論理を持つ」ようになったら、そのフィールドワーカーは、自らの調査を独自の方法で行なっていることになる。もちろん、J&L・ロフランドはそれを意図して書いたわけではないだろうけど……。フィールドノートを含めて、調査記録の仕方は、まず第一に、調査者自身がどんなスタイルで調査を行なうのかによって、異なる。会話データを機械に記録させているのであれば、会話データをその場でノートに詳細に記録する必要はないし、むしろ相手の表情や仕草などをメモすることに重点がおかれるだろう。ビデオテープが回されているのであれば、そのビデオには記録されないようなデータをメモするもちろん、他者からの視線／他者への視線に限っても、いずれも観察者の主観的な解釈に拠って記録される以外にないでしょう。問題なのは、そうした主観的な解釈が、単なる「個人的な主観」として位置づけられ、「科学的でない」という仕方で処理されてしまうことじゃないかと思うわけなんです。参与観察法という手法を、社会調査の方法としてきちんと位置づけるためには、その「科学性」をどのように保証するかという問題があると思うわけです。もちろん、データの解釈は、どんな場合であっても、主観的な解釈にすぎません。ただ、その主観的な解釈を「個人的な主観」として処理されないような方法が必要なんじゃないかと……、そう思ったのです。

狩谷　科学性っていうのは、そんなに重要なんでしょうか。問題は、主観性を排除した（つもりの）客観性＝《イコール》科学性なのだと、勘違いしている研究者だと思うんですけど。しかもそれが主流……。例えば、私の論文でデータとして示したものが、新聞記事、裁判傍聴記録や野宿者支援運動の行政交渉記録であれば、「主観的」と読み手に判断されることはないのに、野宿者から聞いた話や、その人の印象などを解釈として提示すると、「主観的」と読み手に判断されてきた気がするんです。

「解釈のプロセスを示す、その解釈自体を検証可能なものとして提示する」というのが、よく分からないんですが……。考えてみると、裁判傍聴記録や野宿者支援運動の一場面である行政交渉を記録したものをデータとして使用した場合でも、厳密には裁判という場

ことに集中すべきである。調査場面で、ノートに記録さえできないような場合には、調査後に調査者自身が再現したデータがフィールドノートに記されることになる。こうした場合には、既に調査自身の解釈によって、データが作成されていることになる。

何らかの機械によって、記録されたデータをもとに、フィールドノートを作成する場合には、最低限、二つのことに注意しておかなければならない。一つは、機械で記録できない情報が何であったのか、ということである。被調査者との関係性を含めて、機械に記録されなかった情報に注意を払うということである。もう一つは、記録されたデータをトランスクリプトする場合には、被調査者だけでなく、調査者自身に関する記録も、データとしてトランスクリプトすることである。つまり、記録したデータを解釈する場合には、

面、行政交渉という場面に限定して解釈していたわけではないと思うんです。私自身が、大阪や東京、神奈川などで「ボランティア」という役割で、野宿者支援活動に参与し、観察した内容や、いろんな場面で私自身が感じたこと——印象、運動の違いとか——をもとに、裁判や行政交渉という場面を解釈しているわけですね。

中根　いえいえ。そんな難しいことを尋ねているわけではないんです。どうしてそういう解釈が可能になったのか？　誰がやっても同じ解釈になるのか？　ということなんです。あるいは、他に解釈の可能性はないのかどうか？　ということなんです。狩谷さん自身が感じたことが何であり、それは何をもとにどう解釈したのか……。その点をある程度示すことができれば、読み手は、その解釈自体を検証することが可能になるはずだと思うんです。そして、違う人が違う感じ方をもとに解釈したのであれば、違う解釈も可能なはずではないか……、そう思ったのです。

狩谷　それでは、別の経験を、先ほど話しました経験に継ぐようにお話ししますと……。私が新宿二丁目に行ったときの感覚って、釜ケ崎に行ったときの感覚と似ていると、自分では思うんですよね。もちろん、街の構造や、文化的に似ているということではなくて、前者は「ゲイ男性」中心、後者は「日雇労働者」中心ということで、「男」しかいない場所という点で共通していると言えます。そして、新宿二丁目にせよ釜ケ崎にせよ、無理やり一区画に「集中させられてる」という印象があるんですね。双方とも、社会

研究者は、調査者とは全くの別人であるような視角から、データを解釈するべきである。一般には、こうしたスタンスは、客観性を保持するためだと考えられがちだが、全く逆である。調査の場面で、参与したり会話したりしている調査者の主観と、それらが記録されたものを解釈する解釈者の主観とを、別々のものとしてできる限り明確にしておくことが必要だ、と言っているのである。質的調査にあっては（ホントは量的調査でも）、主観性を排除し客観性を保持するというような欺瞞で研究者のスタンスを曖昧にしてはならない。研究者自身の主観性を明確に示すことが、すなわち解釈者の主観的な解釈のプロセスを明示することが、研究者自身の主観性を読み手に「検証可能なもの」として提供することになる。これが質的調査法の保証する一つの科学性である。

的に排除され、一般社会では「存在するけど存在しないかのように」扱われている人々が集中させられている場所なのじゃないかと……。

「男」中心の場所へわざわざ行ってる「女」ということで、私が「なんでここにいるんだ?」というような扱いを受けるのは、釜ヶ崎でも新宿二丁目でも共通している気がするんです。釜ヶ崎の場合は、「寄せ場労働者」であるということをおおっぴらにできる場所なので、卑猥な言葉や視線を私に浴びせるという形で、彼らが釜ヶ崎以外の場所で感じる社会的圧力を私に向けるんだと思います。そして、「ゲイ男性」にとっての新宿二丁目は「ゲイであること」をおおっぴらにできる場所なので、日常生活で感じる社会的圧力を二丁目でどこに向けるかというと、「あんたには用はないわよ」という無言の圧力として、「なぜかそこにいる私」に向かうのだと思います。

さきほど、パレード会場や新宿二丁目で、「ゲイ男性」から、私は、存在するにもかかわらず「存在しないかのように」扱われていた気がする、とお話ししましたが、レインボー祭りの状況というのは、新宿二丁目の仲通に、「これでもか!」というくらい人がいて、一歩間違えると将棋倒しになる勢いだったんです。やたらムチムチした人たちに体を押されるわけですが、誰も全く私に気を遣わないんですね。普段だったら、電車やエレベーターなどで男性の肌がふれるとめちゃめちゃ嫌だし、近くに男性がいるっていうのが許せないこともあるんですが、あのときは「おかまいなし!」って感じでした。

ノートに記録できないような調査で、フィールドノートを作成する場合も、最低限、二つのことに注意しておかなければならない。一つは、機械の代替機能をはたすための記録である。この場合には、できるだけ詳細に調査場面を再現することを目指して、記録することである。もう一つは、調査場面における研究者の解釈(感じたことや思ったこと)をできるだけ再現して記録しておくことである。いいネーミングは見つからないけど、日記風フィールドノートとでも呼んだらいいだろうか?また、調査場面に参与している自分と、後にそれを解釈している自分とは、別人である、と考えなければならない。フィールドワーカーにあっては、「今の自分は、もう五分前の自分じゃない」と考えることが重要だ。肝心なのは、他者ではない。他者を介在して、はじめて明らかになる自らの主観中根さんは「誰がやっても同じ解釈になるのか？　あるいは、他に解釈の可能性はないのかどうか？」と訊かれましたが、普段、男性から性的対象として全く見られない女性、あるいは、男性から性的対象として見られることを「心地いい」と思う女性が、私と同じ体験をしたならば、新宿二丁目で「男性から全く性的対象として見られない」ということに「物足りなさ」を感じるのでしょうね――「こんなにいい男がたくさんいるのに、なんで誰も私を見てくれないの？」とでも思うのかな。

レズビアンのサイトなどで、「新宿二丁目は苦手だけど、女の子と知り合いたい、話をしたいという人のために」ということがよく書かれているのですが、レズビアンが「二丁目が苦手」というのはなんとなくわかりました。レズビアン（レディース）バーは、二丁目に少ないながらもありますし、二丁目を苦手と思わないレズビアンもいるんだろうけど、「ゲイ男性中心！」というのが、街の雰囲気や作りからしてあるので、「行きづらい」「苦手」っていうのは分かる気がする……。自分の身を新宿二丁目という場所にさらすことで、レズビアンという存在自体が、「同性愛者である」ということだけでなく、「女性である」ということによっても、二重に社会的排除の対象となっていることに気づかされました。

パレード会場やレインボー祭りでは、男性から性的対象として見られないことによる「心地よさ」を感じた一方で、数は少なくても、突き刺すような女性からの視線を感じま

なのだ。フィールドで揺れ動く自己を味わうことこそ、フィールドワークの醍醐味なんだから……。

した。人混みの中でも、友達になった女の子たちをしっかり見つけられたくらい……。このことは、日常生活において、私が女性から性的対象として見られることがない――私自身が気づいていない――ということを示していると思います。女性から性的対象として見られることに慣れていないがために、レズビアンやバイセクシュアル女性の前で、私は、緊張したり、構えてしまったり。――まるで「童貞の男」みたいになってましたね……。頑《かたく》なに「ノンケ」でいつづける自信がなくなるし、「どうにでもしてくれ！」という勢いで……。

ちょっと壊れ気味になってしまいましたが、参与観察が単なる「観察」と異なるのは、「異文化」に参与することによって、自分自身が「あたりまえ」「常識」と思っていたことが、どんどん破壊されていく点にあると思います。――レズビアンの前で、「異性愛」という私のセクシュアリティが破壊されていったように……。

他人から話を聞くこと

〈予断・偏見・思いこみ〉から始まる?

中根　他人（他者）から話を聞くことは、社会学では、最もポピュラーで基本的な、データ取得の手法とされております。一般的には、インタビュー調査とか、聞き取り調査とか、そのように呼ばれている手法です。インタビュー調査や聞き取り調査の方法論に関しては、入門書のたぐいも数多く出版されています。けれども、総じて言えることは、この種の入門書は、実践的には、ほとんど役に立ったためしがない……。その理由は二つあります。

一つ目の理由は、「他者から話を聞く」という場面の設定自体が、画一的な想定にしばられてしまっているからです。実際には、「他者」は、自己との関係性において、無限に多様であるのにもかかわらず、「他者」を画一的な想定でマニュアル化しようとすること

★ラポールという病
一般に、社会調査のテキストでは、社会調査を実施する際に、調査者が被調査者（調査対象者）との間に親密な・信頼的な関係を築かなければならない、とされている。この関係は、ラポールと呼ばれている。けれども、実際には、人間は、親しい相手に対して、必ずしも本音を語るわけではなく、

自体が、そもそも不可能なんだと思います。

　二つ目の理由は、その画一的な想定の中身です。社会調査を解説している、およそすべてのテキストは、「ラポールという病★」をひどく患っております。つまり、調査対象者である「他者」は、調査者自身が、何らかのシンパシーを抱いていたり、あるいは抱くべきだと想定されている「他者」に、限られてしまっているわけなんですね。けれども、実際の社会調査では、話を聞こうとする相手（インフォーマント）が、いつもシンパシーを抱ける人間だとは限らないし、時には、シンパシーはおろか、その存在自体を否定したいほど「気に入らない人間」を相手に、調査をしなくちゃいけない場合もあると思うんですよ。

　ですから、「他人（他者）から話を聞く」ために直接役立つような、一般的な方法やマニュアルは、ない……。けれども、話を聞くことをめぐる周辺部分では、「最低限やるべきこと」「できるだけやっておくこと」「できればやったほうがいいこと」、こういった――「姿勢」といったらいいのか、そういうものは、ある……、そう考えております。

　インタビューや聞き取り調査をする場合、最低限やっておくべきことは、まず、「何のために話を聞くのか?」ということを、できるだけ明確にしておくことです。別に、それをインフォーマント（被調査者）に告げて、了解を得るためではありません。インフォーマントからの了解は、「調査目的が明確であるかどうか」で得られるわけではなくて、た

むしろ親しいからこそ真実を隠さなければならない場合もあれば、逆に、互いに見知らぬ匿名的な関係であるからこそ、本音や真実を話しやすい場合もある。実社会でも、警察官や検察官によってなされる被疑者への取り調べは、被疑者の取調官に対する信頼関係などなくても、真実や事実を引き出す場合もある。したがって、「ラポールを形成すれば真実のデータが得られる」「社会調査が成功するか否かはラポールが形成できるかどうかにかかっている」という思いこみは、見当違いの誤った観念＝「ラポールという病」なのである。ラポールという病は、社会調査の際に、調査者が被調査者に対して抱く負い目の感情が作り出した「社会学者の職業的イデオロギー」にほかならない。詳細は、[中根光敏、一九九七、『社会学者は2度ベルを鳴らす』松籟社]参照。

いていの場合、「調査目的いかん」にかかっていることのほうが多いと思うんですね。ここで、明確にしておくのは、調査主体自身として、ということです。「なぜ、その人なのか」「何のために、話を聞くのか」ということは、「とりあえず話を聞いてみる」という場合でも、できるだけ明確にする必要があるわけなんです。

　通常、アンケートを中心とした数量調査では、仮説を構成する作業が、最も重要な作業となります。インタビューや聞き取りのような質的調査★の場合でも、仮説の構成は重要な作業です。ただ、「仮説」のもつ意味合いが全く違う……。数量調査の場合は、いったん構成した仮説は、絶対的なものとなる。数量調査では、仮説がすべてだと言ってもいい。一方、質的調査の場合は、仮説から始まると言えるでしょう。質的調査で最初に構成する仮説は、その調査のプロセスで崩れていくものなわけですね——だからこそ、その仮説はきちんと明確にしておく必要がある……そう考えます。分かりやすく言えば、その仮説とは、調査者自身によるインフォーマントに対する「予断」「偏見」「思いこみ」によって、構成されるものなんじゃないでしょうか？

　話を聞く前には、インフォーマントに関する情報を徹底的に集めますよね。つまり、インタビューをする前には、インフォーマントに対する調査者自身のイメージは、ある程度できあがっていなければ、とても調査にはならないと思うんです。

野村　アンケート法など、質問紙を使った数量調査は発見が少ない——これは学生の

★量的（数量）調査／質的調査
（quantitative survey ／ quaritative survey）
量的調査とは、一般にアンケートなどを行ない調査票によって得られた大量の数のデータを、統計的（計量的）に分析する社会調査の手法である。量的調査の分析には、多重クロス集計、多変量解析、重回帰分析、コーホート分析などの手法が代表的であり、その分析方法は、「科学的」という名の下でメカニカルに体系化されている。一方、質的調査という言葉は、量的調査との対比で用いられることが多い。質的調査には、調査者が、インフォーマントから話を聞くインタビュー（聞き取り）調査、調査対象者の社会集団に関わることでデータを取得する参与観察調査などがある。また、隠しマイクやカメラを使って調査データを取得するような、非参与調査も質的調査に含まれる。質的調査

「男女間の友情は成り立つか？」式の安易な調査（？）から、一〇〇〇万円以上をかけて研究者が行なう調査にまで、共通する特徴だと思います、――かの上野千鶴子★氏だって言ってることです。

というのも、あらかじめ答えを制限しなければ調査は不可能だから……。たとえば、「男女間の友情は成り立つか？」↓「はい」「いいえ」「わからない」、といった選択肢法が一般的です――これでは、この三つ以外の答えが発見される余地は、そもそもありませんよね。そのうえ、この三つの答えは、あらかじめ調査者が予想している答えであって、その意味では最初から答えはわかっているわけなんです。せいぜい、それぞれ何人で何パーセントか、――そのくらいのことが新たな情報ということになるんですが、それだって経験的にある程度、予想がつくことですよね。こんなふうに調査者はあらかじめ回答を制限してるわけです。

もちろん、属性や他の質問とクロス集計して何か発見できる可能性が、ないわけではありません。また、統計学的に複雑な分析をかけてみれば、何か発見できる場合もあります。でもやはり最初のアンケート設計に制限されているのに変わりはないですから、新たな発見もやはり、きわめて少なくならざるをえません。もちろん設計段階で、どの質問とどの質問をクロスさせるかも、どのような統計的分析をかけるかも、調査者があらかじめ考えているのが普通です。それも答えを予想しているからこそ、できることですよね。

によって得られたデータを質的データと呼ぶが、質的データには、日記や家計簿、手紙やアルバムなども含まれる。質的調査の分析手法としては、生活史法、エスノメソドロジーを含めた会話分析などが一般に知られている。また、参与観察調査に関しては、分析方法よりも、モノグラフやエスノグラフィといった記述の仕方について、議論されることが多い。

★上野千鶴子
日本でもっとも著名な社会学者のひとり。『セクシィ・ギャルの大研究』（光文社、一九八二年）、『家父長制と資本制』（岩波書店、一九九〇年）、『ナショナリズムとジェンダー』（青土社、一九九八年）などをはじめ、フェミニスト社会学関連の著書多数。

新たな発見はないと断言することはできませんが、やはり発見はきわめて少ないというのが、数量調査のポイントじゃないでしょうか。

くりかえしになりますが、こうなってしまうのは、アンケート法などの数量調査は、調査者があらかじめ答えを予想できていないと、そもそも不可能な調査形態だからだと思うんです。つまり、仮説が絶対的に重要なわけです。自由回答法にして後から回答を分類しコーディング★するという手法もありますが、それだって、コーディングするのはあくまで調査者本人であって、調査者が予想している答えの影響から逃れるのは困難だし、仮説にもとづいてコーディングの規準を考えているのも普通のことですよね。

そういう意味で、数量調査は、仮説検証型の調査にならざるをえない。調査者が予想する答え＝仮説——それが誤りかどうかを調べてみる、と。これは重要な作業です。ですが、ここには、そもそもどうやって答えを導き出したのかを説明する余地はありませんよね。そういった説明は、調査そのものではなく、調査以前にしか存在しないわけです。ですから、それが存在する可能性としては、文献かフィールドワークか、日々の生活か、あるいはそれら以外か、ということになります。社会学的なワザが発揮できるのは、むしろここのところでしょう。アンケート結果の分析などは、統計学的なワザの方でしょうから。

狩谷　お二人の話を聞いていて、数量調査やインタビュー調査、聞き取り調査について

★コーディング
調査における質問への回答をいくつかのカテゴリーに分類し、それと対応したコード（符号）を個々の回答に与える作業。一般的な選択肢法を用いた調査では、あらかじめ回答の選択肢にアルファベットや数字でコードが与えてある。これを、プリコーディングと呼び、被調査者が回答を選択することによって自動的にコーディング作業が終了する形式である。一方、自由回答法の場合、同様の作業を調査終了後に行なうので、アフターコーディングと呼ばれる。

考えてみたのですが、どの方法に対しても、私は「うさんくささ」を感じます。理由は、数量調査という方法をとっても、聞き取りやインタビューという方法をとっても、「仮説検証型」の域を越えない研究者が多いから……学生にもこのタイプが多いですよね。

もちろん、参与観察をしている中で「話を聞く」というのはあります。ただ、事前に「これを聞こう」と考えていた質問事項を、他人（他者）に発したとたん、自己嫌悪に陥ることが多いんです——質問した内容自体がチープなものに思えるから。

最近特に思うのは、「話を聞く」というのは、単に他人（他者）が声に出して話した内容を「聞く」というだけでなくて、話してないけど聞こえてくる声を「聞く」というのも、含まれてるのではないかと★……。

「他人（他者）から話を聞く」というときにも、研究主体が自覚すべき点は、「インフォーマント」が声に出して言ったこと」が決して「真実」ではないということだと思うんです。べつにインフォーマントが「嘘」を言っているとか、そういう意味ではありません。「嘘か真か」すら、研究主体が、「推論や憶測、信念」——中根さんの先ほどの言葉を借りれば「予断」「偏見」「思いこみ」ですね——、こういったものによって判断しているということを自覚しなければならないという意味です。「なぜインフォーマントがそのように発言したのか」——研究主体にとって真実味を帯びているものも、嘘っぽく聞こえるものも含めてなんですが——そういうものも、「話していないけど聞こえてくる声」とし

★マーネンの主張

「文化というのはいかなる光も逃さないブラックホールにている。観察者は文化が存在することを目で見て知っているのではなく、単に推論や憶測、そして多くは信念によって認識しているにすぎない。［…］文化を描くにあたってフィールドワーカーに必要とされるのは、「聞くこと」と「見ること」であるのは当然。しかし最も重要なのは、フィールド滞在中におそらくは目の当たりにしたことについて「書くこと」である。文化はそれ自体目に見えるものではない。それを再現し表現しようとする行為を通じてのみ見えるようになるのだ。」［Maanen, 1988＝1999、『フィールドワークの物語』、現代書館、一三三頁］

て、聞かなければならないと思います。

もちろん「話していないけど聞こえてくる声」が、インタビューの場面で、即座に聞こえてくるとは限らないでしょう。マーネンの言う「文化はそれを再現し表現しようとする行為を通じてのみ見えるようになる」のと同様、聞くことも、「再現し表現しようとする行為」を通じて、はじめて聞こえてくるものではないでしょうか。

中根　だけど、それじゃあ狩谷さんは、参与観察調査は好きなんですか？……私は、結局、調査って、どんな調査もみんな、仮説検証型だと思うんです。仮説自体が崩れるっていっても、仮説が崩れるだけのことですので——。壊れたって、壊れなくたって、仮説を検証していることに変わりないんじゃないかなあ。ちなみに、好き嫌いを言えば、私は、調査っていうか、社会学自体が嫌いなのかも……、たぶん……。なぜかっていうと、わかりきったことを実証しなくちゃなんないって、面倒でかったるいわけなんです。そんなの調べなくたってわかるだろって、いつも思っちゃうんです。

狩谷　そう言われてしまうと、先ほど、数量調査や、聞き取り調査、インタビュー調査に「うさんくささ」を感じると言ってしまったこと自体、考えてしまいますね。私が「うさんくささ」を感じるのは、「数字」や、「調査者という役割」に頼らなければ、現実を把握できない研究者の姿勢に対して、ということでしょうか。私は、きちんと役割を与えられると、逆に不安になるタイプでして、参与観察をしている中で、私自身が抱いていた

★インタビューの前の準備

インフォーマントが決まり、その人物に関するイメージをはっきりさせたら、今度は、自分が、インフォーマントとどのような関係性でインタビューをはじめるのかをはっきりさせておく。実際のインタビューの場面では、「単なる調査者／単なる被調査者」などという一般的な関係など、絶対に存在しない。インフォーマントにどの程度まで「調査目的を伝えるのか／伝えないのか」から、調査者自身とインフォーマントの「性別」「年齢」「職業（社会的地位や属性）」、「どのような形で調査を依頼したのか」を含めて、できる限りインタビューにおける調査者と被調査者の関係性を特徴づけておく。

そして、その関係性を考慮した上で、まず、インタビューで「聞きたいこと」を箇条書きで列挙しておく。この際、カードを使っ

「予断」「偏見」「思いこみ」が崩れていったり、自分自身が混乱したりするのが、けっこう心地よかったりするんですけど……。

「数字」や「調査者という役割」に頼らなければ、現実を把握できない研究者の人たちって、普段の生活では、どういう役割を担っているのか、こっそり見てみたい気がしますね。

野村　わたしはいちいち調査なるものをやってるヒマはありません。普段の生活のなかで、考えこまざるをえなかったり、怒ったりすることが多くて……。つまり、いつも問題と答えを発見させられてしまう状況に追いこまれているので、忙しすぎて、いちいち調査なんてやってる場合じゃありません。

狩谷　そりゃ、普段の生活のなかでは、わざわざ調査なんてしなくても気づかされることもありますよ。私が、考えこまざるをえなかったり、むかついたりすることが多いのは、自分が「女」だってことです。まあ、調査に行っても強烈に感じることですが……。

中根　狩谷さんは、先ほど、質問を他人にしたとき自己嫌悪に陥るとおっしゃいましたが、どんなときに、自己嫌悪に陥るのでしょうか？　これって、かなり重要なことじゃないかと……お話の間じゅう考えていましたが……。

狩谷　重要ですか？　私が質問する内容って、「そんなこと聞いてどうすんの？」と、自分で自分に突っ込み入れたくなるものが多い……。レジメを持ってきておりますので、

て、一項目ごとに一枚のカードに書き込み、あとで、それを整理して、調査項目のチェックリストを作成する。

次に、そのチェックリストの項目を、「絶対に聞かなければならないこと」「できるだけ聞くこと」「できれば聞きたいこと」の三階層くらいに分類する。そして、インタビュー時間の制限も考えながら、最終的な調査項目チェックリストを作り上げる。

もし、インフォーマントの前で、自分の作成した調査項目リストをチェックしながらインタビューすることができれば、それを使用してもかまわない。ただ、その際には、なるべく小さな手帳に収まる程度のものにしたほうがいい。なぜならば、これみよがしに調査項目リストをひろげると、せっかく相手の話を直接聞くことができるのに、調査自体がアンケート調査のように紋切り型の応

その中から一つ例を出してみますね——在日韓国朝鮮人の女子高校生三人とお菓子を食べながらしゃべってた内容のものです。

狩谷：やっぱ、（自分が「在日」であることを）言うた相手の日本人とは「仲良くしよう」とかって思うの？
Aさん：何が？
狩谷：「関係壊したくない」って思うの？
Aさん：その子との関係っていうか、そう（「自分には関係ない」と）とれたら、それまでやと思う。
狩谷：言うんじゃなかったって思う？
Aさん：うん。「言うて損した」と思う。
狩谷：そういうときに、相手に怒ったりとかは？　むかついたり、腹立てたりとかはないの？
Aさん、Bさん、Cさん（一斉に大声で）：ないよ〜。
Bさん：「そうかあ」って思うだけ。むかつくまでいかない。
Aさん：「それまでの人やったんやあ」って思うだけ。
狩谷：もう、会わへんなったりするだけ？

答になってしまう可能性が高いからだ。最初に自分自身が抱いた「予断」「偏見」「思いこみ」という仮説がインタビューの場面で壊れていくプロセスにこそ、インタビュー調査の面白さがあるのだから……。

Aさん：うん、つきあいなくなるぅ。
（括弧内・狩谷）

このやりとりを、マイノリティの声を代弁＝代理できると信じて疑わない、そんなタイプの調査者が解釈したなら、「彼女らは民族性が強いので、日本人との関係において何らかのトラブルに遭遇したとしても、アイデンティティが揺らぐことはない」とでもなるんでしょうか？　同じように、マイノリティが被る「不利益」を「本人の責任」にしていく解釈をとれば、日本人に言い返さない彼女が悪いんだと……、差別と真っ向から闘わない彼女が悪いんだと……。

私が発した質問だけを見ると、「そんなのあたりまえのことじゃないか」って思いませんか？　だって、自分が「在日」ってことを、「この子ならわかってくれるかもしれない」とわずかな期待を抱いて友達に伝えて、期待したとおりの反応が返ってこなかったとしても、明日も明後日も、彼女たちは学校へ行かなければならない……。彼女たちが、嫌な思いしても相手には伝わらないし、学校休んだらそれこそ負けじゃないですか？「なんでそんな反応しかできないの？」と、日本人につっこんだら、「なんでそんなこと言われなきゃいけないの？」と逆ギレされるのが関の山かもしれない。

自己嫌悪というか、わかってて高校生に聞いてる自分が嫌なんです――でも聞くけどね……。わざわざ聞くことで気づかされるのは、私が「日本人」ってことでしょうか。彼女たちにとっては、日常生活自体が、「不利益」なんですよね。でも「日本人である」私の場合、「不利益」を確認しに、日常生活を離れて、わざわざ調査へ行かなければ気づかないのかもしれない。釜ケ崎へ行ったり、「レズビアン・ゲイパレード」に行ったりしたのと同じように……。

「マイノリティ」をどうとらえるか

野村　アンケート調査にしてもフィールド調査にしても、基本的には、中根さんが言われたように、「予断」「偏見」「思いこみ」によって構成されると言えるんじゃないでしょうか。「予断」「偏見」「思いこみ」によって、あらかじめ想定された答えがモデルストーリーであり、それをあたかも新たな発見であるかのように提供してくれるのが、モデルマイノリティにあたると考えます。

マイノリティについての調査の多くは、「差別にもめげず、けなげに生きる」などの、モデルストーリーだらけです。このストーリーはきわめて政治的です。だいたい「差別にもめげず、けなげに生きる」という物語には、そういう状態に追いこんだ張本人は誰か、という問題意識のかけらもありませんよね。多くの場合、調査者は、日本人マジョリティの一員であり、したがって差別者集団の一員です。そういう問題意識をあらかじめ排除しているのが「差別にもめげず、けなげに生きる」などといった物語であり、モデルストーリーの特徴だと思います。

狩谷　お話を聞きながら考えていまして……、私がインタビューや聞き取り調査で何が嫌かというと、「マイノリティが声に出して言ったこと＝《イコール》真実、正解、答え」と信じている人びとの存在です。

中根　まあ、「正解や真実がある」って思ってる時点でアウトですよね。少なくとも、調査で語られたこと自体には、真実や正解は絶対にないということが、社会学の裏常識なんですけど……、なかなか表の常識にはならないですね……。

狩谷　そう、そうですよね。例えば、マイノリティが「差別されたことなんてない」と言えば、「経験としての差別はない」「被差別体験以外にも、マイノリティは豊かな生活世界を持っているんだ」と解釈していくとか、「民族性が強ければ、日本人から差別されても、アイデンティティは揺るがない」とか……、そういう解釈に対して、非常に「うさんくささ」を感じます――マジョリティに都合の良い解釈という意味で。

　あまり関係ないかもしれませんが、例えば「女だから差別されてる」「女だからいろんな場面で不利益を被ってる」なんてことを、自覚していちいち声に発してたら、いちいち悩んでたら、生きていけません！　でも声に出さなければ、自覚しなければ、なんともならないことに、最近やっと気づきました。

「ほら、マイノリティ自身がこう言ってるから」ってことで、妥当性や客観性を維持しようとする研究者の態度が、私は気に入らないんですよね。同和対策事業打ち切りを含め、マイノリティに「権利」を与えることで、差別がなくなったことにしていく、さらには、マイノリティが被る「不利益」を「本人の責任」にしていく。こういう動きに、研究者が記述したものがどこまで影響しているのかはわからないけれど、マジョリティの責任を、マイノリティ自身の「自己責任」に転嫁していくことで、差別を「過去の出来事」にしていくイデオロギーっていうのは、「モデルストーリー」乱発の現在の状況をみると、一層強化されていくのだろうなあと思います。

先ほど言った、「声に出して言ってないけど聞こえてくる声を聞け」っていうのは、マイノリティから何時間話を聞こうと、何度話を聞こうと、「お前（研究者）が考えなきゃ何も出てこねーぞ！」ってことです。「ほら、マイノリティ自身がこう言ってるから」って、自分が背負わなきゃならない責任を、本人に押しつけんな、責任転嫁するなってことです。「モデルストーリー」生産者は、何度話を聞こうと、何時間話を聞こうと、「生産者自身にとって都合の良い言葉」「簡単にマイノリティ自身に責任転嫁できるような言葉」しか、耳に入ってないってことです。「差別されたことなんてない」「別にしんどいことなんてないよ～」と、マイノリティ自身が言ったならば、「そう言わせているのは何なのか？」ってことを、ちゃんと考えろってことです。それを考えなきゃ、「言葉」だけ追っていっても、その「言葉」を横領しながら、現実的な不利益を再編成していくイデオロギーに、取り込まれるような解釈しか出てこねーよってことなのです。

中根 ええ、そうなんですね。でもそれじゃあ、「そう言わせているのは何なのか？」ってことは、どうやったらきちんと考えられるのでしょうか。

狩谷 「何なのか？」ってこと自体は、はっきりしています。名前を与えるなら「差別」です。マイノリティが被る「不利益」です。でも、差別を「過去の出来事」や「マイノリティの自己責任」にすり替えていこうとするイデオロギーに対して、「差別はある」「差別はなくなってない」ということを、いくら声高に叫んでも効果的ではないと思っています。調査なんて必要ないのかもしれません……。でも、フィールドに行く↓論文を書く↓フィールドに行く……ってことを繰り返すことで、効果的な方法を探っているのかもしれません。――少なくとも、「マジョリティにどう読まれるのか？」ということを自覚して書きたいと思っていますし、イデオロギーに簡単に取り込まれないようなものを書きたいと思っています。

野村 マイノリティに不利益をおよぼしていることを自覚しなくてもすむ。これが日本人マジョリティの特権です。そして、自覚しないことによって罪悪感なしに不利益を与えつづけることができます。この無自覚が、呼ばれてもないのに調査に押しかける研究者を大量に生みだしつづけてきたように思います。そのようにして研究者は、不利益を与えつつ研究成果という「利益」をしっかり享受しつづけてきたわけです。わたしが特に日本人マジョリティの研究者にとって重要だと思うのは、この無自覚や特権をとことん記述し分析することです。また、せっかく呼ばれてもいないのに押しかけて、言いたくないことも言わせたのであれば、そこまでやってしまった自分を分析するのは、当然の責任だと思うわけなんです。で、この特権をとことん記述して、特権を解体するような分析を試みる、——これはけっしてマジョリティの不利益にはならないと思うんですね。たんに対等になろうとするだけの作業にすぎません。

中根　野村さんが言われた、調査における「モデルストーリー」の政治性は、マイノリティに関する調査だけでなく、およそすべての調査に普遍化して考えてよろしいのでしょうか。つまり、モデルストーリーのたぐいは、先行研究など文献にあたっていけば、必ず調査者自身の中に、「予断」「偏見」「思いこみ」として、構成されるものだというように……。

野村　いえ。「予断」「偏見」「思いこみ」として構成されたものすべてを、モデルストーリーと呼ぶべきではないと思います。わたしなりの定義をはっきり言わなかったので、すみませんでした。

モデルストーリーとは、マジョリティにとって都合のよいマイノリティに関するストーリーのこと――、そう考えています。これは、ポストコロニアリズムなどから、わたしが勝手に定義したもので、社会学一般の定義とは異なると思います。

おっしゃるように、もちろん、先行研究などの文献にあたることによって「予断」「偏見」「思いこみ」が構成されることもあるでしょう。でもそれは、日本人マジョリティに多いのではないかと思います。その場合、自分のなかに「予断」「偏見」「思いこみ」が構成されてるなんて夢にも思わないでしょうし、そもそもモデルストーリーだなんて思いつくはずもありません。逆に、先行研究こそがまさにモデルストーリーであると思い知らされてきたのが、わたしの経験です。ほとんどの沖縄に関する先行研究が、日本人マジョリティにとって都合のよい沖縄ばかりを構成しています。それらは要するに、わたしに敵対しているわけです。わたしという沖縄人に不利益をもたらしているわけです。ですからわたしはいつも、怒りの連続なんですね。そしてこれらのモデルストーリーは、「日本人を問わない」ことをストーリーのもっとも重要な構成要素――語らないことによる構成です――、あるいは骨組みにしています。だからわたしは怒るし、この構成要素あるいは骨組みが、わたしの不利益を構成している原因なのです。

ですので、先行研究を読むことの多くは、わたしにとって、「予断」「偏見」「思いこみ」を構成することではなくて、不利益を確認することなのです。しかも、わたしの不利益は現実です。この現実を記述しただけで、日本人から、それは「予断」「偏見」「思いこみ」だと、それこそ偏見の目で見られる経験をたくさんしてきたわけです。それもまた新たな不利益ですが……。それにしても、わたしの記述はあくまで現実ですし、不利益は現実そのものですから、モデルストーリーに対して、たとえば「対抗的ストーリー」とかって名づけるのもイヤなんですよ。「ストーリー」ということばは、どうも日本人マジョリティにとって都合の良さそうな臭いがプンプンしてますしね――。

中根　要するに、敵陣に乗り込んで日々生活している人には、あらためて調査っていうことには、ならないんでしょうか。だって、フィールドにいるんですから。でも、それも調査と言えば、調査と言えなくもないいんじゃないかと思うんですが……。野村さんが、学会で沖縄関係の報告があると、その部会に行くっていうことも、調査じゃないんでしょうか。はじめのほうでおっしゃっていた「東京の大学院生ども」に関する参与観察っていうのも、まあ、言ってみれば調査でしょう。ですから、逆にみると、わざわざ「いちいち調査なるものをやってる」ような場所にいるとも考えられますが……。

野村　日本人が沖縄人を支配している現状では、沖縄にいようが敵陣にいるようなものです。そういう意味では、わたしにとっては、どこにいようとフィールドにいるようなものですし、日常生活が調査そのものともいえなくもありません。ですが、わたしは日常生活にまで調査の意味を拡げたくはありません。やはり、呼ばれもしないのに勝手に押しかけていく——そういうものを調査と呼ぶべきだと考えます。それだったら、「お前だってそうじゃないか」って言う人がいるかもしれません。そんな人には、「いえいえ、わたしは一種の出稼ぎです」、と答えます。厳密にいえば、呼ばれて出てきたわけではありませんが、食うために、生きるために、出ざるをえなかった面があります。常に日本の二倍の失業率のところであれば、出ざるをえなくなるのは必然です。

しかも、まかりまちがって、研究者になりたいとでも考えようものなら、必ず沖縄から出なければなりません。というのは、わたしのときなど、沖縄に大学院なんて存在しなかったですから。で、日本に来たら、案の定、周りは敵だらけ……。だって日本人しかいませんので。——これがわたしの日常生活。食うための生きるための日常。——「ここで話を聞けなかったら別のところへ行けばいいさ」という「マイノリティころがし調査屋」さんたちとは、ワケがちがうんです。

沖縄人にとって——これは沖縄にいても日本にいても基本的には同じだと思いますが、生きるためにいつも強要された不利益と闘わなければならない。わたしにとってはそれが記述というものです。そしてこの日常は、日本人マジョリティがいう調査なるものとは、絶対にちがうはずです。不利益と闘うなんて、やりたかないですよ。でもやらなければ生き残れない。しかも日本人が沖縄を調査することによって、不利益がどんどん増えていくんですから……、やな日常……。

いちおう話の流れで、「東京の大学院生どもに関する参与観察」などのことばも使いましたが、これは沖縄を出ざるをえなかったり、向こうから呼ばれたりしたから東京に行ったまでであって、行ってみたら刃物で切りつけられるような経験をしたという話です。自分の「予断」「偏見」「思いこみ」にすぎないものを、あたかも真理であるかのように押しつけてくる日本人は意外と多いものです。しかも、こちらがそれを否定でもすれば逆ギレされることも少なくありません。これは、刃物のように特権をふりかざす行為です。でも、わたしには逃げ場がありませんので、切りつけられれば闘うしかありません。

それと、学会の話は、学会員は参加しなければならないという大義名分があって行くのですが、そこでもまた「予断」「偏見」「思いこみ」によって切りつけられることが多いわけです。沖縄に調査に行った日本人研究者が、日本人にとって都合のよい沖縄人ばかりを構築する……。わたしには、それに不満足だと言う権利があります。切りつけるなと言う権利があります。それをしないと、出血多量になってしまうし、精神的に殺されてしまうような気がします。

わたしは、そもそもなぜ日本人が呼ばれてもないのに調査に行くのかがわかりません。わたしは何も調査に行くなと言ってるのではありません。行く前にとことん考えておくべきことがあるだろうということです。たとえば、行かなきゃわからないなんて言えるのは、そもそも特権をもってるからではないでしょうか。考える前に行くことができるという特権をもってるからではないでしょうか。考えるべきは、この特権。問題は、この特権。呼ばれてもいないのに、なぜ行けるのか――これを考えることは行かなくてもできます。相手は調査に来ることができないのに自分はなぜ調査に行くことができるのか――このような自分の特権について考えることは、居ながらにしてできるはずです。仮に、もしもわたしが呼ばれてもないのに行くことがあるとすれば、それは特権をもつ者――わたしに不利益をおよぼす者と闘わざるをえないからです。闘わないことは精神的な死をもたらすから……。

調査者のポジション＝政治性

中根　野村さんは、そりゃあ怒ったりすることが多いでしょうけど、わざわざ、怒ったり、問題や答えを発見しに、フィールドへ行ったり、調査に行ったりする研究者もいるわけですよ。というのも、野村さんと違ってヒマだから……。「問題発見型調査」っていうと、そのネーミングは、かなり嘘臭いけど、ありえないわけではないと思うんです。また、わかってても、調査に行くことは多いしね。

問題は、おそらく、調査する主体が、調査することによってバランスをとってしまうことでしょうか。自分のバランスをとるために、調査に行って「他人に話を聞いたり」「観察したり」する。時々、自分のアイデンティティが揺らいだような気分で、バランスをとる……。多くの「発見」って、この種のものじゃないでしょうか。「勝手に写真撮ったら怒られた」とかね――フツーは殴られると思うけどね。

野村　それってヒマというより特権ですよ。それにつきあわされるマイノリティ被調査者は、たまったもんじゃない。このままだと、つまりは消費されるだけですからね。調査を拒否しなきゃ。

で、怒ったり問題発見するんだったら、文献読むだけでもできますよ。その方がはるかに害は少ないですし――。

このような特権を、日本人自身が記述する調査があってもいいと思います。でもそれは、マイノリティのところへ行かなくてもできることです。

自分のバランスをとるために、調査に行って「他人に話を聞いたり」「観察したり」するっていうのは、これって、日本人に都合のよいようにバランスをとるってことでしょう。自分は良心的だというアイデンティティを維持管理するための……。

中根　そういうことなんですけど、でも、「良心的だというアイデンティティを維持管理する」っていうのとは、ちょっと違う仕方もあるような気がするんです。アカデミック至上主義っていうか、科学主義を履き違えたような輩《やから》のほうが、最近は増えてるんじゃないでしょうか。思想だけじゃなくて、モラルもないって言ったらいいんでしょうか……。もともと、モラルなんて屁の突っ張りぐらいにしかならないけど、そんな屁の突っ張りにもならないような輩——。

話が前後しますが、特権というのは……、特権を手に入れたら、それを行使することだけに、生き甲斐を見いだす人もいるでしょう。特権というのは、行使していないと確認できない、という意味で——。特権っていうのは、考えたくないけど行使して確認したい、っていうのが一般的な傾向だと思うんです。M・ヴェーバー★が似たようなこと言ってたと思うけど……。どうやったら、マジョリティが「自分自身の特権をみずから考える」ようになるのか？　そこのところが困難ですよね。マイノリティとしての野村さんは、「考えざるをえない情況に追いこまれる」けど、マジョリティは、自分の特権を「考えなくてもいい」わけだし、追いこまれても逃げ場があるわけですよ。「退路を断つ」っていうのは、言葉では簡単でも、実際には難しいですよね。

ところで、調査っていうカテゴリーをあんまり拡げてしまうと、収集つかなくなるけど、結局、私自身が「調査」っていう言葉を使う場合は、インフォーマントとの間に一定の距離がある場合ですねえ。つまり、調査における人間関係っていうのは、乱暴に言うと「対等じゃない」関係でしょう。一般に、「調査する／される」っていうようなもんじゃなくて、「対等じゃない」わけですよ。だって、野村さんも「東京の大学院生ども」のカテ

★マックス・ヴェーバー（Max Weber　1864～1920）
十九世紀後半から二〇世紀前半の転換期に活躍したドイツの知識人で、思想家として著名であり、とりわけても社会学という学問の創設者の一人として知られている。膨大な数に上るM・ヴェーバーによる著作の多くは、彼の死後に妻のマリアンネ・ヴェーバーによって編集されたものであり、彼の生存中にまとまった形で出版されることはなかった。それでも、M・ヴェーバーは、ドイツ社会学会創設への尽力、学会誌の編集、新聞

ゴリーに属する人と「対等な関係」なんか結びたくないでしょう。「対等な関係を結びたくない」「対等な関係を結べない」相手に、自分で関わろうとするときに、調査って言うのかなあ……。

野村　わたしの場合は、向こうが勝手にこちらに敵対し、勝手に不利益を持ちこんでくるので、日本人と対等な関係があったためしがありません。自分ではまったく関わろうとはしてません。でも敵はストーカーのようにつきまとって離れない。できれば消えてほしい。でも消えてくれないので、こっちから消しにかかるしかない。それがわたしの記述という行為です。これを調査と言ってみても、フィールドにいると言ってみても、実感がわきません。

それに、わたしは、一生ないと思いますが、ヒマになりたいから記述するし闘う、という感じですね。日本人のように、最初からヒマを保証されていたら、どんなにいいか――そういう意味では、わたしは同化主義者です。

ですので、ほんとはこの仕事も好きじゃないし、やらなくてすむのならやりません。日本人のように――。

中根　マジョリティは、常に「調査に応じる」マイノリティを追っかけていくわけでしょう。ストーカーのように……。普通は、相手が嫌がってりゃあ、やめるんでしょうけど。「普通じゃない」ってことを思い知らせるのも一つの方法だけど、「嫌がったら」相手

への寄稿や政治的発言などを通じて、同時代人に大きな影響力を与え、後世には、二〇世紀を代表する知識人として評価されている。「価値自由」「理念型」「社会的行為の四類型」「カリスマ支配」「官僚制」「比較社会学」など、M・ヴェーバーが論じた社会学は、現代社会学の礎として、現在でもその効力を失っていない古典中の古典である。

を変えるってこともマジョリティには可能だから——。

私は、できるだけ日常生活にも「調査」（意味ではなくそのもの）を拡げていきたいんですけど、野村さんの言うように「呼ばれてもいないのに勝手に押しかけていく」というのは、多くの調査のパターンだと思うんです。ただ、呼ばれていくような「御用学者」——運動に呼ばれる人も含めて、そういう輩《やから》の行なう調査もありますけど……。野村さんの言うように私は「ここで話を聞けなかったら、別のところへ行けばいい」と思っています。ただし、マイノリティを対象にしたものに限定されないですけど、心底から頭を下げて「お願いして」まで、調査をしようとは思いませんね。ただし、恫喝《どうかつ》したり、騙《だま》したり、いっぱい食わせたりする調査を選択することもありますが……。つまり、相手がマイノリティではない場合、しかもこっちよりも権力をもっていたり、何らかの情報を隠匿している場合には、ノンモラルで向かいます。

ところで、野村さんの言う「マイノリティの不利益」っていうのは、よくわかるんですが、「調査・研究者の利益」って言われると、受け入れ難いんですよ。正直なところ。……結局、利益を追求するって、人間ならしょうがないじゃないってことで——不利益を被る人がいなきゃあ、利益は得られないじゃないっていうことで、振り出しに戻っちゃうんですよ……。不利益を追求するために調査・研究する主体がいても、常人じゃないでしょうしね。でも、一方で、私は、思想っていうのは、「誰が考えても割に合わないことをあえて実行すること」を可能にするもんだと考えてるし、加えて、「その実行行為が真実であるとは考えていない」という条件でのみ、成立するもんだと思うんですね。でも、なかなか上手く説明できないんですが。

野村　マイノリティから見れば、マジョリティが利益と言おうが特権と言おうがどっちだって一緒にしか見えません。だって、マジョリティはつねにマイノリティを犠牲にして利益を得つづけているわけで、それが恒常的であるからこそ特権と呼ばれるのですから。それは、マジョリティとしての「日本人の利益」です。それから、ゼロサムゲーム★だけが、現実のすべてではないと思います。特権があるということは、すなわち脂肪分のとりすぎであって、それを手放すことは、必ずしも不利益とはいえないんじゃないでしょうか。他者を犠牲にせずに生きるということは、けっして不可能ではないと思うんです。

中根　おっしゃるように、ゼロサムゲームだけが現実のすべてではないと、私も思います。けれども、「他者を犠牲にせずに生きるということ」っていうのは、現実には不可能だと、私は考えています。

野村　現実には不可能だとしても、それをマジョリティが言うことは問題だと思います。えてして他者を犠牲にしている者ほど犠牲者に向かって「他者を犠牲にせずに生きることは不可能だ」などと傲慢なことを言うものです。マジョリティにとって、それは自己正当化の言説にほかなりません。

★ゼロサムゲーム

（zero-sum game）

ゼロサムゲームとは、ゲームの理論モデルの一つで、プレーヤー同士の利益の合計がつねにゼロになるゲームを意味する。一方がプラス1の利益をあげれば必ずもう一方はマイナス1の不利益となる。

中根　確かに、野村さんの言われるように「他者を犠牲にせずに生きることは不可能だ」と言うのは傲慢かもしれません。けれども、仮にそうであったとしても、もう一方で、「他者を犠牲にせず生きるということは、けっして不可能ではない」って言われれば、そんな甘っちょろい現実を生きているつもりはない、って言わざるをえません――もちろん、「現実は一つではない」わけだから、そういう現実を生きている人もいるでしょうけど。ですから、利益／不利益ということに還元してしまうと、人間は誰しもどっかで「割食ってる」わけですし、誰かに「割食わしてる」っていうのが、社会だということになります。当然、誰かに割を食わせすぎている人もいれば、逆に割食いすぎちゃってる人もいるわけですよね。それは、程度の問題であるかもしれないけれど、「対等な関係」が完全に保証されることはないと思うんです。

特権ということに関しても、行き過ぎれば脂肪分の取りすぎで成人病になってしまうかもしれませんが、「適度な特権」――マジョリティにとっての「適度な特権」は、リスクを回避する保険となっている意味では、それを手放すことは不利益になりうるわけでしょう。

野村　「適度」っていったいだれが決めるんですか？「リスク」って何？マイノリティなら犠牲になってるという意味で「リスク」を押しつけられてますが、押しつけてる張本人のマジョリティに「リスク」を言う資格があるとは思えません。それと、マジョリティこそが「甘っちょろい現実」を生きている張本人にほかならないはずです。だって、他者を犠牲にして生きてるんですから、こんなに甘っちょろい生き方はない。いちばん甘っちょろいのは、「他者を犠牲にせず生きるということは、けっして不可能ではない」と言うことではなくて、それを「甘っちょろい」と嗤《わら》える特権的な生き方のほうです。さっき「資格」と言ったのも、甘っちょろい生き方をしてる者が自分を棚に上げて他者を「甘っちょろい」と嗤う資格はない、というような意味です。

中根　もちろん、「適度」を調節するコントローラーは、マジョリティが握っているわけでしょう。リスクを押しつけられて割を食わされているのがマイノリティの側であるというのは、およそほとんどの社会的文脈でそう言えると思います。そして、野村さんが言うように「リスクを言う資格がマジョリティにない」としても、リスクをマイノリティに背負いこませる「特権」はマジョリティが握っているわけでしょう。

私が「調査・研究者の利益」って言う場合は、マジョリティ研究者としての利益という意味のことで、私のようにマジョリティに位置する研究者としては、「研究者の利益」と「マジョリティの利益」――野村さんの言う「日本人の利益」とは、切り離すことは不可能なんです。研究者が、その社会的存在自体の拘束性★から完全に離れて、「知識人」としてのスタンスを確保できるとは、私は考えられないのです――思考的実験としてなら限定的に可能かもしれないですが……。

★存在拘束性
(Seinsverbundenheit)
「政治的・歴史的な知識はいつでも存在に拘束され立場に拘束されながら展開する」[Mannheim

そして、「他者を犠牲にして甘っちょろい現実」を具体的に生きているからこそ、マジョリティとしての私が、「他者を犠牲にせずに生きていくのは、けっして不可能ではない」などと言うわけにはいかないんです。だって、「他者を犠牲にせずに生きることは可能だ」と思いこむことほど、マジョリティにとって自己正当化に都合のいいことはないでしょう。日々具体的に誰かを犠牲にして生きている者は、抽象的に「他者を犠牲にせずに生きられる」という幻想に漬《ひた》ることで、自らが具体的に犠牲にしている誰かを忘却することができます。マジョリティにとって、この忘却は、実に簡単で、都合のいいことです。ですからこそ、私は、「他者（誰か）を犠牲にせずに生きること」よりも、「誰を犠牲にするのか（しているのか）」ということを、できる限り自覚していこうという方向で、自分のスタンスを考えています。

野村　それはわからない話ではありません。

中根　人間っていうのは、結局、自分の利益を追求するものだと思うんですが、だけど、「利益」っていうのが何なのかっていうところに戻って、考えてみることはできるんじゃないでしょうか。また、差別問題研究では、従来から「差別は被差別者の不利益だけじゃなくて、差別者も不利益を被る」って言われることが多かったんですが、これもうさん臭いと思うわけなんです。実際には、「差別することで不利益を被っていない差別者」のほうが多いわけでしょう。あくまでも「利益／不利益」を個別の主観性に還元した場合では

1929=1968:192］という主張で、K・マンハイムが提唱した知識社会学の中心的概念である。この概念を使って、認識主体の知識が自身の歴史的・社会的位置に制約される、というイデオロギー性をK・マンハイムは暴露した。けれども、K・マンハイムが標榜した知識社会学は、特定の立場や意志に拘束された認識を解きほぐし、その誤りを取り除いて、「価値自由的」「超社会的」「超歴史的」な知識に到達しようとする試みであった。また、彼は、その知識社会学の担い手を、特定の階級的（社会的）利害の存在拘束性に縛られない「自由浮動的知識人」へと求めた。こうしたK・マンハイムによる知識社会学及び知識人に対する楽観的幻想は、ナチスの台頭というファシズムの現実に直面することで、脆くも崩れ去った。
［Mannheim 1929=1968『イデオロギーとユートピア』未來社］

ありますが……。ですから、差別者が不利益を被るような研究をしなけりゃならないってことも、考えるのですが……。でも、差別者に不利益を被らせるために、被差別者にも不利益を被らせてしまうことがありうるでしょうしね。

結局、よくわからないけど、野村さんと共有できるところは、「気に入らない奴がいる」から研究しなければならないということ。……でも、野村さんと違うのは、私は「気に入らない奴ばっかりになったフィールド」とは、おさらばするしかないってことでしょうか……。それは「自分の利益にならない」っていう意味にとられるかもしれないけれども、私自身の感覚では、「面白くないから」っていう表現のほうが、ピッタリくるかもしれません。

野村　「気に入らない奴ばっかりになったフィールドとは、おさらばするしかない」なんてことを直接マイノリティに言ったら、殴られてもおかしくないですよね。だって、マイノリティは「気に入らない奴」におさらばする自由を奪われているからこそマイノリティたらざるをえないのですから。その自由を奪っているのがマジョリティであり、マイノリティを犠牲にしていつでもおさらばできる利益を得ているのがマジョリティです。また、「面白くないから」といっても、どこにも逃げ場所がないのがマイノリティであり、そのように追いつめているのは、「面白くないから」って逃げだす特権をもったマジョリティです。この天国と地獄のような違いを日々思い知らされ深く傷つけられているのがマイノリティですから、「お前ら気に入らないからおさらばだ」なんてマジョリティが言えば殴りたくもなるでしょう。それは傷口をさらに深くえぐることになるんですから。

ただし、マジョリティが勝手におさらばしてくれて、一人残らず消えてくれれば、マイノリティにとってこんなにいいことはないかもしれません。マジョリティさえいなくなればマイノリティでなくなることができますから……。ところで、この天国と地獄ほどの違いをとことん記述することは、社会学的にはたいへん重要だと思います。いままでそれは、ほとんどマイノリティだけが行なってきたわけですが、マジョリティ自身がマジョリティの特権を徹底的に記述し暴き出すことは、マジョリティだけでなくマイノリティにとっても重要な意味をもつはずです。仮にその記述によってさらに傷つくマイノリティがいようとも、もうこの現実は見たくないというマイノリティがいようとも、記述の重要性に変わりはありません。なぜなら、マイノリティにとって、現実から目をそらすことは精神的な死を意味しますから。現実を直視することは、マイノリティが生き残るための最低条件といえるでしょう。ですから、マジョリティが自己の特権を記述することは、マイノリティが敵をよく知ることを可能にし、より人間的に生きようとするときの重要な情報になると思います。

中根　もし、「殴られるようなフィールド」であれば、おさらばするなんてとんでもない。そんな面白いフィールドだったら、私は、石に囓《かじ》りついても関わろうとするでしょう

——もっとも、私の場合、殴られたら反射的に殴り返してしまうと思うけど。ただ、野村さん流に言えば、「マイノリティには殴る資格があるにもかかわらず、殴る権利を奪われているというケースが圧倒的に多い」ということを付け加えておかなければなりません。だから最後に少しだけ言いますけれども、私のフィールドの選択は、野村さんが想定している以上に残酷なものかもしれません。マイノリティ研究者の野村さんはフィールドの選択ができないけれども、マジョリティ研究者の私はフィールドを自分で選択しなければなりません。そして、野村さんはこの仕事が嫌いでもやり続けるしかないでしょうけど、私は、好きでこの仕事をやっていますし、好きでしかこの仕事をやる必要もありません。

　フィールドとおさらばするだけではなく、研究をやめることも含めて、マジョリティ研究者は、「特権」を持っています。この「特権」は、決して抽象的なものではありません。極めて具体的な「特権」です。注意しておかなければならないのは、マジョリティ研究者がこの「特権」を行使することは簡単であっても、この「特権」を手放すことは簡単ではないということです。野村さんの言う「利益」という言葉に私が納得いかずに拘《こだわ》るのは、この「特権」をマジョリティ研究者である私が持っているからです。だって、「利益」と言ってしまえば、あるフィールドに関わっても、あるフィールドからおさらばしても、マジョリティ研究者が「利益」を得ることに変わりはないでしょう。先に少しふれた存在拘束性に照らせば、マジョリティ研究者は、野村さんの言う意味での「特権」に拘束された存在なわけです。私は、この「特権」を自由と結びつけて考えたくはありません。なぜなら、K・マンハイムが夢見た自由浮動的インテリゲンチアというのは、やっぱりマジョリティ研究者に都合のいい幻想だとしか思えませんから……。ただ、存在に拘束された「特権」の中身を知識社会学的に記述することは可能です。それでも、その記述によって「特権」を解体できると断言することには、自信がありません。

　最後にもう一つだけ言っておかなければなりません。私が、フィールドとおさらばすると言うのは、野村さんが言う「逃げだす」なんて良心的なものでは決してありません。マイノリティ問題に関わっていたマジョリティ研究者が、そのフィールドとおさらばするということは、きちんと「見捨てる」と表現すべきです。もちろん、「見捨てる」というのは、マジョリティ研究者にとっての意味であり、自覚の問題です――マイノリティの側にとっては「いなくなって清々した」っていうこともあるでしょう。あえて「見捨てる」という残酷な表現を使うのは、「逃げだす」という表現を使うと、「特権」を行使したマジョリティ研究者に自己正当化の言説を提供することになってしまうからです。「私には力量がなかった」「私には荷が重すぎた」「私自身が弱かった」からって言うのは、フィールドからおさらばしたマジョリティ研究者に見出せる言い訳の典型です。さも、自分が弱いから厳しい現実に関われなかったかのように、自分を弱者＝被害者の位置に避難させて、自己正当化を図るわけです。マイノリティが厳しい現実に負ければ、それは社会的に死を意味するでしょう。でも、マジョリティ研究者には、言い訳する「特権」があるわけですから、弱者なわけありません。「特権」を持った強者だからこそ、「見捨てる」ことができたんです。

マジョリティ研究者は、好きで研究をしているわけだし、好きなフィールドを自分自身で選択する以外にない――もちろん、この「好き」っていうのは個別の主観に還元されるものではなく、フィールドを選択した時点でマジョリティ研究者が引き受けなければならない主観です。私は、マジョリティ研究者として、野村さんの言う「特権」から派生する残酷さを、マジョリティに向けて記述していきたいと考えています。「誰のために？」と問われれば、「自分自身のために」という頼りないこたえしか今はできません。ただ、ソシオロジストとしては、いつかは「誰のためでもなく」とこたえてみたいと思っていますが、まだまだ当分迷い続けるでしょう。

（この対談は、二〇〇二年五月から二〇〇三年二月にかけて、四人のあいだで交換されたeメールをもとに再構成された）

第2部

ゲームの規則

中根光敏

1 ゲームの規則から社会をみる

「社会には無数のゲームの規則が存在する。」

ここでは、仮にこう考えてみることから、現代社会をとらえてみたい。

国語辞典でゲームを調べてみれば、まず、「遊戯」もしくは「勝負事」という意味が最初に説明されているはずである。「恋はゲーム」とか「ゲーム感覚」と言えば、ゲームが遊びを意味しており、「ゲーム開始」とか「勝ちゲーム／負けゲーム」と言えば、ゲームが勝負を意味しているということは、誰でも知っている。ここで私が使うゲームという言葉も、だいたい同じような意味である。★1

「だいたい」なんていう曖昧な表現を使うのは、こんな反発が予想されるからだ。「人間

★1 井上俊は、「勝敗または順位の決定が主として何に依存するか」にしたがって、ゲームが三つのタイプに分けられると言う〔井上、一九九三、三七九頁〕。

は遊びや競争だけを目的に生きているわけじゃない」と。だから、こんな風に考えてみたい。多くの場合、人間は、何らかの意図や目的をもって行為する。その意図や目的の先には、何らかの達成されるべき目標があり、さらに結果がある。ここで言う意図や目的には、行為する当人が、普段、必ずしも自覚していないような、おぼろげな目標だったり、習慣的に繰り返したりしているようなものも含まれる。★2

たとえば、大学の講義を受けに教室に入った学生は、知り合いの学生の隣に座るケースが多い。その目的は「仲良くなりたい」からかも、「お昼ご飯を一人で食べたくない」からかも、「試験前に講義ノートを貸してほしい」からかもしれない。けれども、いずれかの目的があったとしても、その都度、明確に自覚してそのような行為をしている学生は少ないだろう。曖昧な目的であっても、行為が行なわれれば、自ずと結果は出ることになる。仲良くなれないかもしれないし、仲良くなれるかもしれない。お昼ご飯を一緒に食べられるかもしれないし、「先約があるから」と断られるかもしれない。講義ノートを貸してもらえるかもしれないし、隣に座った学生は——自分と同様——滅多に講義に出ないような人かもしれない。こんなどうでもいいようなことでも、目標の達成を勝負に照らして考えることができる。そうすれば、あちこちで無数のゲームが繰り広げられている人間社会のイメージが浮かび上がってくるはずである。

そして、ゲームには、必ず規則《ルール》がある。規則のないものをゲームとは呼ばないから、

①主として身体的能力に依存するもの
②主として知的技能に依存するもの
③主として運に依存するもの

さらに井上は、「あらゆるゲームに共通する原則の一つは、参加者の平等ということである」とし、その原則から、勝敗に「運（偶然）が介入することをできるだけ排除」する能力主義と「能力主義を否定して運だけに依存する方向」との両極端へとゲームが分化されると言う。つまり、個々のゲームは、勝敗が依存する能力（実力）と運（偶然）との両端の間に位置づけられることになる。こうした井上によるゲームの社会学的定義は、実社会をゲームに見立ててもほぼ当て嵌《は》まると言えるだろう。

ただ、参加者の平等という原則は、井上も言うように、ゲームが「実社会の力関係から切り離され」

当たり前のことだ。人間社会に即して考えれば、法律のように成文化されているものから、とりたてて意識されないようなマナーや常識に至るまで、規則の存在を確認することができる。だから、社会の成員になること、即ちおとな（一人前）になることは、一定程度のゲームの規則を身につけることによって達成されると言える。もちろん、「どれだけ／どのくらい」ゲームの規則を身につけたら一人前の社会成員になれるのかということは、それぞれの社会によって異なる。

最近、日本社会では、「おとなになれないおとな」なんていう表現がよく使われる。それは、おとなの年齢になっても、その年齢に応じたゲームの規則を身につけていない「未熟なおとなたちが増えた」という意味でよく用いられる。また、一方では「子どもらしくない子ども」という表現もよく使われる。それは、年齢に不相応なくらいゲームの規則を身につけすぎてしまったということなのだろうか？　でも、ゲームの規則を身につけすぎてしまった子どもが増えたのに、ゲームの規則を身につけられないおとなが増えていくとは、おかしな話である。

それでは、ゲームの規則には、どんなものがあるのか、どんな特徴があるのかをみてみよう。

ていなければ成立しない。けれども、参加者の平等という原則を、ゲームを定義する際に厳格に用いようとすれば、純粋にゲームと定義できるものは、極少数に限られてしまうことになる。

プロ野球というスポーツを想定してみよう。プレイ・ボールからゲーム・セットまでの間でだけ行なわれる試合だけがゲームだと考えれば、確かにある程度「参加者の平等」は、確保されているかもしれない。でも、シーズン・オフには、ドラフトやトレードやＦＡなどをめぐって、有力選手の獲得に向けて、各チーム間で熾烈な争いが繰り広げられる。その際には、大きな資本をもつ球団が圧倒的に優位な条件を保有していることは、誰の目からも明らかだろう。そして、シーズン・オフの成果が、ペナントレースの行方を左右する重要な要因となりうることも、また明らかである。

2　ゲームの規則とは

現実社会において、ゲームの規則は限りなく無数に近いほど存在している。典型的なタイプをあげてみよう。

まず、誰もが知っているような常識となっているような規則がある。普段は、誰もとりたてて意識していないのに、その規則にしたがって行動しているような場合である。そうした常識的な規則は、さらに、本音と建前に分けられる。「嘘を吐いてはいけませんよ」というルールは、誰でも知っているけど、「もっとおとなになりなさい」ということは、「もっと上手く嘘を吐きなさい」とか「嘘をウソだと見破っても気づかないふりをしなさい」ということを意味している。嘘吐きはいけないことになっているけど、実際には、ウソを吐かずには誰も社会で生きていくことはできない。

次に、ある特定の人たちだけに理解されているようなルールもある。日本社会では、日本国の法律にしたがわなければならないことになっているけど、あんな分厚い六法全書を全て丸暗記している人は、司法試験の受験生を除けば、裁判官や弁護士にだってそうはいないはずである（だって試験が終われば忘れちゃうでしょう）。日常生活を送る上で、多くの人は、法律を規則として意識していないかもしれないけど、結婚や離婚をするときは

だから、次のように考えておこう。先天的に備わっている才能を除けば、身体的能力の獲得であれ、知的技能の習得であれ、それらの能力を身につけることには、実社会の力関係が大きく関わっている。けれども、「参加者の平等＝社会成員の平等」を建前の原則とする社会では、現実に生じる不平等や不公正を、できるだけ社会成員に見えないように隠しておかなければならない。だから、勝利した者が身につけた能力（実力）は、勝利者の「努力」によるものであるか、もしくは先天的な才能や運（偶然）の結果であるとされなければならない。でも、たいていの場合、「努力できるかどうか」は、実社会の力関係に大きく左右されている。

そして実は、運さえも、たいていの場合は、実社会の力関係と全く無縁というわけにはいかない。参加者の平等という面からすれ

民法に、自動車を運転するときは道路交通法にしたがっている。また、「郷に入っては郷に従え」という諺《ことわざ》があるように、それぞれの社会にはその社会の成員だけに通用する規則が存在している。暴力団やマフィアは、法律を守らない集団であるけれども、そこでしか通用しない、法律なんかよりももっと厳格な掟《おきて》を持っている。

さらに、多くの人々が「そう思っている」にもかかわらず、実際には「別のルール」が存在している場合もある。たとえば、一部の医学系を除けば、一般の大学受験は、平等な学力競争だと、多くの人たちに思われている。でも、日本の大学で、保護者の平均所得が最も高いのは、東京大学である。つまり、平均所得を算出すれば、偏差値の高い大学ほど、保護者の平均所得が高いという傾向になるわけだ。ちょっと考えてみれば、受験に有利な学力を身につけるためには、お金をかけて予備校や塾で勉強したり、受験技術の教示に長けた家庭教師をつけて勉強したりするのが有利なことくらいすぐに分かるだろう。

それでは、ゲームの規則には、どんな特徴があるのだろうか。

まず、ゲームの規則を知らないと、ゲームを十分に楽しむことはできない。そして、そのゲームの規則が複雑であればあるほど、そのゲームの規則を知れば知るほど、ゲーム自体は面白くなる。たとえば、サッカーのルールにオフサイドというのがある。サッカーのゲームが高度になればなるほど、オフサイドというルールは勝敗を左右する重要なものになる。攻撃側はオフサイドを犯さないように工夫し、ディフェンス側は攻撃側にオフサイ

ば、運とは機会の平等である。仮に、そのゲームの勝敗が完全に運に任されているのであれば、何度もそのゲームに参加できれば、ゲームに勝つ可能性は高くなる。たとえば、合格率二〇％の能力をもった二人が同じレベルの大学を受験する場合、一つの大学しか受験しない人よりも五つの大学を受験する人の方が合格する可能性の高いのは、当たり前のことだ（もちろん、二人とも不合格の場合もあれば、合格する場合もあるけれども、それこそ偶然の結果だと言える）。

★2 「目的をもった行為」に関しては、［Merton, 1936 : 1949→1957=1961］参照。

ドを犯させようと罠（オフサイドトラップと呼ばれる）をしかける。このオフサイドというルールを知っていなければ、サッカーをプレイする場合はもちろんのこと、観戦していても十分にゲームを楽しむことはできない。社会も、同じである。

ただ、現実のゲームは、ゲームの規則だけに即して行なわれるわけではない。敬遠やデッドボールが全くない野球の試合は面白くないし、全然ファウルのないサッカーのゲームも、反則技が飛び出さないプロレスと同じくらい面白くない。現実の社会に置き換えてみるとすれば、犯罪の全くない社会をイメージすればいい。一見、犯罪のない社会は、理想的な社会であるかのように思われるかもしれない。けれども、よく考えれば、全く犯罪のない社会は、極めて異常な社会だ。だって、誰も規則を破ろうとしないほど、無気力な人間ばかりの社会か、誰も規則を破ることができないほど、雁字搦《がんじがら》めに管理された社会ということになるからだ。そんな社会は息苦しいし、現実には存在しない。もちろん、逆に、誰も規則を守らないような社会は、面白くないだけでなく、もう社会とは呼べないだろう。敬遠やデッドボールばかりの野球も、レッドカードばかりのサッカーも、もうゲームとしては成立していないに等しい。

それでは、なぜ、人間は、ゲームの規則を犯すのか？　勝負に勝つため、ゲームを有利に運ぶためだ。だから、ゲームの規則を知っている者だけが、ルール違反（反則や如何様《いかさま》）をしたり、自らが犯した不正に伴うリスク（罰則）を計算することができる。

このギリギリの闘《せめ》ぎ合いこそ、ゲームの醍醐味だ。

一方、法を含めて、およそあらゆるゲームの規則に、完全なものはない。無数のゲームの規則が網の目のように張り巡らされている現実の社会でも、その網の目を掻《か》い潜《くぐ》る術《すべ》が必ず存在している。だから、ゲームの規則は、ゲームの主催者たちによって、常に作り直される。なぜなら、皆が網の目を潜ってしまうようになれば、ゲーム自体が台無しになってしまうからだ。

ところで、勝敗の行方が分かっているゲームほど、つまらないものはない。また、どんなゲームでも、ゲームに参加している人たちが本気《マジ》でやらないとゲームは面白くない。逆に言えば、とるにたらないようなゲームでも、勝敗の行方が分からないゲームや参加者が本気でプレーするゲームほど、面白い。これらは当たり前のことだけど、重要なことだから、敢えて強調しておきたい。

3　ゲームの規則を現代日本社会に当て嵌めてみると

現代日本では、「生きることに喜びを見いだせない人たちが増えてきている」と言われている。もし仮にそうであるなら、ゲームの規則に照らしてみるとその原因は三つほど考えられる。

まず、ゲームの規則がよく分かっていない人々が多いということ。もし、その社会におけるゲームの規則を理解していなければ、その社会を十分に楽しむことはできない。

次に考えられるのは、多くの人たちが「予め勝敗がはっきりしているゲームをさせられている」と感じているということ。先に述べたように、勝敗の行方が決まっているゲームほどつまらないものはない。それも勝ち組ならばまだしも、負けることが分かっているゲームをさせられる負け組にとっては、そんなゲームはたまったものではないし、本気でゲームをしようとさえ思わないだろう。

もう一つ考えられるのは、人々にとって、選択できるゲームが多すぎて、ゲームに熱中できないということ。もちろん、ある程度までなら選択肢が増えることは、多くの人間にとって好ましいことである。けれども、選択の自由度がある限界を超えてしまうと、人間に課せられた自由は、逆に重荷に転じる場合がある。「何をしても自由ですよ」「何にでもなれますよ」と言われれば、幸福に思われるかもしれない。けれども、何にも縛られない、誰からも拘束されない人生など、ほとんどの人間は決して求めたりしない。誰かに何かを期待されたり、何かを制限されているからこそ、人間はもっと自由に生きたいと考える。でも、もし、予め一切の自由を与えられたら、多くの人間は、たいていい何をしていいのか途方に暮れてしまうはずだ。

「今の若い人たちは、何を考えているのか、よく分からない。」

旧世代（多くの場合、おとなたち）が新世代（若者や子ども）に対してこのような感情を抱くのは、いつの時代も同じだ。なぜなら、社会というものは変化していくからである。社会が変化していくというのは、ゲームの規則が変わっていくことである。旧世代と新世代で、違うゲームの規則を共有しているということは、極端に言えば、同じグランドで別々のゲームに興じているのと同じだ。一般にジェネレーションギャップと呼ばれるコミュニケーション不全は、同時代を生きながらも、それぞれが異なったゲームの規則を共有している世代間で生じる。[★3] そして、社会の変化するスピードが速くなると、世代ごとにゲームの規則の急激な変化が起こり、ジェネレーションギャップは細分化された世代間で頻発《ひんぱつ》するようになる。そして、大学生になったばかりの学生が「今の高校生は何を考えているのか分からない」と言ったりするようになる。

　近年、コミュニケーション不全は、世代間でだけでなく、同世代の間でも生じているようである。パソコンや携帯電話に象徴される新しいコミュニケーション・ツールの普及によって、多くの人間がコミュニケーションに長時間を費やすようになったにもかかわらず、「コミュニケーションが下手になった」と一般に言われている。コミュニケーションの仕方は、パソコンや携帯電話などが浸透することによって大きく変化した。とりわけても、電子メールによるコミュニケーションは、対人関係における親密性の形成に多大な

★3　たとえば、バブル経済真っ盛りを目前に控えた一九八六年に、「新人類」という言葉が登場して、「わけの分からない若者」を意味する流行語となった〔新井ほか、一九九三〕。この言葉に明確な定義はないけれども、主として会社において、「上司や同僚とのつきあいを好まず」「出世に関心を持たず」「個人的な好みや趣味を第一に優先させる」ような新人社員（主として男性）を意味して使用された。日本の労使関係を特徴づけてきた終身雇用制のもと

変化をもたらしたと言えるだろう。従来の親密性が、時空間を共有することに依存して、即ち同じ場所で長時間一緒にいることによって形成されたのに対して、電子メールは、時空間を共有することなく親密性を形成する。当たり前のことであるけれども、特定の他者と親密になるためには、その他者と自分との間に特別な関係性が存在していることを確認できなければならない。従来の親密性は、その特別な関係性を時間と空間とを共有することで確認できた。一方、時空間の共有に拘束されない親密性は、その特別な関係性をコミュニケーション自体に依存する。つまり、特定の間柄でだけ成立するコミュニケーションを行なうことによって、互いに親密であることを確認するわけである。私は、こうした現象を身内化と読んでいる。身内化現象は、たとえば、ジベタリアンと呼ばれる人たちに、典型的に見出せる。

ジベタリアンたちは、必ず、人目にさらされやすい場所に座り込む。それは、一般に人々が「座る場所だと思っていない」ところでなければならない。決して、駅や公園のベンチであってはいけないのは、それじゃあ、自分たち以外の人々の視線にさらされないからだ。だから、彼/彼女たちは、わざわざ人目につきやすい地べたに座り込み、延々と「誰々がどうしたこうした」と身内話に興じる。肝心なのは、会話の中身ではなく、他者からの視線を感じながら自分たちだけのコミュニケーションをすることである。それによって、自分たちの親密性は保証される。なぜなら、親密性とは、もともと、親しい間柄

で、「会社への忠誠心」に縛られ「立身出世」に励んできた旧世代にとって、こうした新入社員は理解不可能な存在だったらしい。

一方、新人類と呼ばれた世代にとっては、既に、一定のキャリアで転職することでステイタスを高めていくというヤングエグゼクティブ（一般にヤンエグと呼ばれた）が理想的なスタイルとして登場していた。雑誌などのメディアでは、ヤンエグは、ただ単に「仕事ができる」だけでなく、ブランドもののスーツに身をかため、仕事のオンとオフを切り替えて、趣味などオシャレな生活スタイルができる人たちとして取り上げられ、また、そのマニュアルも提供された。

とそれ以外の人々を差別化することによって成立するものだからだ。

電車やバスなどで化粧をしたり、着替えたりするように、まるで自分の部屋にいるような行動を、公然と行なう人たちが多くなったというのも、同じ現象だと考えられる。他に誰もいないような公衆トイレや部屋で化粧をしたり着替えをしても、互いの親密性を高めることはできない。こうした行為は、公然と、つまり自分たち以外の他者の前で行なわれるからこそ、自分たちの親密性を高めることができるのである。★4

もちろん、全ての若者たちがそのような行動をとるわけではない。おそらく、そうした人たちは一部にすぎないのかもしれない。ただ、そうした行動を行なわない人たちも、「あの人たちは羞恥心がないからだ」と思うことで、「自分たち」と「あの人たち」を区別していく。端的に言えば、親密性は、「自分たちだけが分かりあえる」と思い込むことで成立する。だから、他の人たちには理解できない行為を、あえて一緒に行なうわけだ。コミュニケーションの場合も同様である。会話であれ、メールであれ、「分かる人にだけ分かる」ようなコミュニケーションを積み重ねていくことこそが、互いの親密性を高めていく。だから、親密性を高めるために交わされる会話やメールは、「分かる人にだけ分かる」ようなコミュニケーションでなければならない。つまり、「誰にでも分かる」ようなコミュニケーションでは親密性を高めることができないのだ。そう考えれば、いくらコミュニケーションに多大の時間を費やしても、多くの人たちに理解できるように話した

★4　こうした行為が逸脱行動のカテゴリーに含まれると考えるならば、若年者たちが互いの親密性を高めるために、何らかの逸脱行動を共同で行なうということは、従来からよくみられる典型的なものである。たとえば、禁止されている喫煙や飲酒を行ったり、万引きしたり等々……。ただし、これらの行為は、従来、隠れて行われるのが通常である。つまり、互いに秘密を共有することによって親密性や連帯感を高めるために、あえて逸脱行動を行なうわけである。

り、分かりやすい文章を書いたりするのが上手くならないのは、当たり前である。もともと、親しい間柄とは、あれこれ説明しなくても分かり合える人間関係を指すのだから。

ここまで、最近のコミュニケーションや親密性についてみてきたのは、何も若い人たちを批判することが目的なわけではない。もし仮に、多くの人たちが楽しいゲームに興じているならば、それはそれでいいことである。どうせ生きるなら、楽しいにこしたことはない。でも、ここで初めに掲げたのは、若い人たちを中心に、多くの人が「生きること」に喜びを見いだせないという問題だった。

史上最年少で第三八回文藝賞を受賞した小説『インストール』の作者は、一七歳の現役女子高生だった。この小説は、だいたい以下のようなストーリーである。

主人公の女子高生が受験戦争から降りて、不登校することをきっかけに、同じマンションに住む小学生の男の子と組んで、風俗チャットで一ヶ月三〇万円を稼ぎ出す。主人公は、一ヶ月、現実の世界を離れ――不安定な自己を古いパソコンソフトに置き換えて――新しいソフトをインストールし直して、新しい自己にバージョンアップすることで、現実の世界へと戻っていく。この小説の結論は、現実の世界に嫌気がさした女子高生が、バーチャルな世界を体験して、生身の人間関係を希求するようになるという平凡なものである。

何が変わった？　何も変わらない。私は未だ無個性のろくでなし。ただ、今私は人間に会いたいと感じている。昔からの私を知っていて、そしてすぐに行き過ぎてしまわない、生身の人間達に沢山会って、その人達を大切にしたいと思った。［綿矢、二〇〇一、二二五頁］

むしろ、この小説の面白さは、主人公の女子高生による数少ない「生身の人間（他者）達」に関する描写にある。ここには、退屈な日常を自明のままに（疑うことなく）生きられる「生身の人間（他者達）」に対する作者自身の強烈な不信感があらわれている。

クラスメイトの女の子達はおしゃべりおしゃべり、ヒステリックさを感じさせるほどの元気な笑い声は教室中の窓ガラスをしびれさせている。平和？　違う、みんな騙しあいっこをしている。受験勉強してる？　マッサカー私昨日九時ニ寝チャッタ、本当ダヨウダカラコンナニ元気ナノ。じゃあその目の下の隈は何だと聞きたい。まあ私がこんなにつっこみいれなくても、みんな相手の嘘八百ちゃんと見抜いている。じゃあ何故皆、競いあうように頑張ってない自分、をアピールするのか。やはり自分を天才と思わせたいし思いこみたいからだ、そしてその反面すごい平和主義で、ああ可愛い、でも汚い……［綿矢、二〇〇一、六頁］

ここで主人公が抱いているような感覚は、決して特別なものではなく、極フツーの若い人たちが共通に抱いているものではないだろうか。つまり、参加しているゲームのカラクリが嘘臭いことには、みんな気づいている。けれども、ゲームを途中で降りる勇気もなければ、そうした勇気を奮い立たせてくれるような新しいゲームも見つからない。

4　ゲームの規則の転換期

最近、人々のモラルが低下してきていると言われている。実際にそうであるかどうかは別にして、多くの人たちがそう感じているのは確実だろう。ゲームの規則に照らせば、モラルとは、人々がゲームの規則を内面化することで成立するものである。規則自体がモラルを形成するわけではない。規則を内面化してはじめて、人間はその規則を破ることに罪悪感を感じるようになる。だから、規則を内面化していなければ、規則破りに罪悪感が生じることはない。そして、ゲームの規則が根本から変わるような大転換期を迎えた社会では、多くの人々にとって、たいてい、モラルは低下しているように感じられる。

たとえば、最近、「なぜ人を殺してはいけないのか」という議論が流行った[★5]。この議論は、つきつめていけば根拠がない。なぜなら、「人を殺してはいけない」ということは、モラルだからだ。モラルは、「なぜ?」という問いかけがない場面でしかその効果をもたない。「なぜ?」と問いかけた者が、「当たり前だ」と答えられて、納得する。それがモラルだ。「当たり前だ」という答えに納得できずに、あくまでも「なぜ?」と問い続ければ、当たり前だったモラルはもうモラルでなくなってしまう。

人間の歴史を繙《ひもと》いてみれば、「殺し合いとしての戦争の歴史」が浮かび上がってくる。「テロの実行犯を捕らえるため」とか「国際貢献のため」と称した大量殺戮が今も行なわれている。また、凶悪事件が起これば、いつも死刑の適用をめぐる議論が沸き起こる。「どれほどの犯罪を犯した者を死刑にすべきか」という議論は、物騒な言い方をすれば、「誰を殺すべきか」ということをめぐるものだ。そして、これまで人間社会が幾度となく繰り返してきた「なぜ人を殺してはいけないのか」という議論も、現実には「誰を殺すべきか/誰を殺してはいけないのか」ということをめぐる極めて血腥《ちなまぐさ》いものだったのである。

それでは、これまで当たり前だとされてきたモラルが崩壊してしまうような、ゲームの規則が根本から変わってしまうような大転換とは、一体何なのか? それは、「成長の見込めない」現代《いま》を生きなければならない社会が到来したということである。

敗戦後、オイルショックや低成長時代はあったにせよ、所謂《いわゆる》「バブル経済」崩壊までの日本社会では、「成長する」ことは疑う余地のない前提とされてきた。親の代より「豊か

★5 この議論は、［小浜、二〇〇〇］に端を発したものである。

で」「社会的地位の高い」「幸福な」自分を、大多数の人たちが手に入れられると思えた。つまり、誰もが皆「自分が勝つこと」を前提に社会のゲームに参加できたわけである。そして、社会が成長している間は、大多数の人たちがそれなりに満足できる結果を得られた。成長していく社会では、勝ち組の方が多いのだから、当たり前のことだ。従来のゲームの規則にしたがって、それなりに努力していれば、それなりの結果が得られ、それなりの幸福を感じることができる。けれども、「成長が見込めない」社会では、勝ち組に入ることは難しいどころか、負け組に入る可能性のほうが圧倒的に高い。未来社会に「明るい展望」ではなく「暗い展望」を抱いている人のほうが多いのも、「成長の見込めない社会の到来」という時代感覚が影響しているのではないだろうか。★6 石田衣良が小説『人間計数機』で描いた主人公による状況認識は、現代日本の時代感覚を絶妙に言い当てている。

> 若年層の失業率は平均の倍くらいだというから、統計上二〇〇〇年の日本では一〇パーセントくらいだろう。だが、おれが身のまわりのガキを見ている限りではそんな甘いものじゃない。三人に一人が仕事をしたくても職がなく、プーを続けている。［中略］自由に成功できるって可能性は、たいていの人間には立ち上がれなくなるまで叩きのめされる自由を意味している。問題は負けたやつの物語なんて誰もききたがらないことだ。池袋のストリートの空気がどんどんよどんで腐っていくの

★6 内閣府が毎年発表している「国民生活に関する世論調査」によれば、「今後の生活の見通し」に関して、「良くなっていく」と答えた人の割合が一九九五年（一三・七％）から二〇〇一年（六・二％）まで減少していくのに対して、「悪くなっていく」と答えた人の割合は一九九五年（一三・九％）から二〇〇一年（二八・四％）まで増加している。

を、おれは毎日肌で感じているんだ。携帯電話の通話料を絞り出すために、ガスや水道までとめられた若いトカゲたちの吐く息で。日本の街がいつまでも安全だなんて思ったら、大間違いだ。治安の悪化も犯罪も、当然グローバルスタンダードをめざす。〔石田、二〇〇〇、一五四～一五五頁〕

こつこつと努力して報われるのであれば、勤勉に努力を続けることもできるだろう。けれども、多くの人たちが「努力しても報われない」と感じられるようになったらどうだろうか。そして、実は、「結果として報われたものが努力と呼ばれてきたにすぎない」という従来のゲームの規則のカラクリに気づいてしまったら、それでもゲームを続ける意志を持ち続けられるだろうか。そうなってしまえば、もう従来のゲームを続けられない人たちや、ゲームに無関心な人たちが現われてくるのは、避けられないだろう。★7

社会学という学問が課題とするのは、まず、自分たちが生きている社会に張り巡らされているゲームの規則を明らかにすることである。現実の社会には無数のゲームの規則が存在しているのだから、社会学の課題もつきることはない。では、そんな学問をすることにどんな意味があるのか。

第一に、ゲームの規則を知れば知るほど、ゲームは面白くなる。参加できるゲームに限

★7 さしあたって、選択肢は、三つほど考えられる。
一つは、ゲームの規則が変わったことに気づかないようにして、今度も「成長を続ける」ことを信じて、従来のゲームを続けるという選択。

次に、新しいゲームの規則をいち早く見つけて、新しいゲームに乗り換えるという選択。

三つ目は、従来のゲームを続けようとする意志や気力がなくなり、ゲームに無関心になるという選択（?）。

りはあるとしても、観戦者としてなら、楽しめるゲームは多ければ多いほどいい。

第二に、ゲームの規則を知っていればこそ、その社会における他者の不正やいかさまなどの規則破りを見破ることができる。

第三に、ゲームの規則を知っている者だけが、いかさまをすることができるし、それに伴うリスクを計算することができる。★8

第四に、多くのゲームの規則を知っているということは、多くのゲームを自ら選択できる可能性が高くなるということ。★9

第五に、ゲームの規則を知っていてゲームに参加したほうが、あるいは、自分の意志で選択したゲームのほうが、その結果を――それが悪いものであったとしても――受け入れやすくなる。★10

第六に、ゲームの規則を理解しているものだけが、自らの意志でその「ゲームから降りる」という「究極の自由権」を行使できる。実際に、その究極の自由権を行使するかどうかは別にしても、その選択を用意してゲームに臨《のぞ》むほうが、精神的には優位に立てるはずである。★11

最後に大事なことを付け加えておこう。ゲームで勝ち組に入れないからといって、ゲーム自体を楽しめないわけではない。むしろ、ほとんどの人たちが勝ち組に入れるようなゲームに勝ったことで、満足している者のほうが愚かなのだ。その意味では、従来のゲー

★8　ゲームの規則を知らない者には、決していかさまはできない。なぜなら、ゲームの規則を知らずに犯したルール破りは、無知や未熟さの結果にすぎないのだから。

★9　ただし、社会学は、「どのゲームを選択すべきか」という問いに対する答えを提供する学問ではない。社会学が可能にするのは、複数の選択肢を用意することである。

★10　逆に、ルールを知らずに参加したゲームや、「これしかない」という形で選択させられたゲームでは、「悪い」結果に納得できないことが多い。「悪い結果」に対して、自己決定は、自己責任という癒しによる「逃げ道」を若干であっても用意してくれるからだ。

★11　逆に考えれば、降りられないゲームをしているということは、着陸できないジェット機やブレーキのないレーシングカーに

ムの規則が根本から変わってしまうような「成長の見込めない社会」が到来することも、決して悲観的に考える必要はない。なぜなら、どう考えても到底勝ち目のないようなゲームに自ら挑んでいく瞬間に感じられるものこそが、ゲームの醍醐味であるのだから。

文献

新井克弥・岩佐淳一・守弘仁志、一九九三、「虚構としての新人類論——実証データからの批判的検討」小谷敏編『若者論を読む』世界思想社

井上俊、一九九三、「ゲーム game」『新社会学辞典』有斐閣

石田衣良、二〇〇〇、『少年計数機——池袋ウエストゲートパークII』文芸春秋

小浜逸郎、二〇〇〇、『なぜ人を殺してはいけないのか——新しい倫理学のために』洋泉社

Merton, Robert K., 1936, "The Unticipated Consequences of Social Action", *American Sociological Review, 1.*（＝一九九四、中野正大訳「目的を持つ社会的行為の意図せざる結果」『人文』四三、京都工芸繊維大学工芸学部研究報告）

Merton, Robert K., 1949 → 1957, *Social Theory and Social Structure : Toward the Condification of Theory and Research*, The Free Press.（＝一九六一、森東吾ほか訳『社会理論と社会構造』みすず書房）

綿矢りさ、二〇〇一、『インストール』河出書房新社

乗っているようなものだ。

差別理論

野村浩也

1 差別の原因と定義

なぜ差別があるのだろうか。[★1] 差別の原因とは何か。端的にいえば、差別の原因は、差別者が存在することである。差別する者がいるから差別は存在するのであり、逆に、差別する者がいないならば、そもそも差別は存在しようがない。

差別は、だれかが差別行為を行なってはじめて現実となり、わたしたちの前に存在しはじめるのだ。つまり、差別の一切の責任は差別者にこそあるのであって、基本的に被差別者には何の責任もない。したがって、どんなに被差別者を研究しても差別現象の原因にすら到達できないのは理の当然である。被差別者は差別を行使している者ではないし差別の原因でもないのだから。問題はあくまで差別者にこそある。差別現象を解明し理解する

★1 差別に関する重要な文献をいくつか紹介しておこう。社会学的な差別理論として本章で主要に紹介するアルベール・メンミの『人種差別』は絶対にはずせない必読文献である。入門書としては、マルコムXの諸著作がもっとも具体的でわかりやすいうえに差別と闘う力強い名言の宝庫としても貴重である［Malcolm X, 1965=2002］［Ma colm X, 1965=

ことは、したがって、差別者を研究することによってはじめて可能となるのだ。

こう考えれば、世間でよく耳にする「差別はいけない」ということばの意味は、「差別者は存在してはならない」と理解しなければならないであろう。そして、本気で「差別をなくそう」と言うのであれば、差別者を根絶しなければならない。すなわち、差別者が差別をやめること、差別者が差別者でなくなること、差別に加担しないこと、自分自身が差別者にならないこと。そのためには、差別者と差別についてよく知っておかねばならない。

だがしかし、差別者は巧妙でしぶとい。彼／彼女らは差別を正当化する術《すべ》をすでにたくさん用意しているし、簡単には消えてくれない。どんなに「差別はいけない」と叫んでも、なかなか差別をやめようとはしないし、聞く耳すらもたないことも多い。それはいったいなぜなのか。

徹底的な差別者分析によって古典として高く評価される差別理論を構築したアルベール・メンミ★2は、「要するに、人種差別は便利なのだ！」と喝破《かっぱ》した［Memmi, 1994=1996 : 3］。これが差別者がこの世から消えてなくならない大きな理由といえよう。差別者とは、差別の便利さに魅了《みりょう》されるがゆえに、けっして差別を手放そうとしない者のことなのだ。では、なぜ差別は便利なのか。

この問いに答えるためには、そもそも差別とは何かについて考える必要があるだろう。

1993］。そして、より深く考察するためのもっとも重要な文献としては、フランツ・ファノンの諸著作を筆頭にあげなければならない［Fanon, 1952=1998］［Fanon, 1961=1996］。

★2　アルベール・メンミは、フランスによる植民地支配を強いられていたチュニジアに、ユダヤ人の父とベルベル人の母の子として生まれ、アルジェリアの大学を経て、植民地宗主国の首都パリに移動し活動してきた文学者・社会学それを考える近道のひとつは、差別の定義を知ることだ。簡潔、的確で、できるかぎりあらゆる差別現象に適用でき、現実の差別を考えるうえでもっとも有効な定義を学ぶことだ。それは、差別の理論を理解する入口ともなる。メンミの定義はこうだ。

> 人種差別とは、現実の、あるいは架空《かくう》の差異に、一般的、決定的な価値づけをすることであり、この価値づけは、告発者が自分の攻撃を正当化するために、被害者を犠牲にして、自分の利益のために行うものである。／〔中略〕／この定義を専門的すぎると思われる方は、そこから、例えば、人種差別とはある差異の、自分の利益のための利用であるという、もっと簡単な言い方を引き出してもよい。〔Memmi, 1994=1996 : 4〕

ユネスコによる人種差別定義の基礎として採用された事実が示す通り、これは世界的にもっとも有名かつ有効な古典的定義といえるだろう。また、直接的には人種差別に言及しているとはいえ、この定義があてはまるのは何も人種差別にかぎらない。女性差別、部落差別、障害者差別、在日朝鮮人差別、いじめなど、さまざまな差別現象がこの定義にあてはまるのではないだろうか。★3

者である。パリ第十大学社会心理学名誉教授。引用文献以外で入手可能な日本語訳としては、『あるユダヤ人の肖像』（法政大学出版局、一九八〇年）、『イスラエルの神話』（新評論、一九八三年）などがある。なお、引用にさして読みにくい漢字には筆者の判断でルビをふった。

★3　実際、メンミは、この定義が女性差別、同性愛者差別、身体障害者差別などをはじめ厳密には必ずしもracisme（ラシズム＝人種差別）とは呼べない差別をも包摂する定義であると述べている。

2 いじめは差別である

メンミの定義において、真っ先に注目しなければならないキーワードは、「犠牲」と「利益」であろう。つまり、他者を犠牲にすることによって利益を得る行為。これを、まず第一に理解すべき差別の意味として確認しておこう。ただし、この場合の犠牲や利益を物質的・金銭的なものに限定してはならない。社会的・象徴的・精神的・身体的など、他にもさまざまなものが考えられるからだ。

たとえば、いじめの場合を考えてみよう。いじめもまたれっきとした差別行為にほかならないことは、菅野盾樹によって定義されている。

> いじめとは、学校、もしくは学校の近隣、あるいは学校生活の延長上で、学級を中心とする各種の集団の多数派が少数派に対して、くりかえし多少なりとも長期間にわたって与える、差別的集合現象である。／［中略］いじめは差別のひとつの形態であり、そのかぎりで、いじめられる者の人権侵害に相当する行為にほかならない。［菅野、一九九七、一四～一五頁］

「この定義化は二つの可能性を想定しています。生物学的、人種的ラシズムと、次に、女性、若者、同性愛者、身体障害者……もしよろしければ動物さえ内包する広義のラシズムです」［Memmi, 1994=1996 : 207］。この定義は、生物学的差異にもとづく人種差別だけでなく、メンミ自身が「異質性嫌悪（ヘテロフォビー）」と呼ぶ、より広義の差別をも同時に説明する定義なのであり、「前者は生物学的差異を根拠にした他者の拒否を正確に指し示し、後者は何であれ差異を根拠にした他者の拒否を指し示す。後者はその特殊なケースとして前者を含む」［Memmi, 1994=1996 : 117］。

いじめられる側は金銭を奪われることもあれば、精神的ダメージを受け、尊厳を奪われ、さらには生命すら奪われることがある。一方、いじめる側は、金銭の他にも、クラスやグループ内での権力などの利益を、他者をいじめることによって得ることができる。他者を犠牲にして利益を得るということは、まっとうな努力を必要としないという意味で、いじめる側にとってきわめて便利で安上がりであるといえよう。

また、いじめに直接は手を下さない者やいじめの存在を知りつつ沈黙する者も、他者がいじめの犠牲になることによって、クラスやグループ内での権力関係における現状の位置を維持する。いじめのターゲットにされないというだけでも、犠牲者からみれば、利益であり特権であるといわざるをえないだろう。たとえば受験などを考えれば、いじめでだれかを脱落させることは、競争相手を減らすことでもある。そして、だれかが命を落とせば自動的に確実に競争相手が減り、直接いじめに手を下す者にとってだけでなく、犠牲者以外のすべての者にとって利益となる。

このように、利益を基準に考えれば、いじめに直接は手を下さずに沈黙する者といえども、けっして無関係な「傍観者」とはいえない。いじめによって利益を得るという点では、いじめに直接手を下す者と同じ位置に立っているのだから。しかも、彼／彼女らはなんらの努力もせずに利益が得られるのだから、これは低コストであり便利であろう。したがって、いじめにおいては傍観者は存在しないと考えるべきなのだ。そして、沈黙がこのように利益や特権をもたらすとき、それは「権力的沈黙」と呼ばれてしかるべきである。

これは、犠牲にされた者からすれば、きわめて不当であり、理不尽であり、不正な行為といわざるをえない。しかしながら、いじめも含めた差別の犠牲者には、逃げ場所すら与えられないことも多い。いじめは卒業するか退学や不登校となるまでつづくことが多いし、場合によってはそれ以後もつづく。そして、退学や不登校に追いこまれることによって、進学や職業などその後の人生の選択肢を狭められ、いちじるしい不利益をこうむる。また、犠牲者の精神的外傷は一生癒《いえ》えないかもしれない。差別の犠牲者は、差別から一生逃れられないことも多いのだ。

たとえば人種差別の場合、肌の色などまさしく一生逃れられないものを理由に差別が行使される。それと同じように、いじめを受けつづけたある中学生の「このままじゃ「生きジゴク」になっちゃうよ」ということばも差別の核心に触れているといえよう。犠牲者の多くにとって差別とは、逃れられないという意味で、まさに「生き地獄」にほかならないのだ。そして彼は、このことばを遺《のこ》して自殺した。★4

★4　一九八六年に東京の十三歳の中学生がいじめを告発する遺書を残して盛岡駅で自殺した事件のこと。当時のメディアが大々的に報道し、いじめが社会問題化するきっかけのひとつとなった。関連文献としては、門野晴子『少年は死んだ』（毎日新聞社、一九八六年）、宮川俊彦『このままじゃ生きジゴク』（清新堂新光社、一九八六年）などがある。

3　差別は言説によって正当化される行動である

メンミがいうように、差別において「最悪なのは、犠牲者自身が自分を破壊してしまうこと」［Memmi, 1994=1996：59］である。だが、もう一度確認しておこう。被差別者に差別の責任は一切ない。したがって、本来、彼が自殺しなければならない理由はどこにもなかったはずなのだ。消えるべきは差別者の方であって彼ではなかったはずだ。ここにもまた差別の理不尽さがある。差別者にとっての差別の便利さは、被差別者にとっての理不尽さとひきかえに成立するのだ。

さて、彼の自殺は、きわめて理不尽で不当なことに、被差別者が差別の責任まで押しつけられる現実を示している。逆からいえば、差別者は巧妙に差別の責任を被差別者に転嫁《てんか》するのであり、あろうことか差別の犠牲者を加害者に仕立ててしまうことすらある。これもまた犠牲者を破壊する行為のひとつといえよう。

たとえば、「いじめられる側にも問題がある」「被差別者には差別される理由がある」という言説によって差別が野放しにされたり正当化されることは少なくない。このことは、この言説を疑わない者ほど差別に加担する、もしくは、差別者になってしまう現実を示している。なぜなら、この言説が、差別の犠牲者に責任転嫁し、犠牲者を加害者に仕立てあげることによって差別を正当化する典型的な論理を内包しているからだ。いいかえれば、それは、被害者を加害者化する言説にほかならない。★5

いじめも含めて差別者は、ことばの暴力によって精神的ダメージを与えるだけでなく、脅迫したり実際の暴力を行使することによって被差別者の尊厳を奪う。だがしかし、いかなる理由があろうとも、このような暴力は許されないはずではなかったか。そもそも最初に暴力的行為を行なった者こそがまずは断罪されねばならないはずではないのか。一般的な暴力事件では、暴力を行使した加害者の罪と責任だけが問われる。と同時に、被害者を暴力から守り、彼／彼女の人権を回復することが最優先の課題となる。なぜなら、加害者こそが暴力の原因であり、被害者はなんら責任がないのに一方的に暴力の犠牲にされるからだ。

本来、加害者は、その罪と責任を告発され、償《つぐな》いの義務を果たさねばならない。したがって、加害者が被害者＝犠牲者を告発するのは不当である。しかしながら、いじめを含めた差別の場合、加害者が告発もされず償いの義務も怠っているにもかかわらず、「いじめられる側にも問題がある」「被差別者には差別される理由がある」と逆に犠牲者の方がしばしば告発されるのだ。これは不当な告発にほかならず、差別の犠牲者にとってこのうえなく理不尽な事態である。なぜなら、彼／彼女には差別の原因も責任も一切ないし、そもそも差別者の方こそがきわめて大きな「問題」のはずだからだ。

★5　レイプやセクハラの被害者女性に対して「被害者にも落ち度がある」などという告発がしばしばなされるが、これは被害者を加害者化する言説の女性差別バージョンである。

この不当な告発に含まれているのは、被差別者に差別の原因を求め、「被差別者の方も悪い、したがって、むしろ被差別者も加害者だ」と被差別者に責任転嫁する論理なのだ。しかも差別者にあるはずの本当の「問題」は忘れてである。このように差別者は、「加害者だから差別という罰を受けて当然だ」とでもいうかのように被差別者に対して差別を行使する。被差別者の方が悪いのであれば、差別者には罪悪感も生じないし、したがって、当たり前の罰であるかのように差別を継続することができる。すなわち、これこそ差別者を正当化し差別の継続を可能にする論理であり、「いじめられる側にも問題がある」「被差別者には差別される理由がある」とは差別者による差別者のためのことばといえよう。そして、多くのひとがこのような被害者を加害者化する言説をうのみにしているかぎり、差別がなくなることはない。なぜなら、多くのひとが差別に加担し、差別者を擁護し、差別者と同じ位置にたってしまうからだ。

こうなると、被差別者は、二重・三重・四重の犠牲を強いられてしまう。なんら責任がないにもかかわらず差別されるという犠牲。犠牲者であるにもかかわらずあたかも加害者のようにあつかわれるという犠牲。それを口実に差別者が差別行為を継続することによるさらなる犠牲。そして、多くのひとが差別者の側にたち、差別行為を野放しにすることによる犠牲。

このことを、たとえばいじめにおいて観察するのは、残念ながら、きわめて容易かもしれない。そして、ここまで孤立させられれば、差別の犠牲者は社会的に抹殺されるに等しいのではないか。いいかえれば、犠牲者は生きながらにして生を破壊されるのではないか。だとすれば、それはまさに「生き地獄」としかいいようがない。このような現実において、被差別者が生き残るためは、闘うこと以外に道は残されていないといえよう。★6

そして、このような理不尽で不当な現実を支える深刻な基盤のひとつこそ、被害者を加害者化する言説にほかならない。したがって、つぎのような差別の説明が可能となる。差別とは、「言説であり、行動である。行動を準備する言説、言説によって正当化される行動である」［Memmi, 1994=1996：137］。

★6 理不尽な攻撃に耐えつづけることも闘いのひとつであり、生きるための闘いにほかならない。また、みずから死を選ぶことも逃避や弱さのあらわれとしてのみ解釈すべきではないだろう。死もまた積極的な闘いとして選択されることが現実にあるのだ。

4 差別は差異の利用である

他者と対等にまっとうに努力しなくても利益が得られるという意味で、したがって、きわめて低コストで便利だという意味で、他者を犠牲にして利益を得ることは不正な行為である。不正が特定の者だけに可能であるとき、それは特権とよばれる。差別の便利さは、このように、「とりわけ支配や特権が存在する状況下ではっきり現れる。特権は通常、不正として体験され、支配者、特権をもつ者はこの不正を正当化しようと努めるからだ」

にほかならない。

［Memmi, 1994=1996 : 3］。そして、不正を正当化するために徹底的に利用されるものこそ差異

　さらに、「その正当化に成功するために、被支配者の無資格、つまり、彼が他より劣る形で異なる者であるゆえんを主張することほど、うまいやり方があるだろうか」［Memmi, 1994=1996 : 3-4］と、差異の利用がもたらす便利さをメンミは強調する。差別者は、差異を利用することによって他者をおとしめる。この不正が差別者に自己の優位性という利益をもたらす。そして不正もまた、差異を利用することによって正当化されるのだ。したがって差別は、「片方を上げるには、もう片方を下げねばならない、あの子供のシーソーに比べられる」［Memmi, 1994=1996 : 4］。いいかえれば、「自分はよい人間だ、なぜなら他者が悪い人間だからだ」と、他者を劣位に追いやることによって自己の優位性を確保することである。

　では、差異はどのように利用されるのか。それを考えるために、もういちどメンミの差別の定義をみてみよう。「差別とは、現実の、あるいは架空の差異に、一般的、決定的な価値づけをすることであり、この価値づけは、告発者が自分の攻撃を正当化するために、被害者を犠牲にして、自分の利益のために行うものである」［Memmi, 1994=1996 : 4］。

　まず、どこからが差別でどこまでが差別でないかを確認しておこう。「現実の、あるいは架空の差異」とあるように、「差異は存在することもしないこともある。差異自体は

良くも悪くもない」〔Memmi, 1994=1996 : 54〕。そして、「差異が存在しないとき、差異を強調することは犯罪ではない。それは過ちであり、馬鹿げた行いである。差異が存在するとき、差異に光を当てることは、なおのこと、非難さるべきではない。当然なことと考えることさえできる」〔Memmi, 1994=1996 : 39〕。存在する差異を確認し尊重することはむしろ当たり前であって、差異を認めない方がおかしい。また、現実には存在しないのに差異があると言ってしまったとしても、それは単に「過ち」であって、「過ち」はすぐさま訂正できるし謝罪もできる。これで終われば差別ではない。

差別となるのはここからだ。つまり、「自分の攻撃を正当化するために」そして「自分の利益のために」、「差異に、一般的、決定的な価値づけをすること」。いいかえれば、「誰かに敵対し、自分の利益のために差異を利用すること」〔Memmi, 1994=1996 : 54〕。

たとえば、ひとの容姿という差異があるが、これを「きもい」と価値づける絶対的基準は存在しないし、「美しい」と判断されることもじゅうぶん考えられる。それはあくまで個人的主観的な価値観や解釈の問題でしかありえないし、「きもい」にも「美しい」にも絶対的な根拠はない。だが、いじめでよくみられるように、絶対的根拠がないにもかかわらず、他者の容姿に「きもい」という「一般的、決定的な価値づけをすること」によって攻撃することは差別にほかならない。なぜなら、この場合、攻撃される側を劣位に追いやることによって攻撃する側に「美的」優位性という利益がもたらされるからであり、したがって、他者に「敵対し、自分の利益のために差異を利用すること」に該当するからだ。そして、この場合の「きもい」とは、確実に差別者に有利となるような差異の価値づけである。

また、いじめにおいては実際にはなにも臭わないのに「くさい」と強調されることがある。これは「架空の差異」である。つまり差別者は、もし差異が存在しなければ「差異をでっちあげるし、差異が存在する場合は、彼らはそれを自分に有利に解釈するのだ」〔Memmi, 1994=1996：164〕。要するに、現実の差異から架空の差異まで、利用可能なありとあらゆる差異を、攻撃や利益のために利用することこそ差別の便利さの源泉といえよう。だからこそ、たとえば「成績がよい」「ルックスがよい」など、通常は肯定的にみなされるような差異までもがいじめに利用されてきたのだ。つまり、利用可能なあらゆる差異が「いじめられる側にも問題がある」という場合の「問題」として価値づけられうるのであり、この価値づけは差別者に「有利に、そして被害者を犠牲にして」〔Memmi, 1994=1996：162〕行なわれる。

このように、差異が問題なのではない。差別が差異を利用するのだ。差異を差別者に有利に価値づけして利用することが問題なのだ。問われるべきは、差別者が差異に付与する意味である。

だが、存在や価値づけの根拠が疑わしい差異であっても、差別者にとって「根拠などどうでもよい」〔Memmi, 1994=1996 : 80〕のである。差別者の目的は、あくまで差異が「シーソーのように作用すること」であって、「犠牲者の地位が下がることによって告発者の地位は上がる」ことでしかない〔Memmi, 1994=1996 : 80〕。そのため、差異の存在や価値づけが無根拠であることが示されても、しばしば「彼は、ちっとも気にしない。やはり差異は存在するものとして、その言動を続ける」〔Memmi, 1994=1996 : 94〕のである。なぜなら差別が便利だからだ。「犠牲者の不利になるような差異の価値づけをすればするほど自分たちの得になる」のだから、この便利さを維持するためには、女性、同性愛者、障害者、外国人などをはじめ、「差異は絶対的なものとならねばならない」〔Memmi, 1994=1996 : 165-166〕のである。

5　差別者は差別に無意識である

「論理の秩序はいつも現実生活の秩序であるとはかぎらない」〔Memmi, 1994=1996 : 91〕。したがって、差別についてどんなに理路整然とした説得力のある説明をしても、差別者が差別をやめるとはかぎらない。どんなに論理的・学問的に差別を理解したとしても、差別者にならないという保証はない。ひとは聞くように見せかけて実は聞いてないことがあるし、差別をよく知ることでより巧妙な差別者になることすらありうる。なぜなら、差別が「その基盤を論理にではなく、感情と利害に置いている」〔Memmi, 1994=1996 : 182〕からであり、不正とその利益を正当化する便利な道具だからだ。そして、ひとは差別の便利さに容易に誘惑される。

われわれは、全員がつねに、人種差別主義者なのだろうか。否、正確にはそうではない。われわれはほとんど全員が人種差別主義に誘惑される、と言うのが正しい。われわれの内には、ちょっと気をつけないでいると、たちまち人種差別主義の種を受け入れ、芽生えさせるような素地がある。われわれの特権、財産、あるいは安全が脅かされていると感じるたびに、人種差別主義者として行動する危険性がある。〔中略〕誘惑に負けないのはわれわれ次第だ。恐怖を払いのけ、ほとんどの場合現実的根拠のない脅威を分析し、他者を痛めつける作り話は用いないで、自分の身を守ること、これはわれわれ次第でできることだ。〔Memmi, 1994=1996 : 28〕

誘惑に負けないことは困難ではあるが不可能ではない。メンミは、そのための方法をも提起している。

まず初めに人種差別を自覚すること。これは他人の心の中だけでなく、われわれ自身の内部にも、個人的にも集団的にも存在している。他人の人種差別を告発するのは簡単であり、便利であり、さらに付け加えれば矛盾している。他者にはその攻撃性を放棄するよう求めながら、われわれ自身の攻撃性は手放さないことになるからだ。まずわれわれの内にある人種差別主義を見抜き、われわれ自身の行動に現れている人種差別と闘うことが、他の人々の中にある人種差別主義の勢いをそぐのに、一番有効に働くかもしれない方法である。〔Memmi, 1994=1996 : 140〕

差別者にならないためには、差別と闘わなければならない。しかしながら、差別は自己の外部にのみ存在するのではない。外部の差別を発見し告発するのはいともたやすいが、それだけでは差別と闘ったことにはならない。自己の内部にも差別が芽を出す危険性がつねに存在しているからだ。つまり、差別者にならないためには、自己の内なる差別と闘いつづけなければならない。そして、自己の内なる差別と闘うためには、それを自覚し意識しつづけなければならない。逆に、内なる差別を意識することがないのであれば、差別と闘うことなどそもそも不可能だ。それどころか、それは、差別者になる道とすらいえるのではなかろうか。

したがって、「もしかしたら自分も差別を犯しているのではないか」と自己を反省してみることは、内なる差別を意識するための、すなわち、差別者にならないための第一歩として重要である。逆に、差別者になりたければ、自己の内なる差別を意識しない方がよい。内なる差別に無意識であることによって、ひとは、差別と闘う道を閉ざし、差別に誘惑され、差別の便利さに魅了されていくのだ。実際、差別者は自己の差別性をけっして意識することがない。自己の行為を心底から「自然」で「当たり前」とみなし、それが差別行為だとは夢にも思わない。このこともまた差別がなくならない理由のひとつといえよう。

誰も、というかほとんど誰も人種差別主義者になりたくはない。それなのに、現に人種差別的言説は今も根強くある。直接問いただせば、人種差別主義者はそれを否定をし、卒倒しかねない。自分が人種差別主義者だなんて、絶対にそんなことはない！　しつこく迫れば、彼を侮辱することになる。しかし人種差別主義者が存在しなくても、人種差別的態度、行動は存在する。誰でもその例をあげることができる……ただし、自分ではない誰か他人の内にであるが。［Memmi, 1994=1996 : 9］

なぜ、自分が差別者だと認めるひとがいないのに差別が存在するのか。差別者ほど「わたしは差別していない」と言うからだ。なぜなら、差別を認めてしまえばもうそれ以上差別をつづけることができなくなるからだ。差別者が差別を認めないためには自分に嘘をつく必要があるが、そうなると罪悪感が生じる可能性がある。だが、差別者にはそれよりもはるかに好都合な方法があるのだ。差別を認めないためのもっとも都合のよい方法は、自己の差別性を徹底して意識しないことである。そうすれば、自分に嘘をつくことにはならないし、したがって罪悪感も発生しようがないからだ。そして、自己の差別に無意識であるための方法は、「もしかしたら自分も差別を犯しているのではないか」という自己反省をけっしてしないことである。

自己の差別に無意識であれば、「自然」で「当たり前」のこととしてのみならず、「善意」としてすら差別を行使することが可能になる。また、まさに差別していながら「差別はいけない」と言うことができるし、自分を棚上げして他の差別者を非難することにも矛盾を感じることがない。差別者はつねに自分ではなく他のだれかであり、自分はつねに純粋無垢《むく》で安全な人間であって、そんな自分が差別者だなんてことは絶対にない、と。すなわち、自己の差別に無意識であることによって、無条件に自分は差別者ではないと前提することが可能となり、自分が差別者でないのであれば自分の行為もけっして差別ではないということになるのだ。このようにして、差別者は、差別を行使しつづける。

自己を反省しないほど自己の内なる差別に無意識となる。自己の差別に無意識であるほど、差別者にならない可能性も差別をやめる可能性もなくなっていく。こうして差別は、

「自然」で「当たり前」のこととして行使されつづける。したがって、差別者にとって自己の差別を意識することは不利益をもたらす行為といえよう。なぜなら、差別という利益を手放すことにつながるからだ。だからこそ、差別者ほど「わたしは差別していない」と主張するし、自己の差別をけっして意識しないのだ。

さて、差別者を分析することの利点のひとつは、差別者にならないための方法を示唆することにある。差別者にならないためには、差別者と同じ行為をしてはならないし、逆説的かもしれないが、けっして「わたしは差別していない」と思ってはならない。そう思うことは、差別者と同じという意味で、きわめて悪質なのだ。したがって、「もしかしたら自分も差別を犯しているのではないか」とつねに自己を反省することこそ不可欠の重要性をもつといえよう。なぜならメンミがいうように、「われわれの内には、ちょっと気をつけないでいると、たちまち人種差別主義の種を受け入れ、芽生えさせるような素地がある」のだから。

6　被差別者は自己を差別する

差別の「種を受け入れ、芽生えさせるような素地」とは、差別する側だけにあるのではない。差別の犠牲者にすらこの「素地」があることは否定できない。そして、差別が被差別者を破壊するということについては前述したが、このことには他の意味もあるのだ。

犠牲者の方は、彼らを無価値な存在にしようとする執拗な攻撃にさらされ、ついには破壊されてしまう。〔中略〕そして最悪なのは、犠牲者自身が自分を破壊してしまうことだ。人種差別主義者の告発が犠牲者内で内在化してしまうこと、内側からわれわれを食い尽くしていくこの怪物の摂取《せっしゅ》、これは決して些細《ささい》な犯罪ではない。犠牲者は他人の提供する自我像を大なり小なり受け入れてしまう。攻撃側に同意して、どうして防御ができよう。〔Memmi, 1994=1996 : 59-60〕

差別者から「おまえはきもい」と攻撃されつづけることによって、被差別者の方までもが「自分は本当にきもいのではないか」と思いこんでしまうことがある。差別する側の「差別される方にも問題がある」「差別される方も悪い」という強弁を多くのひとがうのみすることによって、差別の犠牲者ですら「自分に問題があるのではないか」「自分が悪いのではないか」と思いこんでしまうことがある。

これは、差別者に利益となる差異の価値づけに被差別者が「同意」してしまうことを意味し、差別者の言いなりになり、差別者である彼／彼女を正当化し、その差別行為を免罪するに等しい。それこそ差別者の思うつぼなのだ。差別者に免罪符を与えるようなことをしてしまえば、差別者が差別をやめる可能性が遠のいてしまう。そして被差別者は、差別から身を守ることがますます難しくなり、ますます破壊されてしまう。

「同意」がなされるのは、被差別者自身が差別者による差異の価値づけや差別を正当化する論理を身につけてしまうからだ。また、被害者を加害者化する言説をうのみにしてしまうからだ。すなわちそれは、差別者への同化である。被差別者が差別者に同化することは、自分に対する差別に自分から加担し共犯となることでもある。いいかえれば、差別者への同化は被差別者の自己差別をひきおこすのだ。差別者の攻撃に加担して、どうして防御ができよう。自分を差別して、どうして差別と闘うことができよう。自己差別はけっして差別との闘いを意味しない。逆に、被差別者が自己差別におちいることは、差別者の利益となる。なぜなら自己差別は、差別者につき従うことを意味し、差別者の方が正しいと認めるようなものだからだ。そしてそれは、きわめて安定的に確実に利益を享受しつづけることが可能な完璧な差別を、差別者に与えるに等しい行為である。

このことは、被差別者にとっても内なる差別との闘いは避けられないということを示している。被差別者の差別者への同化とは、被差別者が差別者になることを意味する。被差別者の自己差別とは、被差別者自身が自分に対する差別者となることを意味する。自分で自分を差別すること、「これが最もキツイ差別だろう」［鄭、一九九六、一二一頁］。したがって、被差別者であろうとも、けっして「わたしは差別していない」と思ってはならない。そう思うことは、「最もキツイ差別」の放置につながる行為なのだ。そしてそれは、結局のところ、差別者の利益の強化に貢献してしまう。

この場合、すでに被差別者は、差別を内面化することによって差別者の利益に手を貸しているのであった。したがって、被差別者にとって、自己の内なる差別との闘いとは、自分で自分を差別しないための闘いであると同時に、差別者に利益を与えないための闘いでもあるのだ。ここからいえることは、差別からの解放には、自己解放が不可欠である、ということだ。いいかえれば、外部の差別との闘いも、内なる差別からの解放をめざす闘いなしには達成できない。差別との闘いとは、外にも内にも差別者になってはならないということを意味しなければならない。

7　差別者は権力をもつ

前述した被差別者が差別者になるということは、俗にいう「逆差別」を意味するわけではない。なぜなら、差別とは権力の問題にほかならないからだ。

きわめて稀《まれ》な革命騒ぎか、厳しく罰せられることになる衝動的行動を除いて、貧者は自分の暴力を現実化することができない。したがって、支配者に対する被支配者の人種差別は、意見のレベルにとどまる。貧者の人種差別は普通、牙《きば》を抜かれた人種差別である……ただし、より貧しい者に向かうときを除いて。[Memmi, 1994=1996 : 107-108]

力のない者は、力がないがゆえに、力の強い者に対する攻撃力をもたない。攻撃力をもたないがゆえに、強者を犠牲にして利益を得ることができない。つまり、差別は現実的に不可能なのだ。現実に差別することが可能な者は、他者に対する「暴力を現実化すること」が可能な者にかぎられる。

たとえば、被差別者が「きもい」と言って差別者に「反撃」したつもりでも、差別者にとってそんなものは屁でもないかもしれないし、鼻で嗤《わら》い冷笑することができる。はなからそれをバカにしたりあざけったり揶揄《やゆ》したりして、取るに足らぬと片づけることができる。被差別者の攻撃はまさしく「意見のレベル」にとどまり、現実の実質的な攻撃にならず、差別者はびくともしないことが多い。なぜなら、「きもい」という価値づけを他者に強制する力をもつのは差別者の方であり、差別者とは強者にほかならないからだ。一方、被差別者は「きもい」と価値づけられることから自由意志によって逃れるだけの力をもたない。そのような自由は、差別者が力によって占有しているからだ。

　差別者の攻撃は、被差別者とは異なり、けっして「意見のレベルにとどまる」ものではない。攻撃は現実だ。攻撃が現実であれば、利益も現実である。そして、差別者が利益を守るのはたやすい。被差別者が何を言おうと、聞く耳をもたない権力をもっているし、黙殺する権力をもっているからだ（「権力的沈黙」）。また、利益を脅かす「ふとどきもの」の被差別者を激しく憎悪し（「強者のルサンチマン[★7]」）、より残酷に報復攻撃することも可能だ。このように、差別者がつねに強者であり権力をもつ側であることは、差別の重要な特徴である。

> 人種差別主義者が背を高くするには、誰か他人の肩の上によじ登るだけでいいのだ。／これで、なぜ人種差別主義者が、一番標的にされやすい、諦《あきら》めきった犠牲者、反撃もよくできずに自らの身を攻撃にさらす犠牲者を選ぶかがわかる。それはすでに一番犠牲になっている犠牲者だ。これはまた、この便利この上ない手口において、一番便利な点でもある。人種差別主義者は本能的に被抑圧者の方へ向かう。不幸な者の不幸をふやす方が楽なのだ。／反米とか反英とか、あるいは反独でもいいが、そんな人種差別主義などあまり聞いたことがない。相手が強い国家に支えられた、歴史的に強い人間だからだ。人種差別主義者というのは、得意の技を振るう

★7　**ルサンチマン**
（ressentiment）
恨み、腹立たしい思いで激しく憎むことを意味するフランス語。一般的には弱者の強者への憤慨を示すことが多いが、抵抗する弱者に対する強者の憎悪や怨念の方がよっぽど激しく悪辣だというのが社会学的な知見である。

ために、すでに《歴史》によって打ち倒された人間にだけ向かう。人類の鎖の弱い環にである。[Memmi, 1994=1996 : 130]

差別とは、つねに強者から弱者に対してなされるものである。したがって、差別を告発する被差別者に対して、差別者が報復攻撃のために口にする「逆差別」とは、幻想にすぎない。差別は可能だが、「逆差別」は現実的に不可能なのだ。そして、被差別者を攻撃するために利用されるという意味で、「逆差別」幻想もまた被害者を加害者化する言説といえよう。さらには、「逆差別だ！」と被差別者を攻撃する者は、むしろ差別に心当たりがあり差別を認めているからこそ、そうするといえよう。差別の存在つまりは自分の差別を認めていないのであれば、その逆を思いつく余地もそもそも存在しないはずだからだ。

さて、より一般的に、なぜ差別者は報復攻撃に出るのだろうか。それは、彼／彼女らが恐怖を感じているからだ。自分の利益のために他者を犠牲にし、「不幸な者の不幸をふやす」ことは不正な攻撃である。そして、「ひとは攻撃者になると、反撃を予期する」のであり、攻撃するからこそ「攻撃されないかとおびえ」、「その恐怖を追い払うために攻撃する」という悪循環におちいる [Memmi, 1994=1996 : 96]。この場合、差別者が恐怖を払いのけるためには、攻撃しつづけるしかないし、攻撃に終わりはない。終わりのない攻撃にとって、弱者ほど便利な攻撃対象はないのだ。これは、いじめで多数の死者が出ている理由のひとつでもあろう。

8 差別は連鎖する

「逆差別」は不可能だが、差別は可能だということは、差別の犠牲者にとっても他人ごとではすまされない。えてして自分より弱い者が存在するからだ。「不幸な者の不幸をふやす方が楽なのだ」ということは、なにも差別者の専売特許ではない。しかも、「不幸が不幸を見て安心するのは事実である」〔Memmi, 1994=1996：132〕。したがって、前述した被差別者が差別者に同化することの危険性を、ここでより強く確認しなければならないない。権力とはつねに相対的なものであって、被差別者が他のより弱い者に対する差別者にならないという保証はどこにもないのだ。

誰もが一段下の段を探し、そこから自分が支配者で、相対的に立派に見えることを願う。人種差別は各人にそれぞれふさわしい解決を提案する。それは、自分より小さい者、少し余計につぶされている者を見つけ、自分に対する軽蔑と告発を移し換えるに適当な犠牲者を見出すだけのことだ。人種差別はみんなの手の届く楽しみ

である。〔Memmi, 1994=1996 : 131-132〕

差別者に同化し、差別者による差異の価値づけや差別を正当化する論理を身につけてしまう被差別者は、より弱い者に対するとき、容易に差別者に転化しうるだろう。自己を差別する者は、他者をも差別しうるだろう。そうなれば、差別者にとってもっとも好都合である。なぜなら、被差別者が差別者に直接反撃してくる可能性が低くなるからだ。反撃がなければ、利益を守るのはよりたやすい。また、被差別者にとっても、差別者という強者に立ち向かうよりも、より弱い者を攻撃する方がはるかに楽である。差別者はここにつけこむ。

差別者が利益を得るのは被差別者を犠牲にするからであり、要するに、利益の代価を犠牲者に支払わせているのだ。つまり、差別者は何ひとつ支払わないにもかかわらず利益だけはしっかり得ることができる。だからこそ差別は便利なのだ。だが、支払わないことは不正である。不正は犠牲者に不満と憎悪を生じさせるがゆえに、いつまでも支払わないのは危険である。そのとき、支払いもせずに危険を回避しうる一石二鳥の方法こそ、他のより弱い犠牲者に代わりに支払わせることなのだ。

差別者は被差別者を犠牲にし、被差別者はより弱い者を犠牲にすることによって犠牲の代償を得ることができる。被差別者までもが差別者になるならば差別がなくなる可能性が低下するのも当然だ。差別がなくならないことは、すなわち、差別者の利益である。したがって、このような差別の連鎖は、差別者が差別という利益を守るためにこそ必要とするものなのだ。そして、そのために不可欠なのが、差別者に被差別者を同化させることである。

被差別者がより弱い他者を犠牲にすることは、差別者の利益に貢献する行為である。だからといって、差別者が被差別者に対する差別をやめるわけではない。差別の連鎖に組みこまれることは、けっして差別から逃れることではなく、まったく逆なのだ。したがって、差別から解放されるためには、むしろ差別の連鎖を断ち切らなければならないし、差別者の利益に貢献してはならない。そのためには、差別者と同じことをくり返してはならないし、差別者に同化してはならない。このことは、自己の内なる差別との闘いの重要性をより強調しているといえよう。他者からの差別との闘いのみならず、他者に対して差別者となる危険との闘いも、内なる差別との闘いなしには達成できないのだ。

被差別者が差別の連鎖に組みこまれるとしても、そのことをもって差別者が被差別者を非難するのは自分を棚上げすることであり不当である。差別の連鎖からいちばん利益を得ている者こそ差別者にほかならないのだから。また、被差別者が、どんなに自己の内なる差別と闘ったとしても、どんなにより弱い他者に対して差別者となる危険と闘ったとしても、そして、どんなに差別者と直接闘ったとしても、そもそも差別者が差別をやめないかぎり、差別がなくなることはない。差別をなくす責任は、まず第一に、差別の原因たる差別者にこそある。

結局、被差別者が、その差別を告発するのは、単に自分自身に対する義務だからである。差別を放置しない、自ら内面化しないための。決して、差別をなくす責任を一手に引き受けたからではない。ところが、「マジョリティ」たちは、こうした「マイノリティ」の告発を、〈支援〉するというかたちで、反差別の態度をとろうとする。だが、差別と闘う主体となり、差別をなくす上で、社会的義務と責任を全うすべきなのは、むしろ、差別する側の人々なのであって、被差別者ではない。それを、「マジョリティ」が「マイノリティ」を〈支援〉すると言った途端、その責任は巧みに「マイノリティ」側に転嫁され、「やってあげる」「やってもらう」という上下関係が生じて、再び「マジョリティ」側が優位に立つ。これでは差別構造の上塗りとなるだけだ。〔鄭、一九九六、二一七頁〕

被差別者が差別をなくすことは不可能である。なぜなら、彼/彼女らは差別の原因ではないからだ。差別を根本的になくすことができるのは差別者にかぎられる。なぜなら、差別者の存在こそが差別の原因だからだ。原因を除去しないかぎり差別をなくすことは不可能だ。そして、原因を根本的に除去する方法は、差別者が差別者でなくなること以外に存在しない。それを被差別者がかわりやってあげることなどできるわけがない。被差別者は差別者ではないのだから。

差別を根本的になくすことは差別者にしかできない。このことは、差別にもっとも責任があり、差別ともっとも闘わねばならない者こそ差別者にほかならないということを意味している。だがしかし、差別者ほど「わたしは差別していない」と主張するのであった。差別との闘いの基本は、このような自己の差別性を意識することにある。差別をなくす責任を果たすためには、自己の内なる差別に無意識であってはならない。差別との闘いとは、徹頭徹尾、差別者との闘いであって、差別者は自分のなかにいる。

文献

鄭暎恵、一九九六、「アイデンティティを超えて」井上俊他編『差別と共生の社会学』岩波書店、一～三三頁

Fanon, Frantz., 1952, *Peau Noire, Masques Blancs*, Paris, Éd. du Seuil.（＝一九九八、海老坂武・加藤晴久訳『黒い皮膚・白い仮面』みすず書房）

Fanon, Frantz., 1961, *Les Damnés de la Terre*, Paris, Maspero.（＝一九九六、鈴木道彦・浦野衣子訳『地に呪われたる者』みすず書房）

Malcolm X, 1965, *The Autobiography of Malcolm X*, Ed. Alex Haley, New York, Grove Press.（＝二〇〇二、濱本武雄訳『完訳マルコムX自伝（上・下）』中央公論新社）

Malcolm X, 1965, *Malcolm X Speaks : Selected Speeches and Statements*, Ed. George Breitman, New York, Merit Publishers.（＝一九九三、長田衛訳『マルコムX・スピークス』第三書館）

Memmi, Albert., 1994, *Le Racisme*, Paris, Gallimard.（＝一九九六、菊地昌実・白井成雄訳『人種差別』法政大学出版局）

菅野盾樹、一九九七、『増補版　いじめ』新曜社

セックス／ジェンダー

河口和也

1　「性別」を問うこと

これまで偶然ながらわたしは、女性が多い、あるいはその入学が女性に限定されている学校、すなわち看護学校や女子大で授業をするという経験が多かった。その際に、学生に次のような質問を投げかけていた。「みなさんの性別はなんですか？」ほぼ全員が「女です」と答える。「では、なぜ女と言えるのか？」とさらにきいてみる。そうするとしどろもどろになって答えに窮する。それでも学生たちは一生懸命に自分が「女」である「理由」を探し出そうとする。あらゆる理由を動員して、この問いに答えようとするのだ。「からだが女だから」「男に比べて背が低いから」「わたしの気持ちはやさしいと思うから」「子どもが産めると思うから」などなど。あげくのはてに「わたしは女だと親が言っているから」という答えもとびだす。看護学校の学生たちは、女子の割合が多いにせよ共学ということになっていたので、学校での自分の存在と「女であること」を必然的に結びつける必要はないのだが、女子大に所属している学生たちにとって、わたしのなげかけた問いは、女子大の学生という帰属アイデンティティ＝女であることについて考えなくてはならなくさせるものでもあった。そうすると、なんと、「女子大に入れたからわたしは女だ」という因果関係をいくぶん転倒させたような回答を寄せる学生まで出てきた。

もしかすると、性別の根拠を問うような、わたしの問いそのものが無謀なものであるのかもしれない。というのも、社会というものは、人々にそんなことを考える猶予を与えないようにしているからなのだ。入学願書や身上調査書等の学校への提出文書、入国審査書類、住民票の申請書などあらゆる文書には、性別欄[★1]が付されて、すぐさまそれに回答することが強いられている。あまりにも身体化されてしまった性別は、その根拠を考えること自体を拒否しているかのようである。そのようにして、社会には性別カテゴリーというものが歴然と存在しているのだが、それは説明が与えられるような猶予もなく、それこそたとえば「女子大」というひとつの（教育）制度とも結びついている（こう語ったとしても、わたしは女子大とか女子教育というものそれ自体に否定的ではないばかりでなく、やはり、男女のあいだの非対称性が根づいている社会ではそれはなおも必要であると考えている）。また、ここでは例として「女」あるいは「女子大生」の例を引き合いに出しては

★1 **性別欄**
近年では、日本でも「性同一性障害」が医療行為の対象として認定されるようになった。しかし、戸籍上の性別表記の変更が認められていないために、本人が社会生活を営むうえで、性別欄表記をめぐるさまざまな問題が出てくることがある。大島俊之著『性同一性障害と法』（日本評論社）を読むと、戸籍上の性別変更の申し立ての多くの場合が、性別の根拠を性染色体に求めており、したがって、性同一性障害本人の法律上の性別変更は現状では難しいようである。

いるが、こうした性別に対する自明視は、「男」にとっても「女」にとっても変わらない。おそらく性別とはわたしたちにとっておおよそ自明であり、疑いにさらされることなく「男」／「女」として生き永らえてきたカテゴリーであり、また生物学的身体とは切り離しがたいものとしてとらえられてきたのだろう。

2　「人は女に生まれるのではなく、女になるのだ」

「女」を意味するタイトルの付された『第二の性』で、哲学者シモーヌ・ド・ボーヴォワール★2は、「人は女に生まれるのではない。女になるのだ」という卓抜な表現を用いて、ジェンダーがセックスから分離されるものであることを暗示した（ボーヴォワールが『第二の性』を執筆した時には「ジェンダー」は概念としてはまだ言語化されていなかったのだが）。つまり、「女に生まれるのではない」というときの「女」はセックスであり、「女になるのだ」というときの「女」はジェンダーというわけである。セックスは「生物学的な性（別）」であり、ジェンダーは「社会・文化的な性別（あるいは性別役割）」であるという説明のしかたは、現在では女性学やジェンダー論などの学問領域だけでなく、一般社会にもある程度「常識」と言っていいくらい浸透しているものであり、ある意味で教科書

★2 シモーヌ・ド・ボーヴォワール
(Simone de Beauvoir 1908～86)

フランスの哲学者、作家。哲学者サルトルとの関係では、制度的な結婚を拒否し、自らの意思のみでいわゆる「契約」を結ぶ関係性を選択し、実存主義思想の実践であると言われている。『第二の性』は彼女のあまりにも有名な著作のひとつであるが、そのフェミニズム思想の日本での受容は翻訳上のさまざまな問題から正当になされなかったようである。現在は、新たに訳し直され決定版が刊行されている。決定版では、旧版においてオリジナルのテクストと異なっていた章立ても修正されている。

的な理解でもあると考えられる。

「生物学的宿命」としてのセックスから、「社会・文化的な性別」としてのジェンダーを切り離したフェミニズムの功績は、女性解放の視点に立てば、語り尽くせないほど大きな意味をもっている。★3　そして、実際語り尽くせないほどの評価がなされてきているので、ここではその説明のために多くの紙幅を割くことをやめよう。とはいえ、きわめて簡単にその意義を述べれば、セックスという生物学的説明では、「女」が「女」というカテゴリーとして抑圧されているというとき、その原因は「女」自身に帰されてしまうが、ジェンダーという社会・文化的性別という説明モデルは、それを社会的視点でとらえることを可能にするということだ。上野千鶴子によれば、デルフィはジェンダーの概念に到達したことによって、つぎの三つのことが可能になったと書いている、という。すなわち、①社会的でかつ恣意的であると思われる男女間の差異が、一つの概念に含まれたこと、②ジェンダーという単数によって、強調点を分割された各項（二つのジェンダー）から、分割それ自身の原則へと移行することが可能となったこと、③ジェンダー概念のなかに階層性が組み入れられたこと、である［上野、一九九五、一一～一二頁］。さらに説明を加えれば、①生物学的性別と切り離された男／女のあいだの差異は、むしろ生物学的な基盤をもつものではなく、社会によって恣意的になされた区別であること、②そこで生み出される差異は、二つの項すなわち「男」と「女」のそれぞれに還元されるのではなく、むしろそうした差異を

★3　ボーヴォワールは、『第二の性』「事実と神話」の巻のなかで、「運命」という章を設け、「牝の屈辱」という卓抜な表現で、女にかかる月経、出産、授乳という生物学的条件による拘束が運命づけられてしまっていることを告発している。また、一九七〇年代には、シュラミス・ファイヤーストーンは「子宮からの解放」という言葉で、生殖技術に依存することで、女を生殖から解放しようという主張を行った。

生み出すような区別あるいは分割という社会的行為そのものに還元されるべきものであること、また③差異は、単なる同等なものどうしの違いという意味ではなく、階層性あるいは序列性を含みこんだものであること、これらをこの「ジェンダー」という概念は物語っているということなのだ。

ボーヴォワールは、「第一の性」である「男」に対置され、劣位に置かれている「第二の性」、すなわち「女」を焦点化し「女」をめぐる抑圧の構造に論究した。フェミニズムやジェンダー論等の研究の進展や男性学の登場により、男女のあいだの権力関係・権力構造における非対称性を等閑視してはならないが、女をめぐる先の「人は女に生まれるのではない。女になるのだ」という表現は「人は男に生まれるのではない。男になるのだ」として、男に対しても十分に読み替え可能である。したがって、よく女性学やジェンダー論は、「女」について「女」が考えるべきものだといまだに信じて疑わない人もいるが、そのような考えは、ジェンダーをめぐる問題を周縁化し、「女の領域」のみにとどめておこうとする力を醸成するという意味で、明らかに間違いであると言っておこう。[★4]

★4　本章では、理論の説明のために用いたテクストのすべてと言ってよいくらいのものがフェミニズムによる研究成果である。「ジェンダー＝女」という解釈が行われ、むしろ男女間のジェンダーの問題が特殊化されることは多く、本文でもそうした解釈がなされる可能性はたぶんにあるかもしれないという危惧はわたしも抱いている。

3 「ジェンダー」の二つの意味

ジェンダーという概念が女性学やフェミニズム運動に導入されたのは、一九六〇年代後半から七〇年代初頭にかけてであるが、この言葉・概念には少なくとも二つの意味が負わされている。

ひとつは、セックスの対比語としてのジェンダーであり、生物学的な所与に対して社会的に構築されたものを表す場合に使われる。すなわち身体からは明確に区別される性格上の特徴や行動を表す場合である。たとえば、「男らしさ」や「女らしさ」は社会や文化によって規定されるものであり、それは生物学的な「男」や「女」と必然的な結びつきをもたないと説明するような場合である。「女は家事をするもの」というのは、いまではほとんど意味をもたなくなってしまっている言い方である（現時点で、言い回しとして意味をもたなくても、現実としては「女＝家事」という結びつきは崩れてはいないが）。しかし、かつて、このような言説が意味と力をもって現実を生み出していた時代には、女に押し付けられる家事から女を解放するものとして、この「ジェンダー」概念は効力をもっていた。「家事をする」という「女」に押し付けられた役割は、「性別役割分業」として社会・文化的に作られた通念と見ることで、そうした役割からの「女」の解放を示唆し、「女」

を取り巻く状況は変更できるという方向性を示したのである。

ふたつめの意味は、ジョーン・スコットの次のような説得力のある言い方のなかに見られる用法である。「ジェンダーとは性差の社会的組織化ということになる。だがこのことは、ジェンダーが女と男のあいだにある固定的で自然な肉体的差異を反映しているとか、それを実行にうつしているといった意味ではない。そうではなくてジェンダーとは、肉体的差異に意味を付与する知なのである。［中略］私たちは性差を、肉体について私たちがもっている知との相関においてしか見ることができないが、その知とは「純粋」なものではなく、幅広い言説のなかでそれがもっている含意から切り離すことはできない」［Scott, 1988＝1994 : 16-17］。このようなスコットの見方は、ひとつめのジェンダー観と比較してみると、セックスとジェンダーを切り離し別個の概念として立ち上げるのではなく、むしろこれまでセックスと考えられていたものを、再度ジェンダー的視点をとおして再構成することを示しており、セックスの領域に属すると考えられていたような、たとえば肉体的性差をジェンダー概念のもとに包摂し、理論化するという方法である。

フェミニズムやジェンダー論の変遷のなかでは、二番目のジェンダー概念がより支配的になってきたことは確かである。「普遍的」であると考えられる生物学的な差異、つまり男と女の身体的差異に対して意味付与する知としてジェンダーを考えることで、歴史的にこうした差異がいかに形づくられるようになってきたのか、それをとりまく言説はどのように構成されているのか、などの問題に焦点を当てることが可能となったのである。リンダ・ニコルソンは、「一九六〇年代後半以前には、〈ジェンダー〉とは主として言語における女性形と男性形の差異を指すのに用いられる用語であった。そのような語であるため、そこには〈男性〉と記号化されたものと〈女性〉と記号化されたものを区別する上で社会がはたす役割を強く想起させるものがあった」と述べているが〔Nicholson, 1994=1995:106-07〕、「意味付与する知」としてのジェンダー概念とは、明確に存在する差異、それも男と女の「生身のからだ」という身体的差異に社会的視点から言葉を与える（つまり意味を与える）実践でもあるのだ。

ただし、ここで注意しなければならないのは、いくらセックスからジェンダーを切り離したと言っても、また、セックスをジェンダーに包摂するような理論化を行ったとしても、それらの視角には必ず切り離された「セックス」の領域、あるいは言語化されずに残余として取り残される「生身の肉体」は存在するということである。先にあげたひとつめのジェンダー概念に関しては、一九六〇年代後半の先進工業国において、男女の区別（「男らしさ」「女らしさ」など）は「生物学的事実」に起因すると考えられ、セックスをめぐって「生物学」（あるいは「解剖学」なども含めて）が「女」の抑圧構造に強い影響力を与えていたために、こうした主張を掘り崩すための理論化が要請されるという社会的背景があった。

また、さらにカテゴリーとしての「女」に対する抑圧構造（の原因）を告発していくためには、「女」としての共通の基盤が必要とされていたのも事実である。ゲイル・ルービンは、その重要な論考である「女たちによる交通」のなかで、「セックス／ジェンダー・システム」という言い方で、予備的な規定として断わりつつも、女をめぐる抑圧の構造を生み出す装置の理論化を行っている。「セックス／ジェンダー・システム」とは「それによって社会が生物学的なセクシュアリティを人間的行為の産物へと変換する一対の配備であり、そうした配備においてこれらの変換された性的な必要性（欲求）が充足されるのである」［Rubin, 1975 = 2000 : 119］。

ルービンによるこうした言及を深読みすれば、「生物学的セクシュアリティ」という言葉で表現されているもの、すなわちセックスは、その後に「一対の配備」をとおしてもたらされる「人間的行為」の原因として想定されていると考えられなくもない。「原因」という言葉が適切でないならば、ある種の生物学的基盤、つまり社会・文化的な意味が付与され、構築される「土台」が存在することを彼女の言及は含意しているのではないだろうか。スコットのように、「意味付与する知」としてのジェンダー概念が練り上げられても、意味が付与されている対象としての「基盤」あるいは「土台」、多くの場合にはそれは肉体であるのだが、そうしたものは社会・文化の領域から切り離された形で存続していくことになる。その点では、ルービンとスコットは共通している。そうしたセックスとしての

「土台」は、ある意味では社会・文化的なものをその上に築くための用地として、あるいは言語が社会・文化的な影響を書き込むための真っ白なキャンヴァスとして、必要不可欠なものとしても想定された。奇妙に思われるかもしれないが、生物学的なものの影響を切り崩していくために、またそれが行われる時期と重なる形で、逆に生物学的なものに訴える、あるいはそれを要請することが行われたのだ。

リンダ・ニコルソンは、「ジェンダー」の意味そのものを作りあげるために「セックス」に依拠するという見方、つまり社会・文化的なものとしてのジェンダーがよりかかる「基盤」としてセックスを想定する考え方を「コートラック」的見方と呼んでいる。「身体は、一種のラックのようなもので、そこにさまざまに異なる文化的人工物、性格や行動といった個別的な人工物がひっかけられたり、上に乗せられたりする」ものとなる〔Nicholson, 1994 = 1995 : 107〕。「女」をひとつの共通カテゴリーとして考える場合には、コートラック的見方は利点をもっていた。「女」という「生物学的基盤」を共通性として有することで、一種のカテゴリー化が可能となり、「女」として被る抑圧を説明できたし、さらに、ひとつの社会における女の「差異」、またはさまざまな社会間の女の「差異」というものも、基盤にひっかけられるものとしての社会・文化的な規範や状況が異なるということで説明することができたからである。しかし、実際には、やはり生物学的基盤によりかかっていることで、さまざまな女の「差異」を取り上げる場合でも、そこでは通文化的な現象としての視点が強調され、女のあいだの差異を浮かび上がらせることはまれであった。ニコルソンの説明によれば、「セックス・アイデンティティは社会的に構築されたものという解釈を支持する多くの人が、にもかかわらずそれを通文化的な現象だと考えて」おり、「それは彼らがセックス・アイデンティティを、身体の物質的所与として現われる「より深い」レヴェルでのある生物学的共通性、すなわち女には膣があり、男にはペニスがあるということにたいする、通文化的には同じような社会的反応であると考えているため」なのだ［Nicholson, 1994=1995:108］。かつてフロイトが述べたように、男とはペニスをもつ存在であり（すなわち、ある種の〈所有〉の概念をとおして男を規定すること）、女とはペニスがない存在（すなわちある種の〈欠如〉によって女を規定すること）と規定することで、男／女の差異を説明しようとした時代からすれば、膣をもつ存在として女を規定するところまで到達したことは進展といえども、それは基本的にフロイトによる性差の「生物学的宿命論」とそれほど大差はないだろう。★5 また、ニコルソンも「より深いレヴェル」という言葉を使って述べているように、ジェンダーを「表層」に、そしてセックスを「深部」に位置づけることで、まさにマルクスが資本主義批判において、イデオロギーや社会意識を上部構造に、そして生産諸関係を下部構造に配置したのと同じように、★6「ジェンダー」という社会・文化的なものにおける抑圧を解消していき、構造自体を変容させるには、下部構造の変化を待つしかない、すなわち「革命」を期待するしかないということ

★5　フロイトは精神分析の分野で、解剖学的性差、すなわちペニスの有無によって、子どもが性別化され、成長していく定式を構築した。それが「エディプス・コンプレックス」と呼ばれるものである。彼によるエディプス・コンプレックスは、のちのフェミニストらからきわめて強い反発を受けていた。しかし、九〇年代以降、フロイトを再読することにより、とくにフェミニズム精神分析の分野では新しい理論化が行われている。

★6　**上部構造／下部構造（土台）**　マルクス／エンゲルスは、自然に対する人間の生産活動を、人間が必然的に相互に働きかける活動を

をうかがわせる。この「コートラック」的見方はフェミニズムにとって一種の「便利さ」を供与している反面、もし「革命」というものがおそらく「不可能」の別名であるような現在の状況からすれば、この見方は「絶望」でしかないこともたしかである。セックスからジェンダーを切り離し、ジェンダーの自律性を強調すればするほど、またジェンダーはセックスを包摂する概念であるといいながら、結局、生物学的性差という「基盤」に依拠しようとすればするほど、ジェンダーはセックスという軛《くびき》に係留されることになる。

冒頭の、性別を問うわたしの質問に、学生たちが「わたしのからだが女だから」とか「わたしは子どもが産めると思うから」という回答を寄せたのも、こうして考えてみるとわけあることとなのだ。これまで、フェミニズムや女性学で培われてきた論考を暴力的にも整理しながら、セックスとジェンダーについて述べてきたことは、私たちが、身体、あるいはそれに基づく性差にいかに取り憑かれ、拘束され、また反対にそれを当てにしているかということの証左でもある。生物学的基盤としての身体は、私たちにとって、つねにすでに「自明」として想定されてしまう。

とおして切り結ぶ関係としてみなし、それを生産関係と呼ぶ。この生産関係の総体が下部構造（土台）であり、それは法律、国家、政治制度、思想、宗教、芸術、イデオロギーなどの上部構造のあり方を規定する。したがって、社会意識や社会制度などの変革には、土台としての生産関係の変革が必要となるという考え方である。

4　ジュディス・バトラーの「ジェンダー論」――セックスはジェンダーである

女性学やフェミニズム、ジェンダー論の領域でセックス／ジェンダーという関係を考えるとき、生物学的基盤からジェンダーを切り離そうとしつつもそれに依拠せざるをえないという一種の隘路《あいろ》がつきまとうが、ジュディス・バトラー★7はこのような隘路を理論的に乗り越えようとした。その高名な著書『ジェンダー・トラブル』のなかで、「実際セックスは、定義から言っても、これまでずっとジェンダーだったことが明らかにされるだろう」と最初の章で予告しているように、この本をとおして通奏低音となって流れている主要なテーマのひとつは、「セックスはジェンダーである」という主張である〔Butler, 1990＝1999：31〕。つまり、これは、「基盤」としてのセックスに起源をもつ、あるいは依拠するジェンダー観を転倒させ、むしろジェンダーに由来するセックスというものを措定する試みなのである。

　バトラーは、先に触れたボーヴォワールの引用を次のように解釈する。少し長くなるが、その解説を引用しよう。

　人は女に生まれない、女になるというボーヴォワールの主張に何か正しいものがあ

★7　**ジュディス・バトラー**（Judith Butler 1956～）カリフォルニア大学バークレー校教授。その著書『ジェンダー・トラブル』は、ボーヴォワール、イリガライ、ウィティグ、クリステヴァなどによるフェミニズム理論・思想を批判的ながらも生産的に解釈しつつ、またフーコーの権力論やデリダの脱構築論に寄り添いつつも距離を取りながら、「女」というカテゴリーが生み出されてきた軌跡や磁場を白日のもとにさらしている。彼女のこの著作は、一九九〇年代以降のフェミニズムのみならず、哲学思想や社会科学など幅広い領域に大きな影響を与えている。

るとすれば、その次に出てくる考えは、女というのがそもそも進行中の言葉であり、なったり、作られたりするものであって、始まったとか終わったというのは適切な表現ではないということである。現在進行中の言説実践として、それは介入や意味づけなおしに向かって開かれているものである。たとえ、ジェンダーがもっとも具象的な形態のなかに凝固しているようにみえたとしても、「凝固しつつある」ということ自体がさまざまな社会手段によって維持され規制されている執拗で狡猾な実践なのである。ボーヴォワールにとっては、文化変容と構築のプロセスを取りしきる最終目的があたかもあるかのように、最終的に女になるということは不可能なのである。〔Butler, 1990＝1999：72〕

ここでバトラーは、「女」というカテゴリーがプロセスであることを強調しながら、そうしたプロセスには、始まりも終わりもなく、ということは「起源」でも「結果」でも「終着点」でもないということであり、たとえジェンダーが固定的なものとして映ったとしても、それは「凝固しつつある」状態（あるいは「凝固しつつある」ものとしてみせかけているといったほうが正しいかもしれないが）であると述べる。「女」というカテゴリーをプロセスとして理解することで、「起源」としての「基盤」、すなわちこれまでセックスとジェンダーを考える際につねに軛となっていた生物学的基盤という考えを斥けることができると考えたのだ。そして、セックス、ジェンダー、セクシュアリティのあいだにある、社会から強制された「首尾一貫性」に照準し、それらのあいだの結びつきは必然的なものではなく、恣意的なものにすぎないことを暴露していく（先に述べたように、まさに「ジェンダー」という語の第一義的な意味が、西洋諸語の文法構造における男性形／女性形という形態が、それを指し示しているモノの「性別」に関係なく、恣意的に作り出されている事態であることを思い起こしてみよう）。つまり、単純に言えば、強制異性愛という規範のもとでは、生物学的「男」は、「男らしさ」という属性をもち、その性的欲望は女に向けられる、そして、生物学的「女」は「女らしさ」という属性をもち、その性的欲望は男に向けられるという「首尾一貫性」を問題化するのである。こうした首尾一貫性を遂行することができるのは、「理想的な」「異性愛者」しかおらず、むしろそのような理想はけっして実現されることがないからこそ、逆説的に社会はそうした「理想的な異性愛（者）」という形象を要請してくるとも考えられるのだ。

「人は女に生まれない、女になるのだ」というボーヴォワールの定理から、プロセスとしての「女」を導き出したという点で、二人の考えは共通しているが、ボーヴォワールの定理においては、「女になる」「人（one）」、ジェンダー化される以前の中立的な「ひと」、すなわち主体が想定されている点で、そういった主体を想定しないバトラーの考えはボーヴォワールとは袂をわかつ。では、「女」となる、すなわちジェンダーを引き受ける主体を想定しないとはいかなることなのか。バトラーはジェンダーを存在の様式（ontological state of being）として考えるのではなく、「行為（doing, act あるいは acts）」としてとらえる。主体とは、人間のあり方を精神（あるいは意識）と身体（物質）という二分法にもとづき、身体に対して上位に配置された精神と深い結びつきをもつものであるとするならば、その精神性を割りふられる存在は普遍的な「人（man）」＝「男」でしかない。そして、身体性を負わされてきたのは、他でもない「女」であった、とバトラーは述べる。そこで、バトラーは男なみの「主体」を獲得するという戦略ではなく、むしろ精神性に対して劣位に置かれた身体性のなかにこそ、ジェンダー構造の「凝固」を撹乱するような契機を見る。ボーヴォワールの『第二の性』では、人は生まれたとき男女には違いがなく、中性的な人であることが想定され、また強調されている。しかし、バトラーは、人は生まれた瞬間に（あるいは、最近の胎児期の出生前診断での男女の判別などの例を見れば、むしろ誕生以前から）「男」か「女」のいずれかに弁別されると考える。彼女はミシェル・フーコーによる一九世紀フランスのエルキュリーヌ・バルバンという半陰陽（intersexual）の日記★8の分析を引用しながら、強制的に行われる性の二分化を批判し、その暴力性を告発する。もちろんこうした暴力性が顕著に現われるのは、半陰陽の身体の表面においてであるのだが、実際にはこうした暴力はどのような人の身体にも及んでいる。そうした文化による暴力的なジェンダーの書き込みを「待つ」「受身」の身体、そのような身体が行為す

★8 **エルキュリーヌ・バルバン** 十九世紀フランス、修道院の女ばかりの寄宿学校でアレクシナという愛称で呼ばれて「娘」として育てられたエルキュリーヌ・バルバンは、生殖器の病を患ったことで両性具有であることが「発見」され、その後「男」としての生活を強いられることで、結局は自殺に追い込まれる。「彼」の日記は、寄宿学校の他の少女たちとの関係、修道女たちとの関係、さらには恋人サラへの愛情について、自殺の直前に過去を回想する形で触れられているが、フーコーは、そこに自分のアイデンティティとして「セックス」のカテゴリーが押しつけられる以前の「幸福な状態」があったと読み解いている。

ることで、一方で凝固しもするが、また他方でそうした凝固の過程のなかでさまざまな形に変容しもする「ジェンダー」（の可能性・潜在性）を見てとるのだ。バトラーのジェンダー観が、ジェンダーをある種の固定化された「名詞」すなわち「実体」としてとらえるのではなく、行為のなかに存在し、またその行為を形づくりもするというような意味での、パフォーマティヴ（行為遂行的）★9なものであると言われるのはこの点にある。バトラーは次のように述べる。「ジェンダーとは身体をくりかえし様式化していくことであり、きわめて厳密な規制的枠組みのなかでくりかえされる一連の行為であって、その行為は長い年月のあいだに凝固して、実体とか自然な存在という見せかけを生み出していく」［Butler, 1990 = 1999 : 72］。ジェンダーの差異が「実体」としてとらえられ、それがあたかも「自然」であるかのようにみなされること、それはジェンダーの差異にもとづく支配体制や抑圧構造を温存させると考えられる。その意味で、これまで生物学的基盤とみなされてきたものの「自然性」をも懐疑する。「理想的な異性愛体制」における、そしてその体制を維持するために練り上げられた「首尾一貫性」をあたかも自然であるかのようにみせかける巧妙な装置、そのなかにセックス、ジェンダー、セクシュアリティは組み込まれてきた。ということであれば、セックスを「自然な」「基盤」として保持しておき、それがジェンダーやセクシュアリティの「起源」であるとみなすことこそが、こうした装置の存続に手を貸すことになるのではないか。このような観点で、バトラーはラディカルにも、

★9　**行為遂行的（パフォーマティヴ）**
たとえば、「男性性」を表すような青い服をつねに着せられている男の子が、たまたま赤い服を着せられるとき「ぼくは男の子なんだから、こんな女の子の着るような色の服はいやだ」と言ったりする。「青色」と「男性性」には実際になんら実体的な結びつきはないにもかかわらず、社会の中でつねにそうした関連づけが行なわれることによって、「青色」の服を着せられるという「行為」の繰り返しは、いつのまにか男の子にとっては「男性性」というアイデンティティもしくは「実体」として映ってしまうのである。

「ジェンダーはセックスである」という、従来のセックス／ジェンダー観を転倒した定式を明らかにしてみせた。それはセックスという、あたかも自然であるという領域を想定しないことであり、また、ジェンダーとセックスのあいだの区別が実際には区別ではまったくないということを意味している。

5　結びにかえて——「自然的なるもの」の人為性

私たちは、おそらく世界に存在するあらゆるもの（男／女、大人／子ども、正常／異常、自然／人工、精神／身体などなど）を二つ（ないしそれ以上）に分けて考えるという思考習慣になれきっている。男と女を切り分けること、あるいはセックスとジェンダーを分節化すること、いずれにしても、こうした身ぶりは、ひとつの思考習慣となって社会に流通している。しかし、たとえば、男と女を分割し、それぞれの特性にしたがって配置しようとしても、実際には先に述べた半陰陽者エルキュリーヌ・バルバンのように、そのいずれのカテゴリーにも入りきらないものが出てくる。分類する、あるいは分割するという行為は、単にAとBというふうに分けることだけではなく、そこには分けられたものを序列化する、階層化することも同時に含意されている。さらに、分類をとおして、多くの場合いずれにも属さない残余カテゴリーが出現し、それらは社会では、「失敗」「余りもの」「逸脱」「例外」などと名指される。まずは、こうしたカテゴリー化、分類化などは、「現実」を反映していたり、「ありのままに」記述しているわけではなく、一種の政治的な行為であることを確認しておきたい。[★10]

本稿では、セックスとジェンダー概念のとらえ方、あるいは相互の関連性をごくごく概括的に理解しながら、現在、セックス／ジェンダー概念がどのような位置づけにあるのかを見てきた。そのなかでつねに問題となったのは、「自然なるもの」としての「生物学的基盤」であり、それの「社会・文化的なるもの」との関係性である。「男」と「女」として分割された状態を「自然」として表象するのか、そうではなく、いわゆる「例外」と名指されるような、「男」というカテゴリーにも「女」というカテゴリーにも属さないものまでをも含みこんだ総体を「自然」という表象するのかは、さまざまな言説のせめぎあいを生じさせ、そうした言説が時代や文化・社会的背景の中で多様な形で構築され、配分され、位置づけられるかぎりにおいて、それ自体が政治的な事態となることは明らかである。となれば、むしろ「自然」として事態を生み出すのは、まさに人間の政治的あるいは人為的行為ということになり、社会や文化から切り離された「自然」などどこにも存在しなくなるのだ。したがって、私たちは、「セックス」として想定される生物学的基盤として、明らかに「自然な」、人の手のつけられていない、無垢な状態を想定することはでき

★10 ここで「政治的」という言葉を使っているのは、ある係争点をめぐって、さまざまな者たち、あるいは部門が対立し、闘い、交渉し、妥協するというダイナミックな過程を含んでいるという意味をもたせているからである。

ない。まさに、自然なるものは人の手によって作られるのだ。

　そうすると、セックスとジェンダーが当初個別の概念として分割（分節化）されたという事実も、きわめて政治的な行為であることがわかる。それはある意味、「自然なるもの」を理論という人為的行為によって作り出そうとする試みでもあっただろうし、またフェミニズムという実践によって要請されたものでもあっただろう。しかし、ここでさらに考えなければならないのは、そうして分割されたのちのセックスとジェンダーの内容ではなく、まさになぜそうした概念が分割（分節化）されなければならなかったのか、つまり分割という行為そのものに存在する意味、そしてそれが現実に与える効果である（この場合の効果はけっして肯定的なものだけではなく、否定的なものも含めてということである）。セックス／ジェンダーというふうに、二つの概念のあいだにスラッシュを引いて表現することが多いが、まさにそのスラッシュを入れる行為そのものとその意味、そしてそこからもたらされるあらゆる事態や状況について、私たちは注意深く目を向ける必要があるのではないか。そうすることによって、私たちの社会が、セックスやジェンダーという概念のなかに／をとおして、何を見ようとし、どのようなことが目指され、またどのようなことが制約され、閉ざされているのかを理解することが可能となる。私たちはつねにすでに「男」か「女」かである。しかし、私たちはつねにすでにいずれにもならないような可能性・潜在性をもってもいる。人はだれしも性から自由ではない。しかし、そうした不自由の中にこそ「希望」は存在するのだ。

文献

Butler, Judith., 1990, *Gender Trouble : Feminism and the Subversion of Identity*, Routledge.（一九九九、竹村和子訳『ジェンダー・トラブル――フェミニズムとアイデンティティの撹乱』青土社）

de Beauvoir, Simone., 1949, *Le Deuxième Sexe*, Gallimard.（一九九七、井上たか子・木村信子監訳『決定版 第二の性――Ⅰ 事実と神話』、中嶋公子・加藤康子監訳『決定版 第二の性――Ⅱ 体験』新潮社）

Nicholson, Linda., 1994, "Interpreting Gender", *Signs : Journal of Women in Culture and Society*, vol.20, no.1.（一九九五、荻野美穂訳「〈ジェンダー〉を解読する」『思想』七月号、岩波書店、一〇三～一三四頁）

Rubin, Gayle., 1975, "The Traffic in Women", Reiter, Rayna(ed.), *Toward an Anthropology of Women* pp.157-210, Monthly Review Press.（二〇〇〇、長原豊訳「女たちによる交通――性の『政治経済学』についてのノート」『現代思想』二月号、青土社、一一八～一五九頁）

Scott, Joan Wallach., 1988, *Gender and the Politics of History*, Columbia University Press.（一九九二、荻野美穂訳『ジェンダーと歴史学』、平凡社）

上野千鶴子、一九九五、「差異の政治学」井上俊・上野千鶴子・大澤真幸・見田宗介・吉見俊哉（編）『岩波講座 現代社会学 一一』岩波書店、一～二六頁

イベント化する犯罪

毎日が『13日の金曜日』

狩谷あゆみ

1 イベント化する犯罪と刑罰の社会的意味

一般的に、犯罪は社会にとって悪いものであり、なくすべきだと考えられている。しかし、犯罪が全くない社会は理想的な社会と言えるのだろうか。デュルケーム[★1]は、犯罪の社会的意味について次のように述べている。犯罪は、ルールや法律など、私たちが社会生活を送る上でのさまざまな条件と結びついており、正常かつ必要なものであると［Durkheim, 1895=1978：157］。犯罪のない社会というのは、守るべき法律やルールが存在しない無秩序な社会か、異常なほど管理や支配が厳しい社会であり、現実に存在しないだけでなく、決して理想的な社会とは言えないだろう。ここではデュルケームの言う「犯罪は社会にとって

★1 **エミール・デュルケーム**（Émile Durkheim 1858～1917）フランスの社会学者。社会学的方法の確立につとめ、当時のヨーロッパ社会における、宗教や階級対立、自殺、犯罪、道徳的秩序、教育など、さまざまな社会現象に関心を持ち、その考察を通じて、今日的課題にも通じる独自の論理を展開した。『デュルケーム 社会分業論』（一八九三＝一九七一、青木書店）、『自殺論』（一八九七＝一九八五、中央公論社）など、著書多数。

必要とされている」という視点から、現代社会について考えてみよう。

コリンズは、デュルケームの述べた「犯罪の社会的意味」を応用し、犯罪を処罰する社会的目的を、犯罪者に対して実質的な効果をもたらすことではなく、★2 公共の利益のために儀礼を執り行うことになると述べている［Collins, 1982=1992 : 168-169］。儀礼とは、ある社会集団に所属するメンバーによって行われる儀式的行動のことであり、社会集団のメンバーを結束させるという意味を持つ。法廷で行われている犯罪処罰儀礼は、犯罪者を納得させるためでも、被害者の恨《うら》みをはらすためでもなく、★3 法律や社会的ルールが存在すること、そして侵犯されてはならないことを「一般の人々」に印象づけるために行われる一種のパフォーマンスなのである。★4

多くの人々は、家族や知人・友人が何らかの形で「犯罪」に巻き込まれない限り、デュルケームやコリンズのいう犯罪処罰儀礼を傍聴席で目の当たりにすることはないだろう。私たちは、政治・経済にあまり関心がなくても、ほとんど新聞を読むこともなくても、意識してテレビのニュースを見ることがなくても、そのときそのときに起きた「事件」にはなぜか興味を持つ。一方で「犯罪に巻き込まれたくない」と思いながらも、家族や友人・知人との会話の中で、その日の天気について話すのと同じような割合で、犯罪について語っているのではないだろうか（動機は何か？最終的な判決についてのコメントなど）。つまり、平凡でルーティーン化された日常を送る人々にとって、犯罪は、一瞬でも興奮を

★2 「犯罪者」とは、法律上は「刑事裁判によって刑が確定した人」を指すが、実際には容疑者として報道された段階で、社会的には「犯罪者扱い」されていると言える。つまり、「犯罪者」というレッテルが社会的に貼られることによって「犯罪者」となる。「犯罪者」というレッテルは、マスメディアや警察によって貼られるだけでなく、マスメディアを通じて事件を傍観する「一般の人々」によっても貼られるのである（一度罪を犯した人が「犯罪者」というレッテルによって出所後も社会復帰を拒まれるように）。

★3 被害者が警察の捜査が不適切だとして、国に賠償を求めた裁判（一九九〇年、最高裁）では、裁判長は判決文の中で次のように述べている［ＮＨＫスペシャル『なぜ犯罪被害者は救われないのか？』二〇〇〇年一〇月一四日放送、ＮＨＫ総合テレビ］。

与えてくれる、わくわくするような「イベント（催し物）」としての意味を持つと言える。フランス文学者である小倉孝誠は「犯罪」を消費する私たちの日常について、次のように述べている。

> みずからが実際にたちあうのでないかぎり、犯罪や事件は新聞やテレビ・ラジオで報道されてはじめて犯罪や事件になる。現代では、報道されることが事件の《事件性》を成立させるための不可欠な要因にほかならない。そして犯人と被害者の近親者や知人・友人をのぞけば、犯罪はいわば物語あるいはスペクタクルとして消費される運命にあるし、消費されることによって犯罪の衝撃性は次第に風化していく。異様な事件、猟奇的な犯罪を、マスメディアはほとんど不必要なまでにくり返し伝え、映像化するし、テレビの番組欄には毎晩のように、人気作家が書いた推理小説にもとづくミステリー物（それはほとんどすべて、連続殺人とその謎をめぐるドラマである）が並ぶ。実際におこった出来事であれ、あるいはフィクションであれ、現代人は新聞、雑誌、文学、テレビ、映画を通じて日常的に犯罪の物語を読み、聞き、目にしているわけだ。［小倉、二〇〇〇、七〜八頁］

小倉が述べているように、現代社会において、報道されることが事件の《事件性》を成

「犯罪の捜査及び、警察官による公訴権の行使は、国家及び社会の秩序維持という公益を図るために行われるものであって、犯罪の被害者の被侵害利益ないし、損害の回復を目的とするものではなく……」

判決文は、犯罪の捜査や裁判の主な目的が、「秩序」を守ることであって、被害者のためではないことを示している。

★4　例えば、大学の講義を例にして、「犯罪を処罰する社会的意味」について考えてみよう。大学の講義中に私語をする学生がいたとする（多くの場合、一人や二人ではない）。担当教員は、その学生に向かって「静かにするように」注意したとする（注意の仕方にもいろいろ方法があるが）。ここで、「私語をした学生」を、教員が注意することによって初めて「講義中に私語をしてはいけない」というルールが浸透し、学生は静

立させるために不可欠な要因となっている。毎日のようにマスメディアを通じて伝えられる「事件」を通じて、全国の地方裁判所や高等裁判所において、毎日のように「殺人罪」や「傷害致死罪」に関する裁判が行われているものだと思いこんでいる人も少なくないのではないだろうか。学生に「犯罪について何を知りたいか？」と尋ねたところ、次のような回答が返ってきた。「犯罪者がテレビで報道されているままの人なのか」「刑事がドラマに出てくるままの人物なのか」「少年院や刑務所がドラマに出てくるままのところなのか」と。学生は、テレビのニュースやドラマで目にした犯罪者や刑事の姿、もしくは少年院や刑務所という場所が「テレビで見たとおりなのかどうか」を自分の目で確かめたいらしい。

つまり、「犯罪に巻き込まれたくない」と思いつつ、犯罪に関心を持つ私たちにとって、法や社会的ルールが存在すること、そしてそれらの法や社会的ルールが決して破られてはならないことを認識する機会は、刑事裁判よりも、「法や社会的ルールを破った人」の存在がマスメディアを通じて映像化され、イベント化されることにあると言えるのではないか。Z・バウマンは、犯罪それ自体と同様に、犯罪と戦うことは、スリリングで大いに見て楽しい素晴らしいショーになると述べている［Bauman, 2000=2001：95］。マスメディアを通じて、犯人逮捕、警察／検察での事情聴取、刑事裁判、刑罰の執行というプロセス（デュルケームやコリンズが言うところの犯罪処罰儀礼）を「傍観する」私たちは、自らの手を

かになる。担当教員が行った「私語をした学生を注意する」という行為は、決して私語をした学生を反省させようという意図によるものではなく、他の学生に対して「講義中に私語をしてはならない」というルールを明確に印象づけるために行われているパフォーマンスとも解釈できる。しかし、時間が経てば誰かが注意されたこと自体忘れ去られ、「講義中に私語をしてはならない」というルールによる集団の結束力は弱まるし、他の講義で私語をした学生が教員に注意されなければ、「講義中に私語をしてはならない」というルール自体の拘束力が弱まってくるだろう。「講義中に学生を注意する」という行為を、「講義中に私語をしてはならない」というルールを他の学生に浸透させるための「刑罰」だと考えると、儀礼は集団を結束させる必要がある場面では効果があるが、時間が経てばその効

汚すことなく（刑事ドラマやドキュメンタリードラマを見ているような感覚で）、自分たちが法や社会的ルールの存在をきちんと認識していて、それらをきちんと守っているという感覚、つまりは自分たちの「価値観」や「道徳感覚」が正しいことを確認していると言える。そして、小倉の言うところの物語やスペクタクル（見せ物）として消費することで事件の衝撃性が風化していくのと同時に、一度は確認できたはずの法や社会的ルールの存在も、私たちの日常から遠のいていくだろう。だからこそ、マスメディアを通じて、定期的にイベント化される犯罪は、自分たちの「価値観」や「道徳感覚」が正しいという感覚を得るために必要とされていると言える。

2　「犯罪の増加」という言説と「不安」のコントロール

「少年犯罪の増加」「来日外国人による犯罪の増加」「凶悪犯罪の増加」「幼児虐待の増加」など、マスメディアを通じて日々私たちは「……犯罪の増加」という言説を目にする。[★5] そして、一つひとつの事件はなぜ起きたのか、なぜ犯人はそのような犯行を行ったのか、その原因を解明しようとする。一つひとつの事件の「加害」／「被害」の関係や、事件が起きるまでの状況は異なっていても、マスメディアによって、一つひとつの事件に、

果も薄れること、またルールそのものが集団にとって意味をなさなくなれば集団の拘束力が弱まることを示している。

★5　実際にこのようなタイプの犯罪が増加しているのか減少しているのかはここでは問題としない。

「少年犯罪」「凶悪犯罪」などという名称が与えられ、「同じタイプの犯罪」として報道されるので、私たちには、「同じタイプの犯罪」が、連続して起きているかのように見えるのだ。マスメディアは、「犯罪を防止するため」「犯罪抑止力を持つ」という動機づけによって、過剰な報道をしばしば正当化する。しかし、マスメディアによって大々的に報道され、社会的に話題となった事件は、必ずと言っていいほど、後に「模倣犯」を誘引する。過剰な犯罪報道は、犯罪を防止したり、抑制したりするどころか、結果的に「犯人」に動機を与えることにもなりうるし、犯罪の手口をも知らしめることにもなるのだ。

　例えば、近年「来日外国人」によるピッキングや自動販売機荒らしの被害などが報道され、社会問題の一つとなっているが、事細かに犯人の手口が明らかにされればされるほど、同様の手口による犯罪が連続して起きているのではないだろうか。警察は市民の防犯意識を高め、犯罪を未然に防ぐという目的で、マスメディアを通じてピッキングの被害に遭いやすい住宅のカギのタイプや手口を公表しているが、結果的には、防犯意識が高まるどころか（多くの人は自分が被害に遭わない限り、その危険性には気づかない）、住居に侵入し、物を盗むための方法を公表しているとも言えなくもない。

　また、犯罪を罰するための新しい法律や条例が成立するたびに、マスメディアによって大々的に報道されるし、違反者の存在も報道される。もちろん、法律や条例が成立したから、その法律や条例に違反した人々を罰することができるわけだが、実際のところは新たな法律や条例がきちんと適用されているのかどうかは誰にもわからない。

日本の刑罰制度は、主に「更生（あらため正すこと）」を目的として、行われてきたと言える。しかし、刑務所から出所して時間が経たないうちに、再び罪を犯してしまう人々も少なくない。犯罪学者の菊田幸一は、日本における刑務所収容者の特色は、累犯者（懲役刑で刑務所に入ったが、出所後さらに罪を犯して懲役に処せられた者）を含め、繰り返し入所する人が多数を占めている、と指摘している。菊田は、刑務所収容の結果として、住民票と無縁になること、さらには、刑務作業に対して、出所後の生活を支えるだけの、充分な賃金が支払われていないことが、刑罰の目的をはるかに越え、その者の社会復帰を阻害していると述べている［菊田、二〇〇二：三〇～三三頁］。菊田の指摘は、日本の刑務所が、「自分の罪を反省させ、二度と同じ罪を繰り返させない」ということを表向きの目的としながらも、実質は、「犯罪者というレッテルを社会的に貼られた人々」（＝「社会にとって必要のない人々」）を、隔離するために機能していることを示している。

バウマンは、刑務所収容者たちを、仕事に就かせようとする努力が効果的であろうとなかろうと、その努力が意味をなすのは、労働力が必要とされている状況にある場合だけであると言う［Bauman, 2000=2001 : 90］。失業率が年々上昇し続けているような、現在の状況下にあって、刑務所への「監禁」は、労働力として必要とされておらず、「取り戻すべき」どんな仕事も持たない一群の人々を、整理し、無力化し、人目に触れない場所に排除するための一つの方法である〔Bauman, 2000=2001 : 91〕、と言えるだろう。

刑罰制度自体が、実質的な効果をもたらしているとは言えないにもかかわらず、なぜマスメディアは、「さまざまなタイプの犯罪が増加していること」や、「犯罪に対する厳罰化の必要性」を、繰り返し報道しているのだろうか。

バウマンは、「犯罪の増加」や「犯罪に対する厳罰化」という言説は、人々の関心を犯罪や犯罪者に結びついた危険に集中させ、人々の思考を停止させてしまう機能を持つと述べている。

> 処罰の実施に伴うそのスペクタクル性——多彩性、厳格性、迅速性——は、実際の効果以上に重要である。世論の無関心と記憶の短命さを考えると、実際の効果はほとんど検証されることもない。処罰のスペクタクル性は、実際に発見され報告される犯罪の量よりも重要なのだ。もちろんそれが役立つ場合もある。新しい犯罪が世論の注意をひき、その独特の恐ろしさと醜悪さが明るみに出されたり、それが社会に偏在するものであることが明らかにされることもある。また新しい犯罪撲滅キャンペーンが開始される場合にも一定の役割を果たすだろう。しかし、そのように散発的に人々の不安を掻きたてることは、人々の関心を犯罪や犯罪者に結びついた危険に集中させ、人々の思考を停止させてしまう。つまり、なぜ、「安全」を約

束する警察の努力にもかかわらず、自分たちは依然と変わらず不確かで恐れ当惑しているのだろうかという問いを隠蔽してしまうのだ。［Bauman, 2000=2001 : 96］。

国家が最も恐れているのは、「法や社会的ルールを守らない人々」の存在ではなく、むしろ「税金を支払い、選挙権を持つ人々」が、「たくさん税金を払ってるのにも拘わらず、国や行政は何もしてくれない」「国や行政は全く役に立たない」という感覚を抱くことにある。日々施行されているさまざまな法律や条例は、「税金を支払い、選挙権を持つ人々」に、そのような感覚を抱かせないために、国家が、個々の社会問題に対して、何か対策を講じたということを示すために、繰り広げられる一種のパフォーマンスとも解釈できる。★6 一連のパフォーマンスによって作られた新たな法律や条例を、大々的に報道することによって、マスメディアは、「社会にとって必要のない人々」を逮捕し、刑務所に入れることを正当化していると言える。★7

このように、新しい法律や条例を作ることで、違反者を増やし、刑務所に入れることによって罰することは、結果的には犯罪を防止したり、減少させたりするためには決して効果的な方法とは言えない。効果があるなしにかかわらず、とにかく法や条例を作るなどして、何か対策を講じているというパフォーマンスを行うこと、そしてそのパフォーマンスをマスメディアが大々的に報道することは、私たちが、日常的に抱えている不安をコント

★6 「犯罪は社会を映し出す鏡である」で取り上げている、「男女雇用機会均等法」「男女共同参画社会基本法」に当てはめて考えてみよう。それぞれ制定された時期も目的も異なるが、二つの法律は、女性の不満を沈静化させるために、「国家はこんなにも女性のことを考えている！」ということを示すためのパフォーマンスだとも解釈できる。

★7 近年新たにマスメディアを通じて報道されているのは、全国的に刑務所が受刑者で溢れかえり、刑務官による暴力など、受刑者が「劣悪な環境に置かれている」ということである。刑務所の状況を伝える報道は、今度は税金を使って刑務所を増やすことを正当化するために行われていると言えるのではないか。

ロールし、国家や行政、警察に対する不満を隠蔽する機能を果たしていると言える。

　少し、考えてみよう。多くの人々は、犯罪を減少させるためには、法や条例を整備し、違反者を増やすことが必要だと考え、犯罪者にはなるべく長く刑務所にいてほしいと願う。そして、自分たちの安全を守るために、「警察官を増やすべきだ」「警察はもっと努力するべきだ」「警察はもっとパトロールを強化すべきだ」「危険な場所には監視カメラを設置すべきだ」と考える。実際に、銀行のキャッシュコーナーや繁華街、駅周辺など、さまざまな場所に設置されている監視カメラや、さまざまな場所でパトロール中の警察官を目にしても、多くの人々は、「自分が監視されている」とは思わないだろう。

　しかし、次々と制定される法律や条例によって、今度は、「安全な暮らしを願う」あなた自身が、「社会に必要のない人」という烙印を押され、刑務所へと「隔離」されるかもしれない。イベント化した犯罪の下で、私たちは、いつの間にか、国家の秩序維持のために、周囲に「監視の目」が張り巡らされていることにすら、気づかないようにコントロールされているのだ。法律や条例の制定を求め、違反者を増やし、その違反者を刑務所へと「隔離」することを望むことは、結果的に、私たちの「自由」をも、放棄することに繋がっているのだ。

3　動機は社会的に「付与」される

次に示しているのは、アルベール・カミュの代表作『異邦人』の一節である。先に、マスメディアを通じて、イベント化される犯罪は、私たちの「価値観」や「道徳感覚」が正しいという感覚を得るために必要とされていると述べた。この小説は、一九三〇年代のヨーロッパ社会における、ある若者の姿を描いたものであるが、現代社会に照らして考えてみると、私たちが「正しい」と信じている「価値観」や「道徳感覚」が、法廷で下される刑罰の内容を、いかに左右しているかが読み取れるのではないだろうか。主人公のムルソーは、養老院で死んだ母を埋葬した翌日、海水浴に行き、そこで出会った「アラビア人」を殺害してしまう。

自分が回れ右をしさえすれば、それで事は終わる、と私は考えたが、太陽の光に打ち震えている砂浜が、私のうしろに、せまっていた。泉の方へ五、六歩歩いたが、アラビア人は動かなかった。それでも、まだかなり離れていた。恐らく、その顔をおおう影のせいだろうが、彼は笑っている風に見えた。それはママンを埋葬した日と同じ太陽だった。あのときと同じように、特に額に痛みを感じ、ありとある血管が、皮膚の下で、一どきに脈を打っていた。焼き付くような光に堪えかねて、私は一歩前に踏み出した。私はそれがばかげたことだと知っていたし、一歩体をうつしたところで、太陽からのがれられないことも、わかっていた。〔中略〕乾いた、それでいて、耳を聾する轟音とともに、すべてが始まったのは、このときだった。私は汗と太陽とを振り払った。昼間の均衡と、私がそこに幸福を感じていた、その浜辺の異常な沈黙とを、うちこわしたことを悟った。そこで、私はこの身動きしない体に、なお四たび撃ち込んだ。弾丸は深くくい入ったが、そうとも見えなかった。それは私が不幸のとびらをたたいた、四つの短い音にも似ていた。〔Camus, 1942=1954 : 63〕

ムルソーは、逮捕された後、弁護士や検事そして裁判長に動機を尋ねられるたびに、先に示した引用部分にあるような説明を繰り返した（何度も、弁護士や検事のために要約しながら）。しかし、弁護士は憤慨した様子で部屋を出ていき〔Camus, 1942=1954 : 69〕、検事は興奮した様子で、髪の毛をかき乱し、机の上に肘をついて、奇態な風で身をかがめた〔Camus, 1942=1954 : 71〕。ムルソーに対して、弁護士や検事が繰り返す質問は、「母親を愛していたか？」とか「母親をなぜ養老院に入れたのか？」という内容であった。最終的に「母親の葬儀で涙を流さなかった」という理由で、裁判長に死刑を宣告され、ムルソーは

「処刑の日に大勢の見物人が集まり、憎悪の叫びをあげて私を迎えること」を最後の望みとする〔Camus, 1942=1954 : 127〕。

読んでいて興味深かったのは、ムルソーが語る動機そのものではなく、あの手この手で「納得いくような動機」を引き出そうとする弁護士や判事の困惑ぶりである。ミルズによると、言語的に表現された動機は、個人に内在する何ものかの指標として用いられるのではなく、状況に拘束された行為に対する動機の語彙のタイプを推論するための基盤として用いられる〔Mills, 1940=1971 : 351〕。つまり、動機は個人の内面に「発見」されるものではなく、さまざまな語彙（Vocabulary）を使用することによって、「付与」されるものであると言える。ミルズによる動機の語彙論が示唆しているのは、状況に応じて適切に選択された語彙による動機の表明は、社会的なコンフリクト（争い、対立、葛藤などと訳される）を回避するということである。

釈明、正当化、弁解、そして言い訳……。私たちは日常生活のさまざまな場面で、社会的なコンフリクトを避けるために、状況に応じた動機の語彙を駆使していると言える。例えば、友人や彼女／彼氏と待ち合わせをして、どう頑張っても待ち合わせの時間に間に合いそうにないとき、何度も携帯電話で相手に自分が遅れることを連絡しながらも、「相手が怒っていないかどうか」「相手にどう言い訳するか」で頭の中はいっぱいになっているのではないだろうか。一度や二度の遅刻なら、多少の言い訳でトラブルを回避できても、それが毎回のことになると、結果的に「遅刻が多い」ことが、彼女／彼氏と別れる理由になったり、友達と縁が切れる理由になったりする。また、あなたが「つき合っている彼女／彼と別れたい」とする。しかし、別れる理由（動機）を表明するあなたにとっても、表明される相手にとっても、お互いが納得できるような理由（動機）が構成されなければ、別れられないかもしれないし、仮に別れられても、相手が「ストーカー化」することもあり得るだろう。逆に、納得いかない理由で別れ話を切り出された場合には、あなた自身が「ストーカー化」してしまうかもしれない。あなたが「ストーカー化」すること、もしくは相手が「ストーカー化」することは、表明された語彙が、適切でなかったために生じたコンフリクトの結果と言えるかもしれない。

「太陽のせい」であるかのように、殺した理由を述べたムルソーに対する弁護士や検事の反応（憤慨、興奮などの困惑ぶり）が示しているのは、殺人という行為を解明するために、「動機を表明される側」が納得できるような語彙（Vocabulary）を社会的に要求（強制）されているということである。「動機を表明する側」である容疑者や被告人（『異邦人』の場合はムルソー）が納得するかどうかは、むしろ問題とされないのだ。

マスメディアを通じて、事件が報道されるとき、容疑者の容疑の内容や、被害者との関係性だけでなく、容疑者の生い立ちや生活などが、マスメディアの取材を通じて明らかにされる。一見、事件に直接関係ないかのように思えるこれらの情報は、結果的にマスメディアを通じて「付与」される動機の語彙として使用されることも少なくない（幼少時代からいじめを受けていたという経験が、数年後に殺人の動機として使用されるように）。しばしばマスメディアによって使用される、「現代社会の闇」「ストレス社会」「人間関係の希薄さ」「家族の問題」といった語彙は、よく考えてみると誰にでも当てはまるようにも思える。マスメディアが、容疑者や被害者に関するさまざまな情報を集めることは、犯行行為を解明するために、あの手この手で動機の語彙を「付与」するために行われているとも言える。「現代社会の闇」「ストレス社会」「人間関係の希薄さ」「家族の問題」といった、一見誰にでも当てはまりそうな語彙を犯人に「付与」しようとするマスメディアの姿は、『異邦人』の弁護士や検事の困惑ぶりと重なるのではないか。

刑罰の社会的意味に照らして動機について考えていくと、「犯行行為にしかるべきと思われる動機」は、最終的に法廷において下される刑罰の妥当性を、マスメディアを通じて犯罪処罰儀礼に関与する「一般の人々」に示すために必要とされていると言える。犯行行為を解明するために、さまざまな語彙を駆使して「付与」される動機によって、「情状酌量の余地がある」という印象を「一般の人々」に与えることができるかどうか、言い換えれば「社会が納得するかどうか」で結果的に刑罰の内容は決定されていると言える。

しかし、日常生活において、どのような語彙を駆使して説明されても、相手の行動を完全に理解できるとは限らないし、逆にどんなに説明しても相手に納得されない場合もあるだろう。自分自身でも自分の行動が全く理解できない場合もあるし、説明すればするほど墓穴を掘ることもある。考えなければならないのは、日常生活において、私たちは常に自己と他者との関係を維持するためにのみ、動機の語彙を駆使しているのではないということである。多くの人が「相手の行動を理解しなければならない」もしくは「相手に自分の行動を理解して欲しい」と願い、人とうまくコミュニケーションをとろうとする。しかし、実際は、「動機を表明する側」と「動機を表明される側」とが、お互いに納得がいくような動機が構成されるとは限らないし、わざわざお互いの関係性を破壊するために、何らかの語彙を駆使して動機を表明する場合もある（実際には存在しなくても、彼女／彼氏と別れたいときに「他に好きな人ができた」と言うことは、これにあてはまる）。

ムルソーに下された死刑判決という結果が示しているのは、弁護士や検事、裁判長にとって納得いくような動機の表明が行えなかったムルソーの問題ではなく、ムルソーの行動を解釈できなかった（語彙を与えられなかった）社会の問題なのである。そして、ムルソーの行動を解釈するための語彙が、社会に存在しなかったからこそ、別の語彙（「母親の葬儀で涙を流さなかった」という理由）が、殺人という行為に対する適切な語彙として「付与」されたと言えるのではないだろうか。最後に、『異邦人』において、検事が述べた言葉を引用してこの章を終わろうと思う。

われわれは彼をとがめることもできないでしょう。彼が手にいれられないものを、彼にそれが欠けているからといって、われわれが不平を鳴らすことはできない。しかし、この法廷についていうなら、寛容という消極的な徳は、より容易ではないが、より上位にある正義という徳に替わるべきなのです。とりわけ、この男に見出されるような心の空洞が、社会をものみこみかねない一つの深淵《しんえん》となるようなときには。〔Camus, 1942=1954 : 105〕

ムルソーは、「母親の葬儀で涙を流さなかった」という理由で、「異常者」として扱われ、死刑という形で社会から葬り去られた。「太陽のせい」であるかのように、殺人の動機を語るムルソーの存在は、その行動を「理解しようとする」社会にとって「迷惑な存在」として捉えられていたと言える（仮に犯人が「なんとなく」「人を殺してみたかったから」と動機を語った場合でも、別の語彙が「付与」されたであろう）。イベント化された犯罪の下では、ひょっとすると、ムルソーのような存在が出現しないよう、「葬儀で涙を流さなかった者に対する処罰法」などという法律や条例が、パフォーマンスとして制定されるかもしれない。そのような法律や条例が制定されなくても、ムルソーのような存在が近所に住んでいたら、住民は、自分たちの「安全」を守るために、「警察はもっとパトロールを強化すべきだ」「監視カメラを設置すべきだ」などと考えるだろう。むしろ「異常」なのは、「安全な生活」を手に入れるために、法律や条例の制定を求め、監視カメラや警察官によるパトロールの強化を容認することで、簡単に「自由」を放棄してしまう、私たちの方かもしれない。

文献

Bauman, Zygmunt., 2000, Social Uses of Law and Order, *Crimnology and Social Theory*, David Gerland and Richard Sparks.（＝二〇〇一、福本圭介訳「法と秩序の社会的効用」『現代思想』六月号、青土社、八四～一〇三頁）

Camus, Alubert., 1942, *L'Étranger*, Gallimard.（＝一九五四、窪田啓作訳『異邦人』新潮社）

Collins, Randall., 1982, *Sociological Insight : An Introduction to Nonobvious Sociology*, Oxford University Press, Inc.（＝一九九二、井上俊・磯部卓三訳『脱常識の社会学——社会の読み方入門』岩波書店）

Durkheim, Émile., 1895, *Les Règles de la méthode sociologique*, Presses Universitaires de France.（＝一九七八、宮島喬訳『社会学的方法の基準』岩波書店）

菊田幸一、二〇〇二、『日本の刑務所』岩波書店

Mills, C.W., 1940, "Situated actions and vocabularies of motive", *American Sociological Review* 5 : 904-913.（＝一九七一、田中義久訳「状況化された行為と動機の語彙」青木和夫・本間康平監訳『権力・政治・民衆』みすず書房、三四四～三五五頁）

小倉孝誠、二〇〇〇、『近代フランスの事件簿　犯罪・文学・社会』淡交社

知識と文化装置

「テロ」という知識とメディア政治

野村浩也

1 知識の間接性

「テロリスト」ということばがある。「テロリスト」と聞けば、すぐさま暴力的な悪のイメージを連想するひとは多い。そして、「テロリストを殲滅《せんめつ》した」という報道に安堵《あんど》をおぼえ、「テロリストが潜伏している」との報道があれば不安になる。「テロリストは本質的に悪であり徹底的にたたきつぶさなければならない」という公式声明があれば、すぐさま正しい意見として受けいれるひとも多い。

「テロリスト」と名指しされたひとびとは世界中にたくさんいるし、わたしたちはそのことをマスメディアなどを通して知っている。そして、だれが「テロリスト」なのかについてのだいたいの知識をもっている。だが、わたしたちのほとんどは、彼／彼女らと話したこともなければ直接見たことすらない。そもそも「テロ」そのものを実際に目撃したこともない。にもかかわらず、わたしたちは「テロリスト」とはだれか、「テロ」とは何か、などについての知識をなぜかもってしまっている。

このことは、わたしたちが「間接の世界」に生きていることをきわめて明瞭に示しているのではないだろうか。それを、C・W・ミルズ[★1]は以下のように説明している。

人間的状況を理解するための第一の法則は、人間が間接の世界に生きているということである。人はかれらが個人的に経験するよりも多くのことを知っている。そしてかれら自身の経験は常に間接的である。人間の生活の性格はかれらが他人から受けとった意味によって決まる。人は皆このような意味の世界に生きているのである。確固とした事実の世界に直接に面と向い合って立っているだけの人はいない。〔中略〕毎日の生活においてはかれらは確固とした事実の世界を経験することはない。かれらの経験そのものがステレオタイプ化された意味によって選択され、そして既成の解釈によって形づくられる。世界や自分自身に対する人間のイメージはかつて会ったこともなければ、これから会うことも決してないたくさんの目撃者たちから与えられる。［Mills, 1963=1971：322］

★1 **C・W・ミルズ**（Charles Wright Mills 1916～62）
現代日本の社会学のみならず世界の社会学に多大な影響をおよぼしつづけている合衆国の社会学者。代表的な翻訳書は、『ホワイトカラー』（東京創元社、一九五七年）、『社会学的想像力』（紀伊國屋書店、一九六五年）、『パワーエリート』（東京大学出版会、一九六九年）など。

わたしたちは、すでにもっている知識を自分のものとして当然視しがちだが、そのほとんどは直接自分で得たり生みだしたりしたものではない。それらはもともと他者から得たものであり、厳密な意味でオリジナルな知識はほとんどない。「テロリスト」や「テロ」などの世界の現実についても、「かつて会ったこともなければ、これから会うことも決してない」ひとびとからマスメディアなどを通して間接的に知っているにすぎない。というより、他者から間接的に知るしかほとんど術《すべ》がない。そして、間接的に得た知識にもとづいて、たとえば、「テロリストは絶対的な悪であり徹底的にたたきつぶさなければならない」という意見をもったりもする。そして、「テロリスト」と名指しされたひとびとが実際に殺されていく。

だれが「テロリスト」なのかの知識についても、わたしたちはマスメディアなどから間接的に得ているのだが、ここに介在しているのが解釈である。つまり、だれかが他のだれかを「テロリスト」と解釈し、その他者による解釈が知識としてわたしたちに伝達されるのだ。その意味で、知識とは、他者が解釈したものにほかならない。したがって、知識をもつということには、他者の解釈に依存するという側面がある。ミルズは、現代人が他者の解釈にますます依存しつつあることに警告を発している。

人はみなかれが観察することを――観察していない多くのこと同様に解釈する。しかしかれの解釈の用語はかれ自身のものではない。個人はそれらを明確に系統立てることも、それらを吟味することさえもしていない。人はみな他人に観察結果や解釈について語る。しかしかれの報告の用語はかれが自分自身のものとして引き継いだ他人の語法やイメージであることがほとんどである。確固とした事実、正常な解釈、適切な表現とかれが呼ぶもののほとんどを、観察署、解釈センター、表現本部に依存する度合いがますます多くなりつつある。現代社会においては、それらは、私が文化装置（cultural apparatus）と呼ぼうとしているものによって設立されるのである。［Mills, 1963=1971 : 322］

現代社会においてミルズのいう文化装置にあたる代表的なものは、テレビや新聞などのマスメディアであろう。特にテレビは絶大な影響力をもち、わたしたちは「テロリスト」などの世界についての知識の多くをテレビに依存している。ミルズによれば、現代において文化装置は「人類のレンズ」と化しており、その結果、マスメディアなどの「文化装置によって規定されたものでなければ真理ではない」という感覚にわたしたちは支配されがちである［Mills, 1963=1971 : 323］。テレビによる「こいつがテロリストだ」という報道をそのまま「真実」の知識として受けいれるひとは多いし、テレビで言ってないから信じないという態度をとるひとも多い。しかしながら、文化装置が中立であるとはかぎらないし、だれかの利益のために他のだれかを犠牲にしていることすらありうる。わたしたちが「それらを吟味することさえもしていない」とすれば、知らないうちにだれかを犠牲にすることに加担しているのかもしれない。

2 知識の政治性

マスメディアという文化装置は、たとえば、「イスラム＝テロリスト」「パレスチナ＝テロリスト」という知識を頻繁に流通させている。だれが「テロリスト」なのかについてのわたしたちの知識も、マスメディアによって構成されているといっても過言ではない。また、「テロリストは本質的に悪であり徹底的にたたきつぶさなければならない」という意見も頻繁に目にする。わたしたちはマスメディアから間接的に知識を得ているのだが、同じく間接的な知識によってその知識を吟味することも可能である。以下に、パレスチナ在住のハナン・アシュラウィの文献の一節を引用してみよう。

パレスチナ中の子供たちと同じように、アマルとゼイナもインティファーダ[★2]に参

★2 **インティファーダ**（Intifada）
「民衆決起」を意味するアラビア語。非武装の民間人による抵抗運動をさす。一九八七年十二月、パレスチナ・ガザ地区で非武装のパレスチナ人たちが重武装したイスラエル軍に投石で抵抗し虐殺されたのが最初とされる。

加したがった。二人はボランティア委員会に加わり、独り住まいの老人のための走り使い、地域の「勝利の花壇」に花を植えること、備蓄品の管理、軍が今にも攻撃に入りそうなことを近隣に知らせるための見張りなどの仕事をした。委員会の責任者は姪のナジュワで、その補佐をする若者たちの中に十四歳のラジャー・サラーフがいた。いつもにこにこして、茶目っ気のあるえくぼのラジャーは近所の人気者だ。明るい茶色の髪の毛と緑がかった瞳のせいで悪戯っ子のようにみえた。地域に新しい「勝利の花壇」を作ろうと太陽の下で土をならして働いているその姿は、内側から光り輝くようだった。彼は護衛隊を結成し、子供たちが授業のある家から家へと安全に移動できるよう付き添って歩き、パレスチナ民族主義の歌を教えた。いかにも子供らしい声が今でも近所中に響いているような気がする。私は仕事中にも、失われてしまった子供たちの歌声をもう一度とらえようと、耳を澄ませている自分にはっとすることがある。死はラジャーを背後から叩きのめした。

一九八九年六月一〇日、ラジャーは十五歳になっていた。一番の親友ヤーセル・アブー・ゴシュが町の広場の真ん中で射殺された。私服のイスラエル軍秘密部隊員がヤーセルをみかけた。彼が学生活動家であると知っていて、その名を呼んだ。振り返ったヤーセルは銃口が向けられているのを知って、駆け出そうとしたが腿を撃たれて転倒した。兵隊はなおも這って逃げようとするヤーセルに近づき、頭をねらって何度も引き金を引いた。助けに飛び出そうとした医者も押し戻された。ヤーセルの遺体は幌なしのジープの後部座席に放り込まれ、ラーマッラーの町を引きまわされた。それから何日も何日もヤーセルの母は息子の殺された広場に夜明けに行き、そのときどきの野の花を一束手にしてそこに立ったまま、早朝パトロール中のイスラエル兵たちをじっとみつめ続けた。このような無言の抗議の前で、イスラエル占領全体がどうして崩れ去らないでいられたのか、今もって不思議である。

親友を亡くしたラジャーは微笑みを失い、内側から輝き出す光も消えてしまったようだった。彼はヤーセルのために立派な葬儀を計画した。イスラエル軍との衝突で殺されたものにはまともな葬式を出すことさえ許されていなかった。遺体は検死のために軍が持ち去り、遺族にはずっと後になってからこっそりと、それもただちに埋葬するという条件で、真夜中の、神聖さのかけらもない儀式（業務執行というべきか）の中で引き渡された。私は自分の寝室の窓からこうした密やかな受け渡しを何度もみて、悲嘆の叫びを耳にした。ラジャーは準備をすっかり整えると、ナジュワを訪ねてきて、自分の母の面倒をみて欲しいと頼んだ。

「僕が死んだら母さんを慰めてもらいたいんだ。母さんにとっては一番辛いことだろうから」

「恐ろしいことをいわないで。死はいつも思いがけずやって来るのよ。自分から呼び寄せたりしないでちょうだい」。ナジュワはぎくっとした。

「ヤーセルが死んだのをみて、すぐに次は僕の番だと分かった。ヤーセルと僕を離れ離れにはできない」

「そんな思い込みなんて迷信かメロドラマよ。ともかく気をつけて。そしてお葬式では目立たないようにしてね」

「だけど僕には分かっている。僕はもう帰ってこない。ただ、あなたにさよならをしなかったなんていわないでね」


ヤーセルの死を悼むしるしに近くのベトゥニーヤ村で葬儀が行われた。イスラエル軍はこのような葬儀を抗議デモとみなして参列者を追い散らし、彼らのいう「国家の安全」を脅かすものは容赦なく標的とした。兵隊は野や畑を逃げ回るラジャーを追いつめ、背後から五発の銃弾を撃ち込んだ。救援が駆けつけるまでの二時間、彼は倒れたまま放っておかれた。私が病院に着いたときにはラジャーはすでに息絶えており、救急治療室のドアの外でナジュワが彼の母親の手を握りしめていた。後に私たちが母親の家を訪ねると、ラジャーのいなくなった家で大勢の弔問客に囲まれた母親は、あの永遠に涙する石像、ギリシャ神話のニオベと化したかのようだった。ずいぶんたってから彼女はようやくいった。「どうか息子の死を無駄にしないで」。何がラジャーの死を贖《あがな》うのか？　私たちの死んだ仲間すべての代償は？

見返りに何を要求すればよいのだろう？　私たちはいったい何を要求してきたのだろうか？〔Ashrawi, 1995 : 74-77〕

「イスラム＝テロリスト」「パレスチナ＝テロリスト」という知識は、この引用文によってくつがえされるであろう。そして、むしろ「イスラエル＝テロリスト」という解釈こそが妥当に思えてくるであろう。

　パレスチナに関する文献を読めば容易に確認できることだが、パレスチナでは現在でも同じような状況がつづいており、「テロリスト」と名指しされることによって子どもたちや大人たちが惨殺されている。★3 その意味で、「テロリストは本質的に悪であり徹底的にたたきつぶさなければならない」という意見が実行に移された結果が引用文には書かれているともいえるのだが、この意見を支持することがここでの子どもたちの殺戮《さつりく》を正当化してしまうことにも注意すべきであろう。

　にもかかわらず、上の引用文のような現実がマスメディアで報道されることはほとんどない。ましてや「イスラエル＝テロリスト」あるいは「アメリカ＝テロリスト」という知識が流通することはほぼ皆無である。このことは、文化装置とそれが産出する知識とが、きわめて政治的である可能性を示唆している。

　つまり、「イスラム＝テロリスト」「パレスチナ＝テロリスト」という知識は、パレスチ

★3　入門書として比較的手ごろなのは、広河隆一『パレスチナ』〔広河、二〇〇二〕。引用したハナン・アシュラウィの文献以外にパレスチナ人によって書かれた重要なものとしてはエドワード・サイードの諸著作があげられるが、入門書的に読めるものとしては『戦争とプロパガンダ』『ペンと剣』など〔Said, 2001=2002〕〔Said, 1994=1998〕。また、ユダヤ人によって書かれたものとしては、デイヴィッド・グロスマン『ヨルダン川西岸』『ユダヤ国家のパレスチナ人』などがある〔Grossman, 1988=1992〕〔Grossman, 1993=1997〕。

ナのひとびとを犠牲にすることによって、イスラエルとそれを積極的に支援するアメリカに利益をもたらすのだ。いいかえれば、この知識は、被害者であるはずのパレスチナのひとびとを「テロリスト」という加害者に仕立てる言説なのであり、「悪いのはパレスチナであってイスラエルではない」という印象や解釈を導くものなのだ。そして、このような知識だけをマスメディアを通して流通させることによって、世界のひとびとがそれを「真実」と受けとめてしまう可能性も高まる。そうなれば、パレスチナのひとびとに対する殺戮も正当化されつづけることになる。なぜなら、彼／彼女らは人間ではなく、あくまで「テロリスト」としかみなされないのだから。

3　知識と利益

最近の合衆国政府やアメリカ政治界の言説を分析したダグラス・ラミスによると、人種でもなく民族でもなく犯罪者でもない「ザ・テロリスト」というまったく新しい差別カテゴリーが生みだされているという。これは、なぜ「イスラム＝テロリスト」「パレスチナ＝テロリスト」などの知識が生みだされ流通させられているのかという問題についても、重要な示唆を与えるものである。

> これまでもテロをやった犯罪者はいたわけだけれど、九月十一日以来、言葉の使い方が変わった。テロリストは本質的に悪。evil（邪悪）というのは、政治的な言葉ではなくて宗教的言葉です。「d」をつければ「devil（デビル）」になるし。悪魔の代表です。だから普通の犯罪の容疑者とは別の範疇《はんちゅう》なんです。犯罪容疑者や犯罪者は普通の人間として生まれてきたんだけども、どこかで道を間違って悪いことをした。したがって、場合によっては反省すれば直るかもしれない。だから、何年間か牢屋に入れておいて、釈放することが可能なのです。／「ザ・テロリスト」は直る可能性をもっていない、とされるわけです。この世界の人々に迷惑をかけ、人々を傷つけるために生まれてきたわけですから、反省する能力はないし、殺すしかない。政治漫画や政治家の言葉のなかでも「どぶネズミ」によく喩《たと》えられています。ペストを運ぶ、だれもペットにしない、動物園も飼わない「どぶネズミ」。だから全滅とか根絶という表現が出てくる。〔鶴見・ラミス、二〇〇二、七三〜七四頁〕

「テロリスト」とは「悪魔」であり「どぶネズミ」であって人間ではない。人間でないのであれば、殺したってかまわない。つまり、他者に「テロリスト」というレッテルをはるのは、人間あつかいしないためなのだ。なぜ人間あつかいしない必要があるのかといえば、人間は同じ人間を殺すことに抵抗があって、なかなか殺すことができないからだ。たとえば、軍隊とは殺人の専門家集団であるが、ラミスによれば「普通の十九歳の男の子は、ほとんど人間を殺せない」という。したがって「軍に入ったら人を殺せるような訓練を厳しくやらないとだめ」なのであり、ひとを殺せるようになるためには「敵を人間と考えないということが必要」なのだ。また、「軍では人種差別がものすごく激しい」のだが、その理由は「あれは別の人種なんだから人間じゃないと考えたほうが殺しやすい」という意味で「人種差別は戦争にとても便利」だからなのだ［鶴見・ラミス、二〇〇二、一八四頁］。

人間を人間あつかいしないというのは差別である。だが、この差別ほど殺人に都合のよいものはない。「イスラム＝テロリスト」「パレスチナ＝テロリスト」という知識も、この意味において理解しなければならないだろう。それは、彼／彼女らに対する殺戮を正当化する知識なのであり、殺戮する側の利益に貢献するのだ。したがって、殺戮する側にとって、この知識を産出し流通させるものとしての文化装置が重要な意味をもつことになる。そのなかでも特にテレビというメディアの重要性をいちはやく強調したのがエドワード・サイード★4である。

イラン危機が、叫び続ける「イスラム」暴徒のテレビ映像と「反米主義」論評つきで、繰り返し描写されるとすれば、イランとアメリカの隔たり、珍奇さ、状況の

★4　**エドワード・サイード**（Edward W. Said）
英国の支配下にあったパレスチナのエルサレムに一九三五年に生まれ、現在はコロンビア大学英文学・比較文化教授の職にある合衆

険悪さが「イスラム」の性格をゆがめて決めてしまう。このことは逆に、根本的に魅力のない否定的なものがわれわれと対決しているという感情を生みだす。イスラムは、われわれと「対決」し、「そこに出現」している以上、イスラムに対してわれわれ自身も対決的反応を採用すべきことは疑問の余地がなくなろう。そして、ウォルター・クロンカイトが自分の毎夜の番組で決まって「これがありのままの状況です」というのを見聞していると、目前の場面はそのようにテレビ会社が見せようとしたものではなく、それがたしかにありのままの状況なんだと、われわれも思いこむだろう。〔Said, 1981=1996 : 123〕

この引用文をいいかえてみよう。テレビの強みは視聴者に「ありのままの状況」を映しだしていると思いこませることが容易な点にある。だが、実際にはテレビは「ありのままの状況」を映しだしているのではなく、むしろ「そのようにテレビ会社が見せようとしたもの」を伝えているにすぎない。テレビは、できるだけ刺激的なイスラムの映像を選び、それを正当な抗議行動としてではなく、あくまで「反米主義」の「暴徒」として解釈するコメントと一緒に放送することで、イスラムがアメリカに一方的に敵対しているかのように「ゆがめて」みせようとする。このとき、敵対しているのはイスラムの方ではなく、むしろアメリカこそが理不尽な敵対行為をくりかえしているのだという情報を一切伝えない

国在住のパレスチナ人。サイード一家は、第一次中東戦争直前の一九四七年十二月、ユダヤ人入植者の攻撃が激化するパレスチナから追われるようにエジプトのカイロに避難。その後、サイード本人は十六歳で合衆国に渡り、プリンストン大学およびハーヴァード大学で学んで比較文学の学位を取得する。一九七七年にはPNC（パレスチナ民族評議会）議員となり以後パレスチナ解放に関係した政治活動と言論活動に積極的に参与するようになる。引用した文献以外で代表的な翻訳書としては、『オリエンタリズム』（平凡社、一九八六年）、『知識人とは何か』（平凡社、一九九五年）、『パレスチナとは何か』（岩波書店、一九九五年）、『文化と帝国主義』（全2巻、みすず書房、一九九八／二〇〇一年）などがある。

ことによって、不気味な否定すべき敵としてのイスラムが印象づけられると同時に善良なアメリカが強調される。善良なものへの敵対行為は一般的に不当であるがゆえに、アメリカには正当防衛として報復する権利があるという感情を視聴者に喚起する。視聴者は感情的にイスラムに敵対する一方で、アメリカの攻撃を支持する感情をもつようになる。それがアメリカの利益に貢献することはいうまでもない。このようなシナリオにもっとも効果的な映像とコメントおよび音声が選択され、あたかも「ありのままの状況」を映しだしているかのように放送されるのだ。

さて、「テロリスト」と解釈するコメントとともにイスラムやパレスチナに関する映像がテレビに映しだされることは、すでに日常化している。このことは、九・一一後の「戦争」に顕著にみられたように、戦争や侵略をしかける側の利益に貢献する。いいかえればそれは、知識と文化装置による戦闘である。

4 文化装置とプロパガンダ

「資本投資あるいはいくらかの持続的な物質的援助なしでは——要するに金なしでは——文化的活動がうまくいくということはありえない」[Mills, 1963=1971 : 325]。ミルズが語っているのは、文化には金が不可欠だという単純な現実である。だが、それはけっして見落としてはならない現実だということを、ここでは強調しておかねばならない。なぜなら、知識を産出し流通させる仕事もまた文化的活動にほかならないからであり、文化装置の運営には莫大な資金が必要だからだ。そして、知識と文化装置による戦闘は一般的にはプロパガンダ（情報戦）と呼ばれるが、その勝敗を大きく左右するのもまた金である。

一九九一年の湾岸戦争は、クウェートを軍事占領したイラクに対する戦争であった。他国の領土を占領したイラクはすぐさま国際社会から非難され、「多国籍軍」の軍事的反撃を受け撤退させられた。ところで、イラクとまったく同様に軍事占領をつづけている国家がある。だが、不思議なことに、この国家はイラクとはまったく逆に「多国籍軍」に反撃されることもなく撤退させられてもいない。まったく同様の軍事行動であるにもかかわらず、日本も含めた多くの国々とその国民は正反対の対応をしている。その国家とは、イスラエルである。一九六七年以来、イスラエルはパレスチナを非合法に軍事占領しつづけている。[★5] イラクが短期間しか占領できなかったのに対し、イスラエルがこれほどまで長期間にわたって占領を継続できた理由は何か。そのひとつが、プロパガンダである。

はたして、イスラエルがかつてのイラクとまったく同じことをしているのを、日本でどれだけのひとが知っているだろうか。イラクのクウェート占領と同じく、イスラエルのパレスチナ占領が非合法であることを、いったいどれだけのひとが知っているだろうか。

★5　一五一六年以来オスマン・トルコの支配下にあったパレスチナは、第一次世界大戦における列強の植民地争奪戦により、英国に支配されることとなった。英国は、パレスチナ支配の必要性からヨーロッパで迫害されていたユダヤ人の入植を支援し、現地のパレスチナ人と対立させることに利用しようとした。第二次大戦後の一九四八年に英国がパレスチナから撤退するとユダヤ人国家イスラエルの建国が強行され、パレスチナ人を含むアラブ諸国との間に第一次中東戦争がひきおこされた。この戦争の結果、イスラエルがパレスチナ全土の七七％を掌握し、七五万人以上のパレスチナ人実は、このような問いがたてられること自体、イスラエルのプロパガンダの成功を証明している。

かつてマスメディアはイラクによる軍事占領が非合法であるとの解釈を連日強調していた。反対に、イスラエルの非合法性はほとんど強調されない。それどころか、「パレスチナのテロ↓イスラエルの報復」という解釈が極端なまでに強調され、けっして「イスラエルのテロ」とは報道されない。これは、ある一定の解釈を産出し伝達する文化装置としてマスメディアが機能している現実を示している。この場合、解釈し伝達することは文化的行為であるだけでなく、きわめて政治的な行為でもあるのだ。

しかしながら、そもそもイスラエルの軍事占領こそがまさしくテロリズムではないのか。本章2節でハナン・アシュラウィの文章の一部を引用したが、それは、テロリズムとは何かの記述そのものなのだ。テロとは、すなわち恐怖政治のことなのだから。

テロをもっとも頻繁に実践しているのは国家であり政府である。テロの語源はフランス語の terreur であり、フランス革命後に政府が行なった恐怖政治からきている。ラミスによれば、テロとは、「意図的なランダムな殺し方」をすることによって、いつどこでだれが殺されるかもわからず、殺される理由もわからず、安全な場所などどこにもない状況をつくりだし、ひとびとを恐怖と絶望に追いこむための政治的手段である★6［鶴見・ラミス、二〇〇二、一四〇～一四四頁］。イスラエルにとって、テロによって占領地のパレスチナ人を恐怖と

が故郷を追われて難民となり、彼／彼女らが残した資産数十億ドルもイスラエルが没収した。イスラエルが確保した以外のパレスチナの土地については、東エルサレムを含むヨルダン川西岸地区はヨルダンに、ガザ地区はエジプトにそれぞれ分割された。一九六七年、イスラエル軍はエジプト、シリア、イラク、ヨルダンを奇襲攻撃し、第三次中東戦争をひきおこす。これによってイスラエルは、シナイ半島、ゴラン高原そしてパレスチナのヨルダン川西岸地区とガザ地区を軍事占領した。それ以来、大量の破壊、土地の強奪、殺戮、拷問などをともなったイスラエルによるパレスチナ全土の違法な占領支配と植民地化が今日までつづけられている。以上はおもに『パレスチナ』という文献からまとめたものであるが［広河、二〇〇二］、最近の「テロとの戦い」を自称したイスラエルに

絶望におとしいれることは、彼／彼女らを追放し領土を奪うための手段といえよう。

　さて、サイードによると、「イスラエルはすでに何億ドルもの大金」をプロパガンダに費やしている。プロパガンダの目的は、パレスチナを軍事占領し弾圧しつづけることに関して「ニュース視聴者の側に同意と承認を捏造《ねつぞう》すること」であり、アメリカにおいてプロパガンダを「これほどまでに効果的かつ長期間用いている国家や圧力団体は、イスラエルをおいて他にはない」[Said, 2001=2002 : 1-2]。日本においてもパレスチナ関連ニュースの多くがアメリカ発であることからわかるように、世界へのそれの影響力はきわめて重大かつ深刻である。

パレスチナ人や、彼らと共闘した勇敢なレバノン人たちが一九八二年にイスラエルの軍隊によって一万九千人も殺されたときと同じように、ガザ地区と西岸地区のパレスチナ人が死んでいくのは、イスラエルが罰せられることなく殺す力をもっているためだけではない。近代史においてはじめてのことだが、イスラエルとその支援者が作り上げた軍事力と欧米におけるプロパガンダとが積極的に提携し、毎年五〇億ドルも送られるアメリカの税金に支えられて、イスラエルがパレスチナ人に対する集団的な懲罰《ちょうばつ》を継続することを可能にしたのだ。メディアの描くパレスチナ人は、歴史も人間性も与えられておらず、攻撃的に投石する乱暴な人々としてのみ

よるきわめて残忍非情な攻撃と、それがパレスチナ人にもたらした惨劇については、サイードの「細目にわたる懲罰」をはじめ『戦争とプロパガンダ』シリーズに収録された文章に詳しい [Said, 2002=2003]。

★6　ラミスによれば、空襲もまたテロに含まれるのであり、よって原爆投下もあきらかにテロである。「[…] 日本は中国を空襲したし、イギリスとアメリカはドイツを絨毯爆撃したし、その後日本に来た。イギリス政府とアメリカ政府の戦略は、国民を絶望させるためだとはっきり言っています。／ときどきプロパガンダとして、その町に軍事施設や軍事産業があったからだと言いますけれども、本来は国民を絶望させるためのもの。つまり、テロ、恐怖政治。誰がいつ殺されるか、どんなことをやっても逃げようがない状況をそ

表象されている。［Said, 2001=2002 : 11］

軍事力をもつためには莫大な資金が必要だが、軍事力のみで非合法の占領を継続することは不可能である。イラクがクウェート占領を継続しえなかった理由もここにある。軍事力と同時に文化的活動が不可欠なのだ。つまり、文化装置を通して占領継続に貢献する知識を産出し流通させるプロパガンダ活動に、莫大な資金を投入することが必要なのである。イスラエルの場合、アメリカによる資金援助が、占領継続のための軍事と文化の両活動を機能させる重要な要因となっているのだが、他国からの支援のとりつけに関してもプロパガンダが多大な役割をはたしているのはいうまでもない。

5 プロパガンダと加害者の被害者化

プロパガンダが「ニュース視聴者の側に同意と承認を捏造」するために採用している方法について、サイードは、ジョージ・オーウェル[★7]の「ニュースピーク」「二重思考」という概念を用いて説明している。それは、「犯罪行為を隠蔽《いんぺい》するのに、とりわけ不正な殺人を隠蔽するのに、正義や理性の見せかけ」を利用することであり、そのために「真実が

の国に作ろうとしている恐怖政治なわけです。／その意味では、原爆もはっきりしたテロということになる」［鶴見・ラミス、二〇〇二、一四四頁］。「もちろん核戦争はテロだし、アメリカ合衆国は、あれ以来核戦争はアメリカの戦略の中心的役割になってしまった。核戦争をすると積極的に言っている。テロはその政府の中心的戦略になっている」［鶴見・ラミス、二〇〇二、一四六頁］。

★7 ジョージ・オーウェル（George Orwell 1903～50）英国の小説家。プロパガンダと国家テロによる究極の支配を描きだした近未来小説『１９８４年』（早川書房、一九七二年）はあまりにも有名。この小説は本章で議論した問題についても必読文献である。

丸ごと、あるいは大部分が隠蔽され、また歴史の大掛かりな偽造がおこなわれることになる」。そして具体的には、「イスラエルこそがパレスチナ人の暴力とテロによる無実の犠牲者であって、アラブ人とムスリムはただユダヤ人に対する不合理な憎しみのためだけにイスラエルと衝突しているのだ」という「意図的な誤情報」を構築することによって、「イスラエルがいままでどおり弾圧を続けつつ、同時に犠牲者であるように見せかける」［Said, 2001=2002：2-3］。

これは、一方で、「差別理論」の章でもすでに議論したように、被害者を加害者化する言説である。それと同時に、加害者を被害者化する言説でもあることに注意しなければならない。まず、「不合理な憎しみのためだけにイスラエルと衝突している」などという「歴史の大掛かりな偽造」によって、パレスチナ人という犠牲者を非難する。いいかえれば、パレスチナ人をおとしめることによってイスラエルの優位性を確保する戦略がとられているのだ。そうすることで、パレスチナ人のみを「暴力とテロ」の主体として強調し、「パレスチナ＝テロリスト」というステレオタイプの知識を構築し、被害者の加害者化がなされる。

問題は、被害者の加害者化が行き着く先なのだ。加害者がいれば必ず被害者もいるはずなのであり、この言説のもっとも重大な政治的効果こそイスラエルを被害者化することにほかならない。そして、イスラエルを被害者化することによって、彼／彼女らの「不正な殺人を隠蔽するのに、正義や理性の見せかけ」を利用することが可能となる。通常、被害者とは正義を侵害された存在とみなされ、正義を守ることこそ理性とみなされるからだ。

また、被害者の侵害された正義を回復することもまた正義であり理性的な行為とみなされる。さらに、正義であれば犯罪とはみなされない。したがって、正義を回復するための武力攻撃はあくまで正当な「報復」とみなされ、けっしてテロという違法な犯罪とはみなされない。こうして、正義を守るためと称して、殺戮のための武力が行使され正当化されることになる。このように、侵略する側はつねにみずからを正義と位置づける必要にせまられるといえよう。みずからが正義であるためには、被害者でなければならない。みずからが被害者であるためには、知識と文化装置によって、侵略の犠牲者の側を加害者に仕立てなければならない、というわけだ。

さて、現状において、マスメディアは、「パレスチナのテロ→イスラエルの報復」のようなきわめて政治的な知識を産出し流通させる文化装置であるといっても過言ではない。この場合、文化は政治である。つまり、マスメディアという文化は、加害者を被害者化すると同時に被害者を加害者化する政治、そして、侵略と殺戮に関して「ニュース視聴者の側に同意と承認を捏造」する政治を担っているといえよう。わたしたちは、このようなマスメディアに世界についての知識の大部分を依存している。したがって、けっしてプロパガンダから自由ではない。わたしたちは、普段の何気ない視聴行動によって、意識すらしないままに、殺戮や侵略に「同意と承認」を与える政治を実践しているのかもしれない。

6　現実はひとつではない

では、殺戮や侵略に「同意と承認」を与えないためにはどうすればよいのだろうか。残念ながら特効薬はない。だが、成功するかどうかは別にして、やれることがないわけではない。このこととの関連でいえば、実は本章の目的は、「現実はひとつではない」という、もっとも重要な社会学的知見のひとつを示すことでもあったのだ。これまでの文脈からいうと、そもそもわたしたちひとりひとりこそが殺戮や侵略に加担しているのかもしれないという「もうひとつの現実」を意識することである。これが、「同意と承認」を与えないためのヒントとなる。

普段、わたしたちの多くは、自分がプロパガンダに大きく影響されていると実感することはほとんどない。また、殺戮や侵略に一役買っているなんて夢にも思わない。だがそれは、自分というものの「ひとつの現実」にすぎない。「パレスチナ＝テロリスト」というイメージとは異なる現実、マスメディアが報道しないもうひとつの現実が存在したように、自分というものもまた、自分では意識していない「もうひとつの現実」を生きているかもしれないのだ。重要なことは、文化装置としての現代のマスメディアは、この無意識を通して、わたしたちの「同意と承認を捏造する」べく機能しているということなのだ。

殺戮や侵略に「同意と承認」を与えるということは、加害者の側に立つということを意味する。加害者の側に立つことは、罪悪感に悩まされる可能性が高いがゆえに、わたしたちにとってそれを軽々しく承認するのは難しい。逆に、被害者の側に立つことは、正当性を認められやすいがゆえに、さしたる考えもなく簡単に実行できることが多い。ここで思いだしてほしいのが、「パレスチナのテロ↓イスラエルの報復」といった、加害者を被害者化する言説の問題性である。この言説こそ、サイードのいう「犯罪行為を隠蔽するのに、とりわけ不正な殺人を隠蔽するのに、正義や理性の見せかけ」を利用したものにほかならない。この「もうひとつの現実」をわたしたちに感受させないことによって、加害者の被害者化という捏造が達成される。しかも、わたしたちが被害者に「同意と承認」を与えるのは容易なのだ。このことが利用されることによって、わたしたちは捏造された「被害者」に「同意と承認」を与えていくこととなる。これこそまさに「ニュース視聴者の側に同意と承認を捏造すること」にほかならない。

このとき、わたしたちの意識としては、あくまで被害者側に立っているであろう。この意識もまた捏造された意識である。つまり、加害者側に立っていることを意識することなく加害者に加担しているのだ。この意味で、普段の何気ないニュース視聴において、

「パレスチナのテロ↓イスラエルの報復」などの言説に疑問を感じないとすれば、すでに無意識的に殺戮や侵略に「同意と承認」を与えてしまっているといえよう。しかも、加害者側に立っているという意識がないことによって、加害行為に歯止めをかける必要性も意識にのぼらず、加害者を野放しにしてしまう。その結果、加害者は、殺戮と破壊をとめどなく存分につづけることが可能となるのだ。

したがって、このような「同意と承認」を回避するためには、少なくとも、自分はプロパガンダの影響を受けていないとか加害者側に立っていないなどと考えてはならない。反対に、プロパガンダから自由でないという「もうひとつの現実」を自覚すること、そして、殺戮する側に加担しているかもしれないという自分についての「もうひとつの現実」を想起すること。このことが肝要なのだ。いいかえれば、殺戮者は自分のなかにいる、と意識することである。ここに、「現実はひとつではない」という社会学的知見の重要な意義のひとつがある。殺戮や侵略に「同意と承認」を与えることを回避するためには、「同意と承認」を自分自身が与えてしまう危険性をつねに意識しつづけ注意を怠らないことが先決なのであり、頼りないようにみえても、いまのところこれ以上の方法は存在しないのである。

文献

Ashrawi, Hanan., 1995, *This Side of Peace*, New York, Simon & Schuster.（＝二〇〇〇、猪股直子訳『パレスチナ報道官　わが大地への愛』朝日新聞社）

Grossman, David., 1988, *The Yellow Wind*, New York, Farrar, Strauss and Giroux.（＝一九九二、千本健一郎訳『ヨルダン川西岸：アラブ人とユダヤ人』晶文社）

Grossman, David., 1993, *Sleeping on a Wire : Coversations with Palestinians in Israel*, New York, Farrar, Strauss and Giroux.（＝一九九七、千本健一郎訳『ユダヤ国家のパレスチナ人』晶文社）

広河隆一、二〇〇二、『パレスチナ』岩波書店

Mills, C. Wright., 1963, "The Cultural Apparatus", *Power, Politics and People : The Collected Essays of C. Wright Mills*, Ed. Irving Louis Horowitz, New York, Oxford University Press.（＝一九七一、佐野勝隆訳「文化装置」『権力・政治・民衆』みすず書房、三二二〜三三三頁）

Said, Edward W., 1981, *Covering Islam : How the Media and the Experts Determine How We See the Rest of the World*, New York, Pantheon Books.（＝一九九六、浅井信雄・佐藤成文訳『イスラム報道』みすず書房）

Said, Edward W., 1994, *The Pen and the Sword*, Monroe, Maine, Common Courage Press.（＝一九九八、中野真紀子訳『ペンと剣』クレイン）

Said, Edward W., 2001, "Propaganda and War", *Al-Ahram Weekly Online*, No.549.（＝二〇〇二、早尾貴紀訳「プロパガンダと戦争」『戦争とプロパガンダ』みすず書房、一〜一二頁）

Said, Edward W., 2002, "Punishment by Detail", *Al-Ahram Weekly Online*, No.598.（＝二〇〇三、中野真紀子訳「細目にわたる懲罰」『イスラエル、イラク、アメリカ――戦争とプロパガンダ3』みすず書房、三四～四六頁）
鶴見俊輔／ダグラス・ラミス、二〇〇二、『グラウンド・ゼロからの出発』光文社

性と生：言語・身体・権力

河口和也

1　〈性〉を表す言葉

レイモンド・ウィリアムズによる『キーワード辞典』で、"sex" という用語を見てみよう。要約すると、この語には大きく二つの意味が含まれていると説明されている。まず、ひとつは、そして第一義的には、いわゆる男女の性別を意味する用法としての sex である。英語圏では一四世紀ごろに、「男性と女性 maal sex and femaal」という用例が見られるが、それが一般的に使われるようになったのは一六世紀になってからのことであるらしい。また、（性別における）「特徴」「特性」というよりは、プロセスや関係にからんだ、より能動的な意味での sexual という形容詞は、一八世紀末以降の医学的な著作において見受けられるようだ。たとえば、「性行為（sexual intercourse）」は一七九九年の記録に、「性的熱情（sexual passion）」は一八二一年から、「性的な目的（sexual purposes）」は一八二六年、「性本能（sexual instinct）」は一八六一年、「性的衝動（sexual impulse）」は一八六三年から使われている、と『キーワード辞典』では述べられている。

もうひとつは、「性行為」あるいは「性実践」を意味する用法である。『辞典』によれば、「差異」あるいは「特性」としての語義は多くの種類の著作に幅広くみられるが、身体的な関係や行為を表すsexという語が一九世紀以前に一般的に使われていたというのは考えにくいという。もちろん、行為や身体的関係を指す語は、口語として幅広く使われていたとも考えられるが、少なくとも書かれたものとしては残っていないようである。性行為や性実践を意味するsexという語は二〇世紀初頭までには、話し言葉として用いられるようにはなっていたが、それは古くからの言い回しに換えて、丁寧語として使用されていたらしい［Williams, 1976=2002］。いずれにせよ、sexという語に関しては、性行為や性実践を指す用法は、性別やその特性を指す用法に比較して、はるかに新しいものであると言える。

英語のsexという言葉をめぐる歴史的変遷を、きわめて雑駁な形ながらもたどってきた。すると、もちろん記録に残された言葉、すなわち（語られていた言葉ではなく）書かれた言葉にのみ関わるものだという限定がつけられはするものの、その言葉の変遷の大まかな特徴をつかまえることができるだろう。少なくともsexという言葉は、当初、男性と女性の身体的特徴や特性などをとらえるためにのみ使われていたが、いわゆる近代以降、しだいに性行為や性実践という意味が付け加えられてきたということだ。このことは、人間が近代以前には性行為をしていなかったということを意味するのではない。そうではなく、たとえば、医学的なまなざしにより、「性行為」としてのsexが、あるいはそれを叙述する用語としてのsexualという概念が作り出されたということなのである。さらに言えば、社会において性行為としてのsexが対象化されたのだと言ってもよいだろう。再び『辞典』に戻ると、sexualityという語は一八世紀末から科学的な説明に用いられているが、一八八八年の『医学の手引き』における記述によると、「人間には性別（sex）があり、精子には性的能力（sexuality）がある」というような用例のなかにこの語は見いだされている。「性的能力」という意味をもったsexualityという語が見いだされるということは、当時「性的能力」が（医学において）一つの対象として重要な位置を占めるようになったということが推測できる［Williams, 1976=2002］。

先に述べたように、こうしてセックスという言葉が「性別」と「性行為」という主に二つの意味を担うことで、たとえば海外で出入国のカード記入の際に英語でsexと書いてある欄に、本来ならば「男」か「女」かという性別を書き入れるよう要請されているにもかかわらず、「週二回」とか「月一回」などと「性行為」の回数を書いて恥をかくという古典的な笑い話が飛び出すことになる。しかし、こうした日常的に生起する冗談めいた出来事だけではなく、「性」を研究するジェンダー／セクシュアリティ研究者のあいだでも、言葉や概念の用法における「混同」は生じる。英語圏におけるジェンダー／セクシュアリティ研究において多大な影響力をもつ、ジュディス・バトラー★1とゲイル・ルービン★2の対談（「ジェンダー研究のクイン」と「セクシュアリティ研究のクイン」という二人の「女王」対談と称してもいいような対談であるが）のなかで、二人がそれぞれの著作や論文において使用した「性的差異」や「性的多様性」という用語が、どのような意味をもっているのかについて互いに疑問をぶつけあっているのは示唆的である。バトラーは、「性的差異」という言葉を「男性性や女性性の象徴的位置付けというようなものを信じ」たり、また「男性性、女性性という言葉で理解されている性的差異をめぐる固定的なものがあると思い込んでいる」人に対する批判的視座を含ませながらも、そこではいわゆる「ジェンダー」という意味で使用している。一方、ルービンのほうは、フェミニズムではジェンダーに重点を置いてきたために、性的行為の多様性が正当に取り上げられてこなかったという問題があったことを指摘しつつ、そのため彼女が「性的多様性」という場合には「性的実践」を指し示しているのである［Rubin with Butler, 1994=1997］。ここで言いたいのは、「性」あるいは「性的」という言葉のなかに「セックス」「ジェンダー」「セクシュアリティ」という概念がいっぺんに含意される可能性があり、そうした言葉が使われるときには、どのような意味をなしているかということに、つねに注意を払うことが必要であ

★1　**ジュディス・バトラー**
「ジェンダー／セクシュアリティ」の章を参照。

★2　**ゲイル・ルービン**
（Gayle Rubin）

アメリカの文化人類学者。レズビアンであり、フェミニストでもある彼女は、一九七〇年代よりフェミニズムや女性学、人類学などでメルクマールとなる著作を生み出している。なかでもフロイトとレヴィ＝ストロースを批判的に検討しつつ女の抑圧の源泉をとらえなおし、「セックス／ジェンダー・システム」という構造を暴き出した論文「女の交易」、フェミニズムを取り巻く状況を視野に入れながらひとまずジェンダーには還元できないセクシュアリティの問題を設定しようとする論文「性を考

る。そして、たとえ「セックス」「ジェンダー」「セクシュアリティ」と分節化されたものであっても、互いに他の概念や事象とどのように関連するのか、そうした関係性の部分にも着目することが肝要であるということだ。

2　〈異性愛〉の無意識

大多数の人が異性愛者であると思われているこの世界において、一生のうちで「異性愛」という言葉を口にする人はどれほどいるだろうか。そして、もし口にするとすれば、それはどのような時なのか。「異性愛」という言葉を口にしなくても、また異性愛について考えることなく一生を過ごすことはできる。異性愛者にとって、おそらく「異性愛」という言葉を口にするのは、「わたし／ぼくは同性愛者じゃない、異性愛者だ」と、同性愛（あるいは両性愛）という異性愛であらざるものを引きあいに出し、それを否定・否認するという時くらいだろう。

ゲイ・スタディーズ研究者のジョナサン・N・カッツ★3は、その高名な著書『異性愛の発明』の「異性愛者のデビュー」と題された章で、「異性愛」という言葉がどのようにして誕生し、意味づけられていたかを記述している。それによれば、「異性愛」という言葉

える」は、とりわけ高く評価されている。また、サンフランシスコにおけるゲイ男性のレザー・コミュニティに関する研究は、長期にわたりフィールド調査を積み重ねた力作であるが、未刊行である。

★3　**ジョナサン・N・カッツ**　(Jonathan Ned Katz)　テキスタイル・デザイナーの職も経験しているという、アメリカの

は、一八九三年に『性的精神病理（psychopathia sexualis）』のなかで、性科学者クラフト・エービングにより用いられ、それが当時の西洋諸国の心理学者や精神分析医の間に広まったようである。エービング自身は、「異性愛」に「病理的な」意味合いを込めてはいなかったものの、その言葉がしばしば医学という文脈で「同性愛」「生殖とは無関係な性行為」や「フィティシズム」などとともに使われることによって、しだいに「異性愛」という言葉も、ある意味で「病理化」された性行為を意味し、「逸脱」というカテゴリーに含められるようになっていったらしいのである。一九世紀の終わりでは、「異性愛」の意味合いは、現代の私たちの理解とは、かなり異なったものであったことが想像できる。つまり当時の文脈では、「異性愛」も「同性愛」と同じように、「特殊な」、しかも「逸脱的な」性行為カテゴリーとして位置づけられていたのだ。つまり、「異性愛」と「同性愛」は、ともに「病理化」された存在として認識されていたのである〔Katz, 1995〕。

　こうした「特殊」で「異常」であるとされるセクシュアリティの形態の弁別には、必ず「普遍的」で「正常な」形のセクシュアリティがあらかじめ想定されているものである。それはどのようなものなのか。異性間の、婚姻関係に基づき、いずれは生殖をともなうことになる、性行為である。さらに、「正常」とされるセクシュアリティと「特殊化」されたセクシュアリティは、その社会における様々な価値観に照らして、ともに序列化・階層化されるのである。ゲイル・ルービンは、近代西洋社会に文脈を限定しながら次のように

ゲイの歴史学者。一九七〇年代、ゲイ・アカデミック・ユニオンという在野研究者も含めたレズビアンやゲイによる研究組織兼労働組合の創設者のひとりである。近年のクイア・スタディーズでは同性愛ではなく異性愛が研究の対象になることも多いが、彼の代表的な著作『異性愛の発明』は、その嚆矢であると言える。最近の著作『愛の物語』は十九世紀から二〇世紀初頭の英語圏における男同士のロマンスをめぐる歴史的実話を取り上げており、そこにはアメリカ大統領リンカーンのスキャンダルも登場する。

述べている。

近代西洋社会は、性的価値観に存在するヒエラルキー制度に従って、様々な性行為を弁別していく。結婚していて、生殖を伴う異性愛者は性のピラミッドの頂点に君臨するのである。カップルではあるが結婚していない異性愛者たちがその下に陣取り、その後に他のほとんどの異性愛者が続くのである。ひとりだけのセックスはあいまいにどっちつかずのまま存在している。マスターベーションに付与された十九世紀の強固なスティグマは、以前に比べれば力を失い、修正された形で生きながらえている。例えば、マスターベーションはパートナーとの出会いがない人達の劣った代替行為であるという考えなどがそれである。安定し、長期間続いているレズビアンやゲイのカップルは尊敬に値されるようになっているが、バーに通うようなレズビアンや乱交好きのゲイはピラミッドの最底辺にある集団の少し上あたりをうろうろしているのだ。最も軽蔑される性的なカーストは、今のところトランスセクシュアル、トランスヴェスタイト、フェティシスト、サド・マゾキスト、売春婦やポルノのモデルなどのセックス・ワーカーであり、その中でもとりわけ低い位置にあるのが、性的な結びつきにより世代間の境界を侵犯するような人々とされている。〔Rubin, 1993=1997 : 105-106〕

このように、セクシュアリティの体制において異性愛、それも婚姻関係／制度によって保証され、生殖を伴う異性間の関係が至上のものとして位置づけられるためには、異性愛以外のセクシュアリティが必要であり、それらは異性愛の「補完物」として機能する。ゲイ・スタディーズ研究者であるデイヴィッド・ハルプリン★4は、「異性愛は、同性愛が異性愛に実体を与えてくれるのを当てにしている。〔同性愛を対置させることにより、〕自分の方は特段なにもせずにもよい当然のもの（default）としての地位を、ほかと違ったことのないものとしての地位を、あるいは異常なところのないものとしての地位を、なにもせずに（by default）手に入れさせてくれるものとしての同性愛に〔その実体を〕依存しているのである。」と述べている［Halperin, 1995=1997］。自分を異性愛者であると思っている人（実際には異性愛だと意識すらしていないのだが）は、同性愛者あるいは両性愛者であることを否認してはじめて自分が異性愛者であると認識することができるのだ。そのことは、異性愛が徴《しるし》づけられていない（無徴の）セクシュアリティであり、すなわち意識化されないセクシュアリティであることを指し示している。ちなみに、わたしがもっている「広辞苑」第二版には、「異性愛」という言葉は掲載されていない（「同性愛」については「同性を愛し、同性に性欲を感じる異常性愛の一種」と書かれている）。さしあたり、言葉として辞書に掲載されていないということは、異性愛が無意識の領域に属し、さらに無徴性を保持

★4 **デイヴィッド・M・ハルプリン**
（David M Halperin）

アメリカの歴史研究者であり、同性愛に対して歴史学の領域からアプローチする『同性愛の百年間』（法政大学出版局）という著書がある。「信奉者」と呼んでもよいくらいの、フーコーに対する彼の姿勢や思考は、『聖フーコー』という著作の中でためらうことなく展開され、ポストモダン的雰囲気のなかで脱政治化されていたフーコーの理論に、政治的な実践可能性を見いだしている。

している証左になるだろう。

しかし、無徴の異性愛は意識化されないことで脆《もろ》いセクシュアリティとなるわけではない。むしろ意識化されていないからこそ、社会は磐石な異性愛体制を作り上げ、維持することが可能となる。つまり、異性愛を意識してはならない、そして疑ってはならないことがひとつの（社会の）規範となっているとも言える。そのような規範は、「自然」という言葉で表現され、それ以上は詮索されることはなくなってしまうのだ。そして、「異性愛」はいわなくてもわかっているもの、すなわち「自明」の位置を勝ちえることになる。

吉田修一の『パーク・ライフ』という小説は、東京の地下鉄で起きたちょっとしたハプニングのために停車した電車内で、主人公の「ぼく」が、人違いをして、偶然乗り合わせていた見知らぬ「女」に質問をなげかけ、その「女」もあたかも知り合いであるかのようなふりをしてそれに答えるという、日常生活のふとしたことがきっかけで「男」と「女」が出会うところから始まる。その後、この「男」と「女」はそれぞれが昼休みを過ごしている「日比谷公園」で再会をはたす。小説自体は、おもにこの「日比谷公園」を舞台にしている。そのほかに、「男」がたまに訪れ、宿泊するマンションが出てくる。このマンションには、「男」の友人である夫婦が暮らしていたのだが、さしたる理由もなく関係性をこじれさせてしまい、ともにそこを出て行ってしまったために、いまはだれも住んでいない。ただ、その夫婦が飼っていたペットの猿が置き去りにされたため、「男」がその世話を頼まれたのである。「日比谷公園」と「マンション」、この二つの場所を往還する形で、ストーリーは展開していく。といっても、実際には、展開しないストーリーと言えばよいのか、それほどの劇的な出来事もなく、最終的には「女」が「男」を風景写真ばかりの写真展に連れていき、そこで自分の生まれた産婦人科の看板が小さく写っている写真を見て、彼女は「何か」を決心したところで終幕を迎えるのだ。小説では、彼女が決めたその「何か」も明らかにされていないので、このストーリーがどこに向かっていくのか、あるいはどこに向かっていこうとしていたのかは、読者には判然としないままである。

主人公として、「ぼく」という人称代名詞を使う「男」と、「私」という人称代名詞を使う「女」が登場し、公園で出会い、その後昼休みに何度か会うことを繰り返し、最終的に「何か」を決めたということになれば、その「何か」に関してすぐに思い浮かぶのは、その二人が恋愛を始めるかどうかということだろう。もちろん、読み方によっては、最後に彼女が決心したことが「男」と付き合うことであるという解釈も可能であり、おそらく多くの人はそのような解釈に行き着くのだろう。

この「女」が公園に来るときには、いつもスターバックスのコーヒーを手にしており、それを見た「男」は連想したものをつなげていく。すなわちさまざまなメタファーの連鎖を行なっていく部分が小説に出てくる。そのメタファーの連鎖は、「スタバ」から始まり、「学生のころ旅したニューヨークで入ったスターバックス」を経由し、「ニューヨークの並木道を漆黒のドーベルマンに手を引かれた白髪の老婦人」が実は男性かもしれないと思ったことにつながり、果ては、そのときワシントンスクウェア公園で流れていたテナーサックスによって演奏されていたスティングの曲になり、そのミュージックビデオに出ていた老嬢が実はクエンティン・クリスプ★5というイギリスの男性作家であることを教えてくれた、高校のときの同級生「ひかる」まで行き着くのである。

「男」は一六歳の春に「ひかる」に一目惚れし、「ひかる」に告白するのだが、「男」が「弟にそっくりだから」という理由で恋愛対象として見ることはできないと、その「男」の告白は反故《ほご》にされる。しかし、「男」は、高校卒業後、その翌々年に「ひかる」に一度だけキスした体験についてそのときの様子をまじえながら語る。小説の中では、ひかる「と」ではなく、ひかる「に」キスをしたことが主人公によって強調されているように、ここでのキスは、海水浴に行く途中にワゴン車の最後部の席にいっしょに座っていた「男」が「ひかる」の寝ているすきに一方的にしたものである。ここまでの説明だと、「男」が「ひかる」にキスをしたということであるので、異性愛の枠組みをとおして解釈すれば、当然「ひかる」の性別は女ということになるだろう。しかし、この「ひかる」の性別は小説をとおしてどこにも書かれてはいない。そして、「ひかる」に対しては性別が理解できるような人称代名詞は使用されていないのである。したがって、「ひかる」はつねに「ひかる」と呼ばれ、「彼」でも「彼女」でもない。「ひかる」の想起につながるような

★5　クエンティン・クリスプは、一九〇八年、イギリス、サリー州生まれの作家。日本で言えば、美輪明宏のような人で、「空想と現実が違うのは当たり前だけど、私にとっては違うどころか正反対だった。空想のなかでは私は女性で、異常で尊大だったが、現実には男の子だった。この二つの状態の間の溝はけっして埋まることがなかった」と自分の子供時代のことを回想する。一九六八年に自伝『裸の公僕』で世界的に有名になり、一九九一年、八五歳のときにヴァージニア・ウルフ作の『オーランドー』で初の映画出演を果たしている。その映画ではエリザベス一世の役を演じたが、まさに「クイン」である［Russell, 1995=1997 : 305-308］。

一連の想像のつらなり、メタファーの連鎖について触れられた箇所の最後は、「いま自分が見ていたもの、記憶のような、空想のような、どこかあいまいで、いわばプライベートな場所を、通りすがりの人に盗み見られたような気がするのだ」という主人公「ぼく」の言葉で締めくくられている〔吉田、二〇〇二、二九頁〕。

さて、何も考えずに、異性愛の枠組みのなかで読むのであれば、この「ひかる」を女として想定することで、あるいは当然「女」だと思い込むことで、この小説の一部を構成するストーリーは異性愛のそれとして解釈される。そして、主人公「ぼく」も異性愛者としてみなされることになる。また、小説の後半部分で、「ひかる」が「小学校の先生」と結婚するという噂を「ぼく」は高校の同級生をとおして知ることになる。そのことも異性愛以外のセクシュアリティを排除して考えれば、「ひかる」は女であり、「ぼく」以外のほかの男である「小学校の先生」と結婚するのだろうと想わせ、したがって、「ぼく」が「ひかる」に対して抱いていた恋愛感情は恋愛関係を完成することなく失墜するということになる。そして、結局、もうひとりの主人公の「女」が小説の最後のところで決めた「何か」は、読者の異性愛的な想像によって、公園で出会いを繰り返していく過程で、主人公の「男」に惹かれていった「女」がその恋愛を始めることであることとなる。同時に「男」はその「女」の「よし。……私ね、決めた」というつぶやきに引きずられるようにして「自分まで、今何かを決めたような気がした」というときの「何か」は、おそらく「ひかる」との恋愛に行き着けなかった「ぼく」が、その恋愛意識をその「女」へと向けかえる、すなわちその「女」と付き合うことであろうと推測されることになる。

しかし、ここで「ひかる」の性別について触れられていないことを意識しつつ、すなわち非異性愛を意識に入れながらこの物語を読むと、「ひかる」の性別を男として想定することも可能になる。となれば、小説半ばで出てくる「ひかる」の結婚話をめぐる噂は、小学校の先生をしている女性と「ひかる」が結婚し（したがって「ひかる」は男と想定される）、そうした異性愛の制度である結婚に「ぼく」の恋愛意識が敗北するという、「同性愛」の物語として解釈することも可能である。こうした解釈は、「ひかる」が異性愛者であり、「ぼく」が同性愛者である場合には当てはまるが、そうではなく、「ひかる」も「ぼく」も同性愛者である場合にはどうなるのか。「ひかる」の結婚は、異性愛制度から強制されたものとなり、高校の同級生からきいた「ひかるがこの一年ほど……いい付き合いをしている」という「噂」は事実ではなくなる。やはり「ぼく」が本人「ひかる」の口から電話できいた「結婚相手としてはどうかな？」という、疑問を含んだ、もしかしたらためらいまじりのその言葉は、結婚相手の性格や人柄を問題にしているのではなく、むしろ「結婚」それ自体や相手の「性別」を問題にしているのではないかという解釈の可能性を、われわれにもたらす。そして、そうであるならば、最後の部分で「ぼく」が「決めた（ような気になった）」こととは、もうひとりの主人公の「女」との恋愛関係に入っていくことではなく、もう一度「ひかる」に告白して、「ひかる」との恋を始めたいということだ、と想像することも可能である。

ここで述べたようなことは、おそらく思いもよらない想像、無鉄砲な解釈であると読者には響くかもしれない。ここで私が言いたいことは、われわれはつねに異性愛を無意識のうちに「当然」のものとしており、そうすることで他の想像や可能性をあらかじめ排除しているということである。誤解のないように付け加えておくが、あるストーリーを同性愛的に読むほうが異性愛的に読むことよりもすぐれているということではなく、ある読み方は、別の読み方を排除することで成立するのだということであり、それは、異性愛的読解でも同性愛的読解でも変わりはない。というのも、異性愛的読解においては、「ひかる」の性別は「女」であることが当然視されるだろうし、また同性愛的読解を行なった場合であっても、「ひかる」の性別が明確に書かれてもいないのに、「ぼく」が男であることによって、「ひかる」も「男」とされなければならないのだ。異性愛とは、「男」と「女」を明確に弁別し、そうした二つの性別の人が性的に惹《ひ》かれあうことを「必然」として作り上げる制度でもある。同性愛であれば、それにかかわる人たちは「同性」であることが暗黙の前提になる点では、異性愛と同じである。つまり、異性愛であれ、同性愛であれ、社会はわたしたちに「無性」である状態を許しはしないのである。（すぐにまた付け加えなければならないのは、異性愛も同性愛も同じであると言っても、異性愛者が同性愛者と同じ社会的状況に置かれているということではない。）

「男」と「女」が電車で偶然に出会い、そうした出会いが「運命」と解釈され、いつしか「必然」とみなされる愛によって恋愛関係が始まり、結婚し、子どもができる過程の入り口を『パーク・ライフ』という小説が描いているとしたら、これは究極の異性愛物語となる。もちろん実際に、そのような物語は数知れない。けれども、異性愛という枠組みから離れて、別の読解を模索してみると、異性愛に回収されそうな物語の内側に秘められたさまざまな形態の欲望が浮かび上がってくることがある。また、わたしたちは、読者としてそうした非異性愛の形態の欲望を読み取る、あるいは読み込むこともできる。言語を用いて性愛を語るとき、二項対立によって成立している言語は、その欲望の形態を十全に言い表すことにつねに失敗する。そして、言語はつねに欲望を裏切り続けていることになるのだ。裏返せばそれは、欲望がつねに言語化されない部分を包摂しているということであり、そうした言語によって切り取ることのできない部分こそ、異性愛体制のなかに撹乱的な想像力を喚起し、そこに亀裂を生じさせる可能性を秘めているのではないだろうか。

言葉とは、一面では概念や認識を表示するものである。そのような意味で、近代になるまで、人々は、（実際には性行為は行なわれていたのであるが、それはわれわれが現在想定しているような形ではないようなものとして行なっていたのであろうと考えられるので）「性行為」としての「セックス」を少なくとも概念上あるいは認識上は、つねにしてこなかったことになる。ミシェル・フーコーは、「セックス」をめぐるこうした認識上の変化、あるいはそれによって基礎づけられるそれぞれの社会・政治的体制のあいだに節目があると考える。つまり、セックス自体が、人のある特性であった時代、性的実践になった時代、また人間の（あるいは人間らしい）生活の一部として認識されるようになる時代、さらに性行為が自己のアイデンティティとなる時代、各々のあいだの節目である。

3 セクシュアリティと権力——フーコーの「生-権力」論

では、これまで「つねにセックスをしてこなかった」とはどういうことなのだろうか。フーコー的な意味で言えば、セックスというものが（性的）アイデンティティを構成、強制、そして要請するような権力をもつことはなかった、すなわち性が権力と結びつくという事態がなかったということを意味する。しかし、近代以降の社会では、事態は異なる。自分はどのようなセックスをするのだろうか、また他人はどのようにしてセックスをしているのか、自分のセックスは「正しい」のだろうか、それとも「おかしな」セックスをしているのではないか、つねに人は自分のセックスについて検分しなければならない状況に追いやられる。そして、それは実際の行為のみならず、欲望（また快楽）の構成にもかかわることでもあるのだ。

近代日本における男性同性愛を歴史的に考察した古川誠は、大正一一年の雑誌『変態性欲』に掲載されたS・Kという匿名の人物の手紙のなかに、この時期における〈悩める同性愛者〉の出現を見ている。

〈……此の自分の変態な恋に苦しむ「辛らさ」を或は此方面としては有り触れた事かも知れませんが書き綴つて、理解深き先生に打ち明けて、せめてもの心のやりとりとしたいと思ひます……先生の科学的な立場から離れて、此不幸に生まれて来た自分を憐れんで下さい。……先生何とかならないものでせうか。実に苦しいのです〉［古川、一九九三、二二二頁］

この引用からは具体的な悩みの内容については十分に把握することができないとしても、少なくとも「変態」と名指される「恋」、つまり同性に対する恋愛感情を抱いていること、さらにそれに対する世間からのまなざし、それらに由来する「不幸」を自らが背負っていることに対しての苦悶を訴えている。こうした苦悶・苦悩は、それを抱える人の苦しみの表現のみならず、その人の内部、すなわち「内面」を作り出す。森鷗外の『ヰタ・セクスアリス』は、明治期の自らの少年および青年期における性をめぐる私小説である。そこでは当時の学生の寮生活において男同士の性行為は「男色」として、苦悩の色彩なく一般に流布していたこととして、むしろ快活なトーンで描かれているが、そこには「内面」は存在しない。そのような状況と比較すると、ここで挙げられている手紙における自らの同性愛に対する苦悶は、セクシュアリティに対する認識上の変化が歴史的に生起したことを物語っているのではないだろうか。

ここで問題となるのが、フーコーの指摘する権力の様態の変化である。ヨーロッパでは近代前期までは、人々は司法的権力によって支配されていたとかれはいう。それは、排除、規制、禁止、処罰検閲などによって装置の統一性を保持し、あるいは暴力や自然による死という脅威から人々の生や社会的協調を保持しようという権力のあり方である。★6すなわちそれは、立法化によって、法に服従させる権力の様態であり、具体的には王制の形態における権力である。しかし、フーコーはそうした権力の様態から、新たな権力のあり方への移り変わりを見てとるのである。そうした権力のあり方はつぎのようなものである。

桜井哲夫による整理を参考にしてみよう。

★6　**権力のあり方**
イギリスの功利主義者ジェレミー・ベンサムは、中心に塔を配置し、その周囲に円環上の建物を配置し、なかにひとつひとつに区切られた独房をもつような形態の監獄を構想した。独房の外側には窓がつけられ、そこから光が差し込むようになっているために、監視人がいるとされる中央の塔からは囚人ひとりひとりの動きがはっきりと見えるように設計されている。しかし、中央塔の監視室には

①権力は、無数の点から出発し、不規則で一定しない諸関係によって成立するゲームのなかで機能する。
②権力の諸関係は、経済、学問、性といった現象が生みだしている諸関係の外にあるものではなく、そうした諸関係のなかに作り出されているものである。
③権力は、下部からくる。支配する者、支配される者という古典的な二項図式は否定される。社会の基盤にある家族や会社、サークルなどの小集団のなかで生み出される力の関係が、全体を統括する権力関係の基礎となる。
④権力をふるうのは、特定の個人でもなく、特定の司令部でもない。あくまでも、諸関係のなかで、その作用によって権力が行使されるにすぎない。
⑤権力の外部に抵抗があるのではなく、抵抗は、あくまでも権力の内部にある。一つの固定した抵抗の拠点があるのではない。あくまでも、諸関係の網の目のなかで、不規則に発生するのが、抵抗であり、権力は、この不規則な抵抗を排除することはできない。そして、この抵抗点が戦略的に結びつけられて作動したとき、革命が可能になる。［桜井、一九九六、二六〇〜二六一頁］

いわば権力は抑圧的であるのではなく、むしろ生産的であり、さまざまなところに散在しているのだ。こうした権力の様態のもとでは、権力は効果的に統御を目的として作動する

鎧戸が付されているために、各独房からは監視室の監視人の姿は見えないようになっている。また建物配置が円環形態をとっているために、監視人は一人で済み、全囚人の行動を一望できるが、囚人には監視人の姿はつねに見ることができなくなっている。それにより、監視人が実際にいないときでさえ、囚人たちは居ずまいを正さなければならないのだ。フーコーは、このパノプティコンで作動する権力のあり方を、近代社会において人々のあいだに作動する権力形態と重ねあわせてみる。まなざしは、社会に存在する人々を相互監視体制に巻き込む。そうした状況では、権力を振るう個人が特定されなくとも（むしろそうした特定の個人がいないことがほとんどだが）、人々は自動的に権力に従い、権力も自動的に人々に作用するのである。このように人々は規律化される。

対象それ自体を作り出す。このとき、「セックス」というカテゴリーも踏査と統御の対象として入念に構成されることになる。フーコーによれば、こうした性のカテゴリーが作り上げられたのは、西洋においては、キリスト教の「告白」という制度に基づいているということになる。自らの肉欲を告白する制度、またそうした制度をとおして自己の「内面」を語ることで「自己」あるいはその拠りどころとなるアイデンティティが形成されるようになる。また他者の目に見えるものになったそれぞれの自己の「内面」は、医学や科学のまなざしにさらされ、研究対象とされていく。このような一連の過程が、セックスをめぐって確固たるものとなったのである。西洋では、一九世紀終わりに、「同性愛」というカテゴリーが「異性愛」のカテゴリーに先行して作り上げられたが、そうした過程は、「内面」、すなわち「身体」ではない「精神」を対象とする精神医学の発展と軌を一にするものであり、また人々に「内面」を作り上げることで性を管理しようとする、統御対象の形成の一環でもあったのである。

では、権力の様態をとおしての性の管理とはいったい何のために行なわれるのだろうか。フーコーは、『性の歴史　第一巻：知への意志』（一九七六）で、二〇世紀までの三世紀にわたって、少なくとも西洋圏において、性は抑圧されるもの（抑圧仮説）と考えられてきたのだが、実際にはその時代ほど性に関わる言説が流布した時代もなかったこと（生産仮説）を提唱した。[★7] またそのときには、さきほども述べたように、たとえばキリスト教における「告白」制度をとおして自らの（性的）欲望を語るように強制する権力装置が、近代の性科学誕生の根底にあったことを明らかにしている。性科学（sexology）は近代国家の人口問題、すなわち出生率や生殖の問題を統制するための手段として活用され、セクシュアリティに対する規範的権力を生み出した。こうした規範的権力は、一夫一婦制に基づく婚姻関係をもっとも「正常」なものとし、それ以外のセクシュアリティを「倒錯」というカテゴリーに位置づける。最終章「死に対する権利と生に対する権力」で、かれは生を管理する権力としての「生-権力」という概念を提唱する。近代以前には、王や君主が民衆の身体に対する権限（「死なせるか生きるままにしておく権利」）をもっており、その生殺与奪の権利を有していたと語り、近代では、王や君主ではなく、国民の名のもとに、殺すのではなくむしろ生かすことで権力の及ぶ範囲に位置づけておく（ただし、この場合には「生きさせるか死の中へ廃棄する」）状況が出現したと指摘している。かれはこうした権力を「生-権力（bio-pouvoir）」と呼ぶ。

このような生-権力は、一七世紀以来、二つの主要な形態において発展したと言われている。少し長くなるが、重要であると思われるのでフーコー自身の言葉を引用しよう。

その極の一つは、最初に形成されたと思われるものだが、機械としての身体に中心を定めていた。身体の調教、身体の適性の増大、身体の力の強奪、身体の有用性

★7 **性の抑圧仮説／生産仮説**
ヴィクトリア時代のように、性については口にすべきではないという、ある種の道徳観によってわれわれは支配され、性にかかわる事柄がさまざまな形で抑圧されてきたと言われることは一般的に多い。しかし、フーコーは、これを事実であるとするような力に対して関心を向ける。なぜ、社会がこうした性に対する抑圧を必要としていたかという問題である。また、実際には性がこれほど語られた時代はこれまでにないということも、かれは同時に見てとる。禁止によって抑圧しつつ、語ることを要請するという、抑圧／生産が同時に作動するようなある種巧妙な権力の要請をフーコーは描き出している。

と従順さとの並行的増強、効果的で経済的な管理システムへの身体の組み込み、こういったすべてを保証したのは、規律を特徴づけている権力の手続き、すなわち人間の身体の解剖‐政治学《アナトモ・ポリティーク》であった。第二の極は、やや遅れて、一八世紀中葉に形成されたが、種である身体、生物の力学に貫かれ、生物学的プロセスの支えとなる身体というものに中心を据えている。繁殖や誕生、死亡率、健康の水準、寿命、長寿、そしてそれらを変化させるすべての条件がそれだ。それらを引き受けたのは、一連の介入と、調整する管理であり、すなわち人口の生‐政治学《ビオ・ポリティーク》である。
［Foucault, 1976=1986 : 176］

解剖‐政治学は、身体を管理し、規律化し、社会システムに適合するように仕向けることを目的としており、また生‐政治学はそのような身体をもつ人々の集団を「人口」として管理・調整し、社会を存続させていくための権力システムといってよいだろう。性はこうした二つの極の狭間に位置づけられ、実際にはこうした二つの極をつなぎとめる機能を果たしているのだ。このようなときに、人々の生を対象とし、管理・統制するという様態の生‐権力は、まさしく性を統制する権力とも重なってくる。

4　性と生の統制

「生命とは死に抵抗する諸機能の集合体である」とその著書『生と死に関する生理学研究』のなかで言ったのは、一九世紀フランスの生理学者ビシャである〔市野川、二〇〇〇、五七頁〕。このような定義はいっけん単純でありすぎるように思われるかもしれないが、必要にして十分なものでもあると考えられないだろうか。なるほど、わたしたちが生きている状態というのは、すなわち死なないように抗っている状態、つまり死に対して抵抗しながら生を維持している状態なのである。そして、さらに言えば、そうした死の克服に成功したものはだれひとりとしておらず、人はいつかかならず死に打ち負かされてしまうということを暗示してもいる。「個体」としてのヒトは、かならず死を迎える。しかしながら、「種」としてのヒトは、絶えることなく存続している。市野川容孝は、ショーペンハウアーがビシャのこうした定義から生命に関する新しい視座を紡ぎ出したと説明している。すなわち、それは「生殖によって持続する「類」あるいは「種」としての生命」という視座であり、死に抵抗する諸機能の集合体を、「個体」から「類」ないし「種」に置換することで、「個体」の避けることのできない死を超越し、「種」としての生存を果たすという見方である〔市野川、二〇〇〇、八九〜九三頁〕。こうした個体の死の種としての生存への置き換えは、具体的には、生殖をつうじて達成されることになる。

古い権力の様態であれば、人が生きているということを前提としており、したがって、そのような状況で権力が作用するという事態は、生きているものを死なせることである。しかし、ビシャの「生命」の定義にもあるように、人は必然的に死すべき存在であり、そのとき死が生の前提となる、したがって、生-権力とは生の淵で待ちかまえているはずの死を条件として作動することにもなる。であるからこそ、フーコーが言うように、権力は「生きるままにしておく」という様態から「生きさせる」という様態へ、また「死なせる」という様態から「死の中へ廃棄する」という様態へと変遷するのだ。市野川は、ナチスの安楽死計画★8に言及している箇所で、「生-権力もまた人を殺す。だが、それはいかに作為的であったとしても、基本的には不作為として現象する。つまり、生命を死という重力に委ねる、あるいは死という開始点へ投げ返す（re-jeter＝廃棄する）というかたちで殺害は実行されるのだ」と述べる［市野川、二〇〇〇、五七頁］。

『性の歴史　第一巻』でフーコーは、「飢餓とペストの跳梁《ちょうりょう》する時代は――いくつかの再発例を除けば――フランス革命の前に終わっていた。死はすでに、直接に生を攻め立てることを止めるようになっている。しかしそれと同時に、一般に生命に関する知識の発達と、農業技術の改良、ならびに人間の生命とその存続を対象とする観察や方策が、このような緩和の傾向に貢献していた。生命に対する相対的な統御が、死の切迫した脅威のいく

★8　**ナチスの安楽死計画**
ナチス政権によるユダヤ人に対する大虐殺は、すでに周知の事実である。同様に、ナチスは同性愛者や精神・身体障害者なども虐殺の対象としていた。ナチス時代には、「生きるに値しない生命」の徴として、同性愛者にはピンクの三角形が付されたが、それは現在、反同性愛勢力に対する抵抗の徴として、同性愛者解放運動のシンボルともなっている。ナチスにおける同性愛者迫害の歴史は、

つかを遠ざけていたのだ」と述べ〔Foucault, 1976=1986：179〕、死の脅威が西洋世界では緩和されていっているという、楽観的な見方をほのめかす。そのすぐあとで、そうした西洋世界とは対照的に、「西洋世界の外では、飢饉は常に存在するし、しかもかつてないほどの深刻なスケールで存在している。そして人類という種が蒙《こうむ》る生物学的危険は、微生物学誕生の前よりおそらく大きいし、少なくともより深刻である」と述べ〔Foucault, 1976=1986：180〕、西洋世界における死の脅威を西洋の外部に投影するようなしかたで自らの西洋中心主義を露呈する。こうした言葉を発したフーコーは、一九八四年にエイズでこの世から去ることになるのだが、こうして死の脅威にさらされることになろうとは、『性の歴史　第一巻』を執筆していた一九七六年以前の時点では、いまだ知るすべもなかったのだろうか。

生–権力が種としての人の存続、すなわち生命の再生産を保証するものであるとすれば、それは他方で、そうした再生産に与しないものを死へと関連づける機能も果たす。同性愛は、エイズ以前にも、生殖に関与しないという理由により、死と同価のもの、あるいは死によって罰せられる存在として形象化されていたが、エイズの時代に入ってからは、とりわけ男性同性愛はさらにその疫病による実際の死というイメージが現実のものとして、かつての死の形象のうえに重ねあわされることになったのである。一九八〇年代、エイズ問題の出現以降、世界におけるゲイのコミュニティは、こうした死の形象とつねに向き合わざるをえず、そこでの生は、監視のまなざしにさらされると同時に、エイズ対策

H・ヘーガー著『ピンクトライアングルの男たち――ナチ強制収容所を生き残ったあるゲイの記録』（現代書館）で詳しく述べられている。また、ナチスによる迫害を生き抜いた同性愛者ピエール・セールの証言が、Pierre Seel, *Deported Homosexual : A Memoir of Nazi Terror*, Basic Books, 1995. として刊行されている。

という面では行政による不作為を経験し、エイズ患者は死という重力に牽引されていった。一九八〇年代アメリカのレーガン政権によるエイズ政策に対する不作為が、国内での感染の拡大とエイズ問題の深刻化を促すことになったという事実はよく知られているところである。エイズをめぐるゲイ男性に対する対策においては、不作為による生の統制があったことを考察することは興味深いが、ここでは紙幅の都合上、そのことを確認するにとどめ、深い論考は他のところで行なうことにしたい。★9

ここ数年、少子化と高齢化の問題がセットになって論じられることが多い。生まれてくるものと年老いて死を迎える前のものの問題。われわれの生が、この誕生と死のあいだに位置するものであるとするならば、その出発地点と終着地点における問題である。生の両端にかかわる問題であるが、じつはこれはそのあいだを生きているものの問題である。そして、フーコーがいうように、わたしたちの生きる社会が、生-権力に貫かれているとしたら、われわれの生はこうした権力作用によって統制されている。

二〇〇一年あたりから、少子化対策の一環として、結婚促進の目的で男女の出会いの場を提供するべく、自治体が動き出しているという報道を目にすることが多くなってきた。自治体関係者の思惑は、「結婚してもらわなければ子どもが生まれない」というものである。欧米の国々に比べて未婚のまま出産する人の割合が低いことで、日本では、まずは結婚を促進し、そのうえで少子化傾向を弱めていくことが肝要なのだという論理である。こ

★9　日本でも八〇年代には男性同性愛者どうしの関係が、HIV感染の源泉としてみなされ、とりわけ疫学の分野では同性間の性行為に対する関心が高まった。こうした関心は、興味本位なものではなく、むしろ監視の対象という意味づけを帯びたものであった。さらに、このような文脈では男性同性愛者どうしの「出会い」もまたHIV感染に関連するものとして理解されたのである。もちろん、このような状況では、予防啓発のためであっても、ゲイ男性どうしの出会いを促進するようなもののためには予算などが計上されないことは言うまでもない。

うした論理に依拠して、自治体のなかでは、「出会い事業」を予算化し、多いところでは二年間で三〇〇〇万円弱の予算を計上している自治体もある。時期的に早いところだと、九〇年代終わりからこうした事業に取り組んでいる自治体もあるという。銀行の債務処理のみならず、今では男女の出会い（促進）にまで公的資金が投入されているのだ。結婚が子どもをもつための必須要件ではないということは、おそらくほとんどの人が知っているだろう。だが、今のところはこうした資金投入の効果がどれほどのものであったのかは、だれも知るすべをもたない。★10

ただ、ここで言えるのは、不作為による性と生の統制と作為による統制が存在するということである。

5　結びにかえて

わたしたちは、多くの場合に言葉をとおして「他者」とコミュニケーションをする。そのときにその言葉はわたしたちの自己と他者のあいだの結びつき（あるいは切り離し）をもたらす。とりわけ、性を思考し、語り、あるいは書き、また実践するときには、言葉をとおして行われる（ことも多い）。しかし、その言葉は対象（または他者）を記述し理解

★10　ちなみに二〇〇三年はじめの時点での成婚件数を述べておけば、多いところで一〇件ほどで、だいたい数件程度にとどまっている。

することができないばかりか、じつはそのときには「自己」についても把握しそこねているのである。自分の欲望がどのようなものなのか、また自分の快楽がどのようなものなのかを知り、それを記述し、そして理解することは非常に難しいことなのだ。そこには語りえない「何か」が残されるし、また、いくら語ろうとしても過剰にもれ出てしまうものが存在する。

学生と話をしていると、たとえば同性愛の「原因」が遺伝子にあるのだという言説を、また男性と女性では脳の形態や機能が異なるのだという言説を、ある意味「信奉」しているような雰囲気を感じることがある。先に述べた、「自然」を「自明」のものとしてしまうような「ある力」に屈してしまうかのように。そして、それは思考停止をも、もたらすのである。

そのような「ある力」は、ほんとうはフーコーが言うように、人と人のあいだにあるやもしれないにもかかわらず、その源泉、原因を個人の身体の奥深くに存在するものとしてみなすように人々を仕向けるのだ。人々のまなざしは、人々の「あいだ」ではなく、「内面」であれ、遺伝子であれ、脳であれ、人々の身体のなか、皮膚の下に存在するものに向けられる。かつては「内面」であったものは、いまでは遺伝子や脳に取って代わられる。かつて、「内面」が見いだされたときに、それが監視の対象になったように、こんどは遺伝子や脳が監視のまなざしの対象となるだろう。

わたしたちの多くが、性はプライベートな領域に属するものであると信じている。また、わたしの身体はわたしのものであると。しかし、ほんとうにそうなのだろうか。わたしの身体はわたしの皮膚のなかに存在する部分だといえるのだろうか。いったい、身体とは、そして自己とは、どこからどこまでを言うのか。わたしが「もつ」身体と、わたしで「ある」身体とはどのように異なるのか。そうした問題が、いまやセクシュアリティを考え、語り、実践するなかにも、いくえにも複雑に絡み合いながら織り込まれているような気がする。

文献

Foucault, Michel., 1976, *Histoire de la sexualité I : la volonté de savoir*, Éditions Gallimard.（＝一九八六、渡辺守章訳『性の歴史　Ⅰ：知への意志』新潮社）

古川誠、一九九三、「同性愛者の社会史」別冊宝島『わかりたいあなたのための社会学・入門』宝島社、二一八〜二二二頁

Halperin, David M., 1995, *Saint Foucault : Towards a Gay Hagiography*, Oxford University Press.（＝一九九七、村山敏勝訳『聖フーコー――ゲイの聖人伝に向けて』太田出版）

市野川容孝、二〇〇〇、『身体／生命』岩波書店

Katz, Jonathan Ned., 1995, *The Invention Of Heterosexuality*, Penguin.

Rubin, Gayle., 1993, "Thinking Sex : Notes for a Radical Theory of the Politics of Sexuality"(1984), Abelove, Henry + Michel Aina Barale + David M. Halperin(eds.), *The Lesbian and Gay Studies Reader*, Routledge : 3-44.（＝一九九七、河口和也訳「性を考える―セクシュアリティの政治に関するラディカルな理論のための覚書」『現代思想』五月臨時増刊号、青土社、九四〜一四四頁）

Rubin, Gayle., with Judith Butler, 1994, "Sexual Traffic", *Differences : A Journal of Feminist Cultural Studies*, Vol.6, No.2+3. : 62-99.（＝一九九七、河口和也＋キース・ヴィンセント訳「性の交易」『現代思想』一二月号、青土社、二九〇〜三三三頁）

Russell, Paul., 1995, *The Gay 100 : A Ranking of the Most Influential Gay Men and Lesbians, Past and Present,* Carol Publishing/Citadel Press.（＝一九九七、米塚真治訳『ゲイ文化の主役たち』青土社）

桜井哲夫、一九九六、『フーコー：知と権力』講談社

Williams, Raymond., 1976, *Keywords : A vocabulary of culture and society*, Harper Collins Publishers Ltd.（＝二〇〇二、椎名美智・武田ちあき・越智博美・松井優子訳『キーワード辞典』平凡社）

吉田修一、二〇〇二、『パーク・ライフ』文藝春秋社

「犯罪」は社会を映し出す鏡である

狩谷あゆみ

1　女性「隔離」車両!?

大阪市内のJR駅構内には、いつの頃からか「チカンは犯罪です」という大阪府警のポスターが貼られるようになった。「チカンは犯罪です」とだけ書かれたポスターは、「誰」に対して、「何」を訴えているのだろうか。女性に対して、「この電車にはチカンがいるので気を付けてください」ということを訴えているのだろうか。それとも「チカンは犯罪なので、男性に触られた人は警察に届けてください」ということを訴えているのだろうか。男性に対して、「運悪くあなたがチカンにされる可能性があるので気を付けてください」ということを訴えているのだろうか。それとも「チカンは犯罪なので、女性に触った人は捕まります」ということを訴えているのだろうか。

東京駅から横浜駅へと向かうJR東海道本線のくすんだオレンジ色の列車が、蒲田から川崎の間にある多摩川にかかる橋を通り過ぎようとしたそのときのことである。「キャー」という、けたたましい女性の悲鳴の後、その女性に「みなさん！　この人痴漢です！」と腕をつかまれた男性がいた。「俺じゃねーよ、言いがかりだよ！」と開き直る男性。もみ合いになってる二人の間に入り、「おいおい、姉ちゃん、それはひどいんじゃねーか？」と止めに入る男性（どう考えても「共犯者」）。「ちょっと次の駅（川崎駅）で降りなさいよ！」「だから言いがかりだって言ってるじゃねーか！」「おいおい、やめろって」「あなたも一緒に降りなさいよ！」

ちょうど、ラッシュアワーの最中で、列車には身動きがとれないほどの人が乗っていたため、渦中の男女の姿はほとんど見えなかったのだが、被害者の女性と、加害者の男性二人（？）は、川崎駅で降りていった。私は、「きっと職場でも彼女は、セクハラやオヤジギャグも、笑顔で軽くかわして日々仕事をしているんだろうなあ」などと思った。私は別に、彼女が「強い女性」だということを言いたいのではない。彼女は「女である」ということで日々生じるトラブルに対して、軽くかわさなければ、笑っていなければ、めげないふりをしなければ、「やってられない」のだ。少しでも怯《ひる》んだ姿を、周りに見せてしまえば次の日から職を失うかもしれない。「嫌ならやめれば？」「代わりはいくらでもいる」なんてセリフを、誰かに言わせてしまった時点で負けなのだ。むしろ、そんなセリフを吐かれたとしても、めげないふりをして、その場所に踏みとどまることしか選択肢はないのかもしれない。「キャー」という、拍手を送りたくなるような見事な（？）悲鳴には、「泣き寝入りなんかしないわよ！」「こんなことで仕事やめたりしないわよ！」という思いが込められているような気がした。誰に対して？　痴漢に対して？　会社の上司に向かって？　家族に対して？　夫やパートナーに向かって？　「見て見ぬふり」をしていた、同じ車両に乗り合わせた人々に向かって？

彼女が発した悲鳴と、「この人痴漢です！」という言葉、そして「犯人」に対する対応は、彼女が何度も痴漢の被害に遭ってきた中で身につけた鍛錬の結果なのだ。突然の出来事にも慣れた様子（？）で行動できるほど、彼女は、通勤途中に満員電車の中で何度も痴漢に遭い、「泣き寝入り」を強いられ、悔しい思いをしてきたのだと思われる。なぜなら、危険な目に遭ったまさにその時、その場で簡単に悲鳴や大きな声をあげることができる女性など存在しないからだ。[★1]「悲鳴や大声をあげる」という告発の方法自体、何度も鍛錬しなければ身に付かない。

二〇〇一年三月、京王電鉄は、平日午後一一時以降に新宿駅を発車する急行・快速電車に「女性専用車両」を設けた（列車の最後部一両が女性専用）。京王電鉄での「女性専用車両」導入をきっかけに、全国のＪＲや私鉄、地下鉄で相次いで「女性専用車両」が設けられている。二〇〇二年一〇月には、名古屋市営地下鉄東山線で、平日始発から午前九時

★1　私は、大学生のときにアルバイト先で突然、男に抱きつかれそうになったことがある。このとき、私は「やめて」と小さく呟くことしかできなかった。その男は、私と同じ店で働いていて、住所や電話番号を知らせてもいないのに、私の住んでいたマンション

まで（列車の中央一両が女性専用）、二〇〇二年一一月には、大阪市営地下鉄御堂筋線及び北大阪急行で、平日（月～金）の始発から午前九時まで（列車の中央一両が女性専用）、二〇〇二年一二月には、神戸市営地下鉄全線、毎日始発から終発まで（三両目もしくは四両目の一両分が女性専用）。いずれも全車両のうち一両のみであり、ほとんどが混雑の見込まれる時間帯に限られている。「女性専用車両」が止まるホームの位置には「女性専用車両」と大きく書かれ、車両には「女性専用車両」と書かれた大きなステッカーが貼られている（ステッカーにはなぜかスミレの花やサクラの花が描かれている）。そして案内のため「女性専用車両」が走る時間帯には必ず駅のホームに駅員が立っている。

　京王電鉄で二〇〇〇年一二月に行われた試験運行の際、「女性専用車両に賛成か反対か」を問うアンケート調査が実施された。

　約七〇％のお客様に支持された女性専用車両
　女性）賛成八二％、反対　七％、どちらともいえない一一％
　男性）賛成五六％、反対三〇％、どちらともいえない一四％
　全体）賛成六九％、反対一八％、どちらともいえない一三％
　※配布数三〇〇、回収数一九九（男性九二、女性一〇七）
　［京王電鉄ＨＰ「女性専用車両のご案内」http://www.keio.co.jp/train/josei/index.htm］

に来たり、毎日電話をかけてきたりと、今で言う「ストーカー行為」を私にくり返していた。そのとき、アルバイト先のマスターに助けを求めたが「悪い気はしなかっただろ」と相手にしてもらえなかった。また、大学院生のときに、大阪市営地下鉄御堂筋線（後に「女性専用車両」が導入されたほど痴漢が多い）で痴漢に遭ったことがあるが、このときも足が震えてただ相手が何もしなくなるのを待つしかなかった。たぶんこのときも「犯人」は二人いたと思われる。

女性の反対数七％。男性の反対数三〇％……なお、具体的な反対理由は明らかにされていない。名古屋市営地下鉄、神戸市営地下鉄など、一部では「女性専用車両」実施に関して、「当分の間」という注意書きがなされている。そして必ず目にする「ご理解とご協力を」という言葉。この言葉によって、「女性専用車両」を導入した鉄道会社は、誰に何を「理解」してほしいのだろうか。誰に何を「協力」してほしいのだろうか。「女性の方々、この車両にご足労願います」ということなのか。「この車両は女性しか乗れないので、男性の方々、他の車両に乗ってください」ということなのか。単純に考えれば、一両に女性が乗り切れなかった場合はどうするのだろう。女性が「女性専用車両」以外の車両に乗った場合はどうなるのだろう。多くはラッシュアワーのみの運転なのだから、その時間帯に痴漢をしていた人は、他の時間に痴漢をするようになるだけではないか（「朝がだめなら、じゃあ夕方に」という形で）。

言うまでもなく、痴漢を「事件」として成立させるためには、被害者の女性が告発し、被害の内容を事細かに警察に説明することを前提としている。女性が泣き寝入りをすれば、いくら「嫌な思い」をしても、その被害の内容自体「なかったこと」にされる。朝のラッシュアワーは、女性が痴漢の被害に遭っても、その場で警察に告発しようとすれば、会社に遅刻せざるをえないし、会社にも痴漢の被害に遭ったことを報告しなければならない（遅刻の言い訳だと会社の上司に思われるかもしれない）。痴漢の「犯人」は、朝のラッシュアワーが、女性にとって最も痴漢の被害を告発しづらい時間帯であることをわかっていて、犯行に及んでいるのだ。

また、快速や急行といった止まる駅が限られている路線で痴漢の被害が多い。なぜなら駅と駅との区間が長ければ長いほど、女性は逃げることができないので、長い間触ることが可能だからである。また、電車内で起こる痴漢の場合、単独犯よりも複数犯で行われる場合が多い。なぜなら、駅やバス停から帰宅途中の女性を狙う痴漢は、必ず自転車やバイク、自動車などを事前に用意し、犯行後すぐにその場を立ち去ることが可能だが、満員電車の場合は「犯人」自身も身動きがとれないから、犯行後すぐに立ち去ることができない。そのため、もし被害者が悲鳴をあげたり、警察に告発したりしても、「いいがかりだ」「嫌がってなかった」などの言い訳を述べるための「共犯者」が、犯行をもみ消すために必要とされるのである。冒頭で述べた例には同じ車両に相当数の「共犯者」が存在したものと思われる。もともと知り合い同士で痴漢をするのではなく、お互いに面識がないまま電車に居合わせた者同士で「ターゲット」を決め、目撃者のふりをするなど役割分担をした上で、犯行に及んでいるのである。

全国のＪＲや私鉄、地下鉄で相次いで「女性専用車両」が導入されたのは、痴漢という社会問題が、「男の問題」としてではなく、「女の問題」として一般的に捉えられていることを示している。痴漢現場に居合わせた男性にとって、そしてＪＲや地下鉄、私鉄を運営する企業や組織側にとって迷惑なのは、「痴漢をする男性の存在」ではなく、むしろ「痴漢の被害を訴える女性の存在」なのである。なぜなら、現場に居合わせた男性や鉄道会社にとっては、女性が痴漢の被害を告発すれば、痴漢の犯人を取り押さえたり、警察を呼んだり、具体的な状況を警察に説明したりと、男性にとって非常に面倒な状況が生じるからである。全国のＪＲや私鉄、地下鉄で相次いで導入された「女性専用車両」は、「女性を痴漢の被害から守るため」という名目で、痴漢被害件数が最も多い時間帯のみ、一両という限られた場所に女性を「隔離」することで、「痴漢の被害を訴える女性の存在」を黙殺するために行われた対策だとも解釈できるだろう。言い換えれば、「女性専用車両」は、鉄道会社が「女性を痴漢の被害から守るためにきちんと対策を講じた」ということを社会的にアピールするために行われた、「アリバイづくり」なのである。

本章で考察していきたいのは、性犯罪に関して、事前に心得ておかなければならない被害に遭わない方法（ターゲットにならない工夫など）や、加害者に対する対処法、警察に対する告発の方法、周りの人に対するアピールの方法（悲鳴、「この人痴漢です」という言葉など）を、なぜ女性自身が「学習」しなければならないのかという点である。

2 「無警戒で無防備な女性」という被害者イメージ

二〇〇二年一二月、「減らそう犯罪ひろしま安全なまちづくり推進条例」が県議会で可決され、翌二〇〇三年一月一日に施行された。条例の総則によると、「犯罪の起こりにくいまちづくりを推進するため、県、県民及び事業者の責務を明らかにするとともに、それぞれの連携の下に、県民の防犯意識の向上を図り、及び犯罪の防止に配慮した道路、公園、住宅等の普及その他犯罪の防止のために必要な措置等を講じ、もって安全な県民生活の実現を図ること」を目的としている〔同条例　第一章　総則（目的）第一条より〕。

あるとき、私は、防犯対策について話しあう会議に出席した。会議では、自転車・バイクの盗難、車上荒らし、ひったくり、住居侵入、自動販売機荒らしなど、「身近な犯罪」の増加についての報告が出席者によってなされ、その手口とともに、「被害者の無警戒さ」「被害者の注意不足」も犯罪の要因であり、住民の防犯意識を高めることが急務であると説明された。上記の犯罪と合わせて、痴漢や強姦、強制わいせつなどの性犯罪も「身近な犯罪」として位置づけられていた。

会議で配布された資料には、「性犯罪に狙われやすい女性」として、次のような「被害者像」がイラストとして描かれていた。茶髪、大きめのピンクのピアス、ピンクの口紅をし、丈が短く体にぴったりとしたピンクの水玉のワンピースを着て、ブランドもの（らしき）バッグを持ち、ピンクのハイヒールを履いた女性である（なんで身につけているものが全てピンクなんだ？）。そして、その女性の背後には、「へっへっへ」と不敵な笑みを浮かべる小太りの男性の姿（なんで小太りなんだ？）。資料には、描かれた「被害者像」と合わせて、次のような説明が書かれていた。

「性犯罪　犯人はあなたを狙ってる」
①こんな女性を狙う！――一人暮らし、一人歩きの女性、夜間・深夜に一人歩きしている女性、派手で肌の露出が大きい服装の女性、塾帰りの女子小中高校生
②襲うのはこんな場所！――人や車がいない場所、公園、空き地、駐車場、山の中、車の中
③用意するのはこれだ！――声を出させず、体の自由を奪うもの。例えば、ナイフ、ガムテープ、マスク、サングラス、ストッキング。逃走用の車、バイク、自転車

私は会議で、上記のイラストや資料を目にしたとき、議長に対して、「このイラストや説明は、女性に落ち度があるかのように書かれているのでおかしい」と訴えた。すると、

議長は「私はニューヨークに留学していたこともありますが、服装だけを見ても、やはり（ニューヨークの女性と比べると？）日本の女性は無防備だと思います」と笑いながら答えた。そして「何言ってんの？　オンナが悪いに決まってるではないか？」と言わんばかりの「男性」出席者の視線、失笑……

一ヶ月近く経ったある日、ある新聞社の女性記者から研究室に電話がかかってきた。「先生は、先日行なわれた会議に出席されていましたよね？　最近、性犯罪が増加していることについて、ご意見をお聞きしたいのですが」と。先にも述べたが、会議で「身近な犯罪」として取り上げられていたのは、性犯罪だけではない。会議には、私の他に、弁護士や学校関係者、医師なども出席していた。出席者のうち、男性は三〇名以上、女性は私を含めて四名のみであった。会議において、私が議長に発言していてもいなくても、性犯罪に関する取材は、他のメンバーのところではなく、「メンバーの中で一番年齢が若い女」である私のところに来ただろう。先に、痴漢という社会問題は、「男の問題」としてではなく、「女の問題」として一般的に捉えられていると述べた。性犯罪について、「女性（記者）」が「女性（大学教員）」に話を聞くという構図は、性犯罪は「女性が考えるべき問題」であり、男性にとっては「性犯罪は仕方がないものだ」という意識を示していると言える。

記事の見出しは「狙われる女性　尾行……無警戒も一因」［中国新聞、二〇〇二年八月二一日］。

記事の中央には、駅から歩く女性の後ろ姿の写真。

性犯罪の動機のほとんどは犯人の身勝手な欲求だ。ただ、捜査員は「自分だけは被害に遭わないと考え、無防備な女性も多い」と気をもむ。歩いているとき、携帯電話に熱中していたり、ヘッドホンで音楽を聴いていたりすると、人が近づいても分からない。

女性暴行容疑で逮捕された男の一人は「一度でも後ろを振り返るなど、警戒心を示した女性はつけなかった」と供述している。〔中国新聞、二〇〇二年八月二一日〕

ホルスタインとミラーによれば、被害者を特徴づけることは、その被害の「原因」を解明することであり、その「原因」が文化的に共有され、必要だと承認されるような一般的な被害者イメージの確立に頼ることになる〔Holstein & Miller, 1990 : 116〕。資料にあったイラストや説明、そして新聞記事は、「無警戒で無防備な女性」という性犯罪の被害者イメージが、性犯罪の「原因」として文化的、社会的に必要だと承認されていることを示している。

先に「イベント化する犯罪」の章で、マスメディアを通じて定期的にイベント化される犯罪は、自分たちの「価値観」や「道徳感覚」が正しいという感覚を得るために必要とされていると述べた。多くの人が当たり前だと考えるような、「価値観」や「道徳感覚」というのは、加害者の犯行行為や犯行動機を通じてだけでなく、マスメディアを通じて構成される「被害者イメージ」によっても確認されていると言える。★2「無防備で無警戒な女性」という性犯罪の被害者イメージによって確認されている「価値観」や「道徳感覚」とはどのようなものであるのかを、先の会議資料や新聞記事の内容に沿って考えてみよう。

「派手で露出が激しい女性」という被害者イメージは、「女は地味で露出の少ない服装をすべきだ」という「価値観」を。「夜間・深夜に一人歩きしている女性」という被害者イメージは、「女は夜間や深夜に出歩くべきではない」という「価値観」を。「一人暮らしの女性」という被害者イメージは、「女は結婚前までは家族の元にいるべきで、結婚後は夫と必ず一緒に住むべきだ」という「価値観」を。「塾帰りの女子小中高校生」という被害者イメージは、「女の子は塾に行くべきではない」「女の子には学歴や知識は必要ない」という「価値観」を表している。★3携帯電話に熱中している女性や、ヘッドホンで音楽を聴いている女性ですら、社会的には「良い」イメージを抱かれないのかもしれない（男性の歩きタバコよりも女性の歩きタバコの方が、二重に問題視されるように）。

女性が性犯罪の被害に遭わないため、危険を回避するためにとるべきだと考えられている行動は、結果的に女性の行動範囲を狭めることにつながる。例えば、男性は、自由に夜遅くまで出歩いたり、外泊したりしても親に何も言われないのに、女性にだけ門限があっ

★2　「テレクラ」「援助交際」「売買春」そしてレイプなど、事件の被害者である女性と加害者である男性との間に、「性的な関係」が見られる場合、必ず被害者の女性に落ち度があるかのような報道が行われる。刑事裁判においても同様の解釈が行われることによって、「簡単に」加害者である男性の罪は減刑される。

たとえば、「中一放置死　元中学教諭に懲役六年」［朝日新聞、二〇〇二年三月二六日］を見てみよう。

この事件は、元中学教諭がテレクラで知り合った中一女子生徒に催涙スプレーをかけ、手錠をし、車に監禁しホテルに連れ込もうとした事件。女子生徒は神戸市内の中国自動車道へ放置され死亡した。加害者は「女子生徒が自分か

たり、外泊を許されなかったりして、「不都合」を感じる女性は多いのではないだろうか。スカートの長さや髪の毛の色、化粧の仕方まで、細かく親から小言を言われる女性も多いのではないだろうか。特に、兄や弟がいる女性は、親からの扱いの違いを感じているのではないだろうか。

「無防備で無警戒な女性」「被害者にも落ち度がある」という性犯罪の被害者イメージは、社会的に「女性のあるべき姿」として求められている「価値観」や「道徳感覚」を体現していると言えるだろう。例えば、「女性は男性に従順であるべきだ」「女性は男性に逆らうべきではない」「女性は家事や子育てをすべきである」「女性は結婚したら家に居るべきである」など。つまり、性犯罪の被害者イメージが体現しているのは、「男性にとって都合のよい女性像」なのである。

タックマンは、一つひとつのニュースは社会的現実の特定な理解を促すように、巧みにつくられたものであると述べている〔Tuchman, 1978=1991 : 294〕。「無防備で無警戒な女性」「被害者にも落ち度がある」という被害者イメージは、性犯罪という女性に対する暴力の意図を、「自己責任」という形で女性の身体に帰属させることで、女性の行動を制限させるために社会的に構築されたものなのである。つまり、被害者の女性を「女性のあるべき姿」から逸脱した存在として示すことで、「ひどい目に遭いたくなければ男に従え」ということを女性自身にたたき込むために社会的に構築されたものなのである。

ら道路へ落ちた」と証言し、法廷では直接の死亡原因は「後続のトラックにひかれたため」と事実認定された。

裁判長は被害者について「見ず知らずの男性を相手に援助交際に及ぼうとした」「如何なる危険が存在しているかもしれない所に自ら身を投じた」「落ち度が全くなかったとは言えない」「逃げる機会は他にあった」「善良な社会生活上是認できない」などと述べ、検察側求刑の一二年を六年に減刑した〔朝日新聞、二〇〇二年三月二六日より抜粋〕。

裁判長は「逃げる機会は他にあった」と述べているが、女子生徒がそのまま車に乗っていたとしたら、ホテルで元中学教諭にレイプされていたであろう。裁判官は「殺されたくなかったら、女性は男性に黙ってレイプされていろ」ということが言いたいのか。「懲役一二年から六年の減刑」という研究室で女性記者から取材を受けているとき、本章で書いている内容を繰り返し述べた。しかし、私が話した内容は次のような記事となった。

女性の自己防衛には限界がある。加害者を減らす努力も必要。男性向けの性的な情報がはんらんし、女性の精神的ダメージへの理解が乏しい。刑罰も軽く、犯罪を抑制するには不十分。性犯罪に対する社会の態度は、もっと厳しくあるべきだ［中国新聞、二〇〇二年八月二二日］。

いくら、痴漢や強姦、強制わいせつに対する罪を厳しくし、加害者の男性を長期間刑務所に「隔離」したとしても、性犯罪が減少するとは考えられない（出てきたら同じことを繰り返すだけではないか）。上記の新聞記事は、性犯罪という社会問題を——被害者の女性の問題ではなく——男性の女性に対する意識の問題や、女性の告発を阻止し「泣き寝入り」を強いる社会的意識の問題として提起しようとすれば、簡単に「理解」や「努力」という言葉に置き換えられてしまうことを示している。考えなければならないのは、なぜ性犯罪において「被害者＝女性／加害者＝男性」という構図が生じるのかという点である。性犯罪は、被害者の女性に責任を転嫁することで、女性の告発を阻止し「泣き寝入り」を強いる、社会的意識の問題なのである。だからこそ、犯罪は社会を映す鏡と言えるのだ。

判決が示しているのは、「テレクラや援助交際をする女子中学生・高校生」は「（必ず女性の方に落ち度があるので）殺されても仕方がない」という「価値観」や「道徳感覚」である。

★3　例えば、子どもの塾や学校の送り迎えは、圧倒的に「母親」である女性が行っている。このことは、「子育て」や「子どもの安全を守ること」が「女性の仕事」だと一般的に思われていることを示している。

3 「被害者＝女／加害者＝男」という構図が意味するもの

朝夕の満員電車や最寄り駅やバス停から帰宅途中の女性を狙った痴漢の増加は、警察に被害を告発する（できる）女性が増えたのと同時に、「女性の進学率の上昇」「女性の社会進出」と比例している。つまり、電車やバスを利用して通勤・通学する女性が増えたことに比例して、通勤・通学する女性を狙った痴漢が増加しているのである。男女雇用機会均等法★4（一九八六年施行）や男女共同参画社会基本法★5（一九九九年施行）など、法律や制度が整備されることで、女性に対する差別や、男女間の不均衡は解決されたかのように扱われている。そして、女性の進学率の上昇や、男性だけだった領域に女性が「進出」していくことが、社会的に賞賛されているかのようにも見える。しかし、その一方で、痴漢や強制わいせつ、強姦、のぞき、盗撮などの被害者となるのは女性である。

なぜ、企業や大学でセクシュアル・ハラスメントが起きるのか？　企業や大学内で、「権力」を握っているのが男性だからである。なぜ、女子学生の就職率が男子学生と比較すると低いのか？　企業の採用人事に関わるのは、圧倒的多数の男性だからである。

朝夕のラッシュアワーに痴漢の被害が集中しているのはなぜだろうか？　なぜなら、

★4　**男女雇用機会均等法**　男女雇用機会均等法は、一九八六年に、「雇用の分野において、男女の均等な機会および待遇の確保」を目的として施行された。

★5　**男女共同参画社会基本法**　一九九九年に、「男女共同参画社会」の推進を目的に制定された法律。「男女共同参画社会」とは、法律の総則によると、「男女が、互いに人権を尊重しつつ、責任も分かち合い、性別にかかわりなく、個性と能力を十分に発揮するラッシュアワーに電車に乗っているのは、多数の男性と、比較的年齢の若い女性だからである。ラッシュアワーに電車に乗っているのが、多数の男性と、比較的年齢の若い女性なのはなぜだろうか？　なぜなら、朝のラッシュアワーに電車やバスに乗って出勤する一般企業で働いているのは、多くの場合男性であり、女性は、比較的若い年齢までしか働けないようにされているからである。

　ジュディス・バトラーは、『ジェンダー・トラブル』の中で、トラブルというのは、女の事柄だと思われている謎に関する問題を、婉曲に表したものであり、男中心の文化の中で女の存在は、男にとって、謎や理解不可能さの源であると述べている［Butler, 1990=1997 : 7-8］。バトラーは言う。欲望を持つ男の主体にとって、トラブルがスキャンダルとなるのは、女という「対象」がどうしたわけか、こちらのまなざしを見返したり、視線を逆転させたり、男の立場や権威に歯向かったりし、それによって女という「対象」が男の領域に突然に侵入するとき、つまり予期しない行為体《エイジェンシー》となるときである［Butler, 1990=1999 : 8］。

　例えば、女性が大学を出て就職するということは、かつて男性だけの「聖域」だった場所に、女性が侵入していくことを意味している。ゼミの四年生と就職活動について話していると、次のような事柄をしばしば耳にする。広島市内のある企業の採用試験を受け、最終面接で「うちは女の子をとるつもりはないから」と落とされた女子学生。★6 内定通知が出てから、「国立大学の女の子ときみとが（採用試験で）最後まで残ったんだけど、国立

ことができる社会」ということである。法律制定を期に、各都道府県で条例が制定され、行政窓口が設置された。行政の取り組みの中では、「ジェンダーフリー」という言葉が、「男らしく、女らしくというジェンダーにとらわれず、自分らしく生きるためのキーワード」として随所に使用されている。

★6　一九八六年に男女雇用機会均等法が施行されて以来、「女性の雇用について企業が努力している」ということを、社会的にア

大学の女の子は頭が良すぎて扱いづらいから、きみにしたんだよ」と採用先の社員に言われた女子学生。最初から就職することを諦めている女子学生も、毎年一定数存在する。★7

満員電車の痴漢を自ら捕まえたり、痴漢の被害を告発したりする女性が増えることに伴って、女性の告発を阻止するかのようにマスメディアは、「痴漢の犯人だと間違えられ、冤罪《えんざい》となった男性サラリーマン」について大々的に報道する。「セクシュアル・ハラスメント（性的嫌がらせ）」という言葉を知り、企業や大学を相手に訴えを起こす女性が増えることに伴って、女性の告発を阻止するかのように、「逆セクハラ」や「男性差別」などという、男にとって都合のよい言葉が産み出されていく。こうしたことは、女という、男にとって謎に満ちた理解不可能な存在が、さまざまな知識を得て、女の社会的位置を知り、「女であること」によって生じるトラブルを男に向かって告発することが、男にとっては「脅威」となることを意味している。

「女に学歴は必要ない」「女はすぐに仕事をやめるから」「女にはこの仕事は無理だから」などという言説は、女性が男性だけの「聖域」に侵入しようとしているのを阻止し、「家の中」という「本来女性が居るべき場所」として考えられている領域に女性を押しとどめようとするために機能していると言える。★8

しかし、女性の告発は男性に対する撹乱である。学生の就職先を見ていても、女子学生を積極的に採用している企業と、男子学生しか採用しない企業とでは将来的にどちらが

ピールするための「アリバイ作り」として、最終面接まで必ず女性を残した上で、男性を採用するということがしばしば行われてきた。

★7　「フリーターの増加」や「失業率の増加」という言葉が使用されるとき、女性はどこにいるのか？　結婚＝永久就職だと一般的に認識されているので、結婚や出産を機に仕事をやめる女性は、「失業率」という数字には表れない。また「フリーターの増加」が「若者の労働意欲の欠如」であるかのように社会的に解釈されることで、「女だから」という理由は増加の原因から排除されている。

★8　しかし、女性が家に居ても、父親や夫、パートナーから暴力を受けるように、女性にとって決して「家の中＝安全」とはいえないだろう（ここで言う暴力とは、殴る蹴るだけではなく、言葉による暴力も指している）。

残るかと言えば前者であろう。[★9] 例えば、銀行などの金融機関は、女子学生は基本的に窓口業務のみの採用であり、女性を男性の「お嫁さん候補」としてしか扱ってこなかった。しかし、数年後、全国に多数ある銀行のうち、何社が残るのだろうか。東京都も財政の一部をみずほ銀行から外資系金融機関に切り替えたように、既に外資系金融機関に浸食されているではないか。古い体質のまま、「女に学歴は必要ない」「女はすぐに仕事をやめるから」「女にはこの仕事は無理だから」と面接で女子学生に向かって言うような企業には、就職しなくてよかったと思える日も遠くないかもしれない。そんな企業は明日には潰れているだろう。

大切なのは、女性が、男中心の文化・社会を撹乱し続けることである。性犯罪における「女性＝被害者、男性＝加害者」という構図に見られるように、そして「女子学生の就職難」という現象に見られるように、女性が、男性だけの「聖域」に侵入しようにも、告発しようにも、男中心の文化・社会にさまざまな形で告発を阻止され、沈黙を強いられ、存在自体を「なかったこと」にされてきた。そして女性は、「女である」という理由で日々浴びせられる視線や暴言にも沈黙を守ってきた（軽くかわし、笑ってごまかし、めげていないふりをして）。もう充分ではないか！　今度は、女自らがトラブルを起こし、男中心の文化・社会をかき乱すのだ。[★10]

女性教員が全体の一割にも満たない大学という場所にいて、私という存在自体、男に

★9　私は「女性の方が優れている」とか、「女性の方が仕事をするのに向いている」ということを示したいのではない。日々、大学生と接していて思うのは、仮に私が企業の採用人事に関わっているとしたら、挨拶一つもできず、何に対しても消極的で意欲の欠片もない男子学生を採用したいとは全く思わないからだ。カフェやファッション、テレビドラマや恋愛の話で盛り上がり、楽しそうに旅行の計画を話しているのは、すべて女子学生である。男子学生は、いったいどこで何をやっているのかまったく疑問だ。しかし、そういう消極的で意欲の欠片もない男子学生に限って、「先生は男に恨みがある」だの「先生は男差別的だ」などと、他の男性教員にグチを言い（私に直接言ってくる男子学生など皆無）、「結婚したら女には家に居てほしい」「女に食わしてもらうのは嫌だ」などと

とっては撹乱を意味する。撹乱されまいとして男性教員や男子学生は、私に「セクハラだと思われたら困るんだけど」「女性の方が男性より長生きするからいいではないか」などという言い逃れや暴言を吐き続け、腫れ物に触るような態度で私を黙らせようとする。学内に限らず、日常生活において、「女性も」とか「女性は」というセリフを、一日何回聞いてきたと思っているのだ。

私は、女子学生にしばしば「先生はなんで大学の先生になったんですか？」と聞かれる。なんでなのかは自分でもよくわからない（企業で働こうにも、面接の段階で「オヤジ」と喧嘩しそうだったからとも言えるけど）。ただ、なぜ今もやめずに「大学教員」をし続けているのかを考えると、自分の経験に言語を与え、自らの社会的位置を知るために必要な知識を得るためだとも言える。男を撹乱させ、黙らせるためには、自らの経験に言語を与えることが必要となる。なぜなら、女性が男性から浴びせられる視線や暴言によって、「嫌な思い」をしたと感じたならば、「なぜ嫌か」を男性に対して説明するための言語を必要とするからだ。それは男性に「努力してほしい」とか「理解してほしい」と願うこととは異なる。女子学生の経験に言語を与えるのは私の任務であり、男性中心の文化・社会を撹乱させるためには、知識が必要なのである。

ある女子学生から、「アルバイト先の店長から、嫌がらせを受けているんですが、どうしたらいいでしょうか？」という相談を受けた。なんでも、「何か急な用事があったら

レポートに書く。むしろ、従来、挨拶一つもできず、何に対しても消極的で意欲の欠片もない男子学生でも就職し、「普通に」「何も考えず」生きてこられたことの方が問題ではないだろうか。今までは企業において、「男」が「男」を選んできただけの話である。

★10 例えば女性がタバコを吸うという行為は、「女らしくない」「子どもに影響がある」などという理由によって、社会的に良いイメージが抱かれない。しかし近年、女性の喫煙率は上昇する一方である。このことは、女性が男性だけの「聖域」に侵入することによって生じるストレスによるものとも言えるし、女性が「女性はタバコを吸うべきではない」という規範に抵抗することで、男性中心の文化・社会を撹乱しているとも言えるのではないか。

困るから」と、携帯電話のメールアドレスを聞かれ、彼女は言われるまま店長に教えたらしい。すると、店長は、アルバイトとは全く関係のないメールを、彼女に送るようになった。彼は数ヶ月にわたり、女子学生に対して、「お前には好きな人はいるのか?」「つきあっている人はいるか?」「もしいるならそいつを殺す」などの内容のメールを送り続け、バイト中にも執拗に交際を迫っていたらしい。

彼女は、店長と二人きり、もしくは男性の中に一人だけ「女性」というシフトになることが多かった。私は「シフトを、女性が多い時間帯に替えてもらうように」と彼女にアドバイスをした。その後、元気で自分の意見をきちんと述べる女性数人が働く時間帯に、店長一人だけが「男性」というメンバー構成になったとたん、彼は女子学生にメールを送ったり、執拗に迫ったりすることをやめ、そればかりか、ほとんど何もしゃべらなくなったのである。

女性が、男性の行為によって「嫌な思い」をしながらも、「なぜ嫌か」を、直接、相手に説明することが困難な場合、男性にとって「脅威」となる女性たちの中に紛れること、――これも男性を黙らせるための一つの方法である。自分に自信のない、かといって何の努力もしようとしない男性にとって、元気で自分の意見をきちんと述べる女性は、「脅威」なのである。だからこそ、おとなしくて自分に抵抗しそうにない女性をターゲットに決め、執拗にメールを送ったり、交際を迫ったりすることで、自らの男性性（男としてのプライドやメンツ）を維持しようとしたのだ。しかし、元気で、自分の意見をきちんと述べる女性たちに囲まれたとたん、彼は何もできなくなり、何も言わなくなったのである（そんなチープなプライドやメンツならば捨ててしまえばいいのに）。

「女性の進学率の上昇」や「女性の社会進出」が社会的に賞賛されているかのように扱われる一方で、女性は暴力の被害者となる。近年、携帯電話の「出会い系サイト」で知り合った女性を無職の男性が殺害するという事件が目につく。[★11] このことは社会的に「男性性（男としてのプライドやメンツ）」を維持できない男たちの不満が、女性に対する暴力へと向かうことで喚起されていることを示しているだろう。

本章で私が述べてきたことに対して、「男性に対するセクハラや痴漢も起きているではないか」「今は女性の方が男性より強くなったではないか」「男性を買う女性も増えてきているではないか」などというセリフを吐くのは、満員電車に乗るのが女性ばかりになり、管理職や「権力」を握る位置にいるのが女性ばかりになり、納税者リストの上位に上るのが女性ばかりになってからにしてほしい。

★11 ここ数年、女性が男性によって殺害された事件や、強姦事件、傷害事件に関する報道を見ていると、多くの場合、加害者の男性は「無職」か「アルバイト」である。しかし、「定職に就いている」ということで、男性が男性性（男としてのプライドやメンツ）を維持できているとは限らない。企業や大学という公的領域や家庭という私的領域など、さまざまな場面で、男性は男性性を維持しようと、女性を暴力の対象とする（自分の彼氏・夫だけは大丈夫と思うのは甘いのだ）。

文献

Butler, Judith., 1990, *Gender Trouble : Feminism and the Subversion of Identity*, Routledge.（＝一九九九、竹村和子訳『ジェンダー・トラブル――フェミニズムとアイデンティティの撹乱』青土社）

Butler, Judith., 1993, "Endangered/Endangering : Schematic Racism and White Paranoia", *Reading Roadney King/Reading Urban Uprising*, Routledge.（＝一九九七、池田成一訳「危険にさらされている／危険にさらす　図式的人種差別と白人のパラノイア」『現代思想』一〇月号、青土社、一一三～一三一頁）

Holstein, J.A., & Miller, G., 1990, "Rethinking Victimization an Interactional Approach to Victimology" *Symbolic Interaction* 13 : 103-122.

Tuckman, Gaye., 1978, *MAKING NEWS*, The Free Press, a Division of macmillan, Inc.（＝一九九一、鶴木眞・櫻内篤子訳『ニュース社会学』三嶺書房）

モノと消費をめぐる社会学的冒険

中根光敏

1　摩《ま》訶《か》不思議——不景気なのに物価上昇祈願？

「物を粗末にすると罰《ばち》があたるよ」

私が子どもの頃、おとなたちからよく聞かされた戒めの言葉である。「罰《ばち》」とは、神仏が人知れずくだす冥罰《みょうばつ》を意味している。こうした観念は、「自然物や人工物を含めて万物に超自然的な力が宿る」という原始的な呪術崇拝が世俗的な節制と結びついたものだった。私は、こうした観念を「迷信だ」と笑い飛ばしながら、高度経済成長期の真っ只中に子ども時代を経験した世代である。けれども、この文章を読んでいる人たちの中には、そんな迷信を聞いたこともなければ、「罰《ばち》って何のこと？」と思う人さえいるだろう。いまどきなら、物を粗末に扱うことに対しては、「環境が破壊される」とか「自然がかわいそう」という表現のほうがフィットするかもしれない。

現代日本社会は、物質的な豊かさという点では、未曾有《みぞう》な社会だと言えるだろう。バブル経済の崩壊以降、不況が長期化しているにもかかわらず、百貨店にも商店街にも商品は溢れている。不景気で倒産したデパートやショップの情報を耳にすることはあっても、「販売する商品が不足して店を閉めた」という話は滅多に聞かない。多くの人たちが「そんなこと当たり前だ」と思っているということこそ、現代日本社会が未曾有に「豊かな社会」である証《あかし》だと言えるだろう。

現在の日本では、「構造的不況」とまで言われるほど不景気が長期化しているけれども、その主要な対策の一つとしてデフレ対策が叫ばれている。多くの経済政策論者たちは、物価が下がっていくデフレを不景気の主たる原因として、それを克服するためにしかるべき対処が必要だと主張しているのである。つまり、こういうことだ。消費者の購買意欲が低下し、モノが売れないから、企業は商品の値段を下げて、安売りせざるをえない。商品を安売りする企業は、利益が減少するから、労働者の賃金を下げたり、リストラの名の下に生産コストの削減を計って人員整理したりする。また、債務超過で破綻する企業も増加し、失業率が高くなる。その結果、人々は、収入の低下と将来の不安を抱えるとともに、さらに物価が下がることを期待して（「デフレ予想」と呼ばれる）、もっと消費を手控えるようになる。そして、さらに不景気が深刻化していく。こうした悪循環は「デフレスパイラル」と呼ばれている。デフレ対策として一般に主張されているのは、政府が金融市場へと積極的に介入して物価が上昇するような財政政策を行なうというものである。以下のような新聞記事には、その典型的な主張を認めることができる。

もっとも、経済学の教科書にあるヘリコプターマネーのように貨幣を市場に直接ばら撒くのであれば、物価の上がる可能性は高い。ヘリコプターマネー的政策を現実的に実行しようとすれば、減税や公共支出などの財政支出を金融政策でファイナンスするということになる。もちろん、これは平時では禁じ手である。しかし、できるだけ秩序だった手法でこのデフレ対策を試みることができないだろうか。

［伊藤、二〇〇二］

ここでは、こうしたデフレ対策の是非を問題にするわけではない★1。完全失業率が五・四%★2にまで達し、統計上比較可能な一九五三年以降で最悪の水準にある不況の中でも、「物価の上昇」が祈願されている日本社会というのは、素朴に考えてみれば、不思議な社会ではないだろうか？「購買意欲の低下」が叫ばれているけれども、百円ショップに代表されるような価格破壊を売りにした商店には、休日になると顧客がレジに長蛇の列をつくっていたりする。「だからデフレが益々深刻化していくのだ」と経済政策論者たちから

★1 ただ、経済政策論者たちによるこうしたデフレ批判よりも、私は、以下のような小説の記述に共感を覚える。
「誰の話し声もきこえない。ひっそりと静まりかえった博物館みたいなショッピングセンター。季節は冬だが、半袖Tシャツ一枚で歩けるほど、エアコンディションは完璧だ。誰も手にとる人間がいなくても、商品は満足そうに生まれたての輝きで互いを照らしている。ちょっと目を離しているすきに、値札だって自然にいれかわっていくだろう。数字は枯れ葉のようにくるくると回転して舞いおり、品質とデザインは不必要なまでに向上していく。素晴らしきデフレ。」［石田、二〇〇二、六五頁］

★2 総務省が発表した二〇〇二年の平均失業率。

は言われてしまうかもしれない。しかし、賃金カットや失業の不安に苛《さいな》まれている人々は、百円ショップに「絶対に必要なモノだけ」を買いにきているのだろうか？　そもそも、百円ショップに必要なモノなんてあるんだろうか？　それでは、一体、必要なモノとは、どんなモノなのか？

こんな素朴な疑問から、モノと消費をめぐる社会学的冒険をはじめてみたい。

2　物の道具的機能／モノの記号的機能

先日、自宅で使用していたトースターが故障してしまった。数年ほど前に購入した商品で、すでに保証期間の一年を過ぎてしまっている。一般に「おしゃれ家電」とか「デザイン家電」とか呼ばれている輸入物の一種で、冷凍パンを解凍できることと、トーストしたパンを温め直すことができる以外には、他のトースターと比較して、道具としての機能的な差はない。トースターとしては若干値段が高かったけれども、デザインが気に入ったから購入した次第である。実は、随分前から、この故障は予測されたものだった。というのは、偶然、全く同じトースターを購入した知人がいて、半年後に故障してしまったので、保証書による修理を輸入代理店に依頼したところ、新しい物に取り替えてもらっていたからだ。その知人によれば、どうも、ある部品に構造的な欠陥があったらしく、新しく送られてきたトースターは、その部品が別の形状のものに変わっていたそうである。

代理店に連絡して修理の費用がどのくらいかかるか聞いてみようか？　それとも、もう面倒くさいから、新しいトースターに買い替えようか？　大学の同僚たちと雑談していて、この話題となり、冗談半分で意見を聞いたところ、一人が「トースターなんて、一、〇〇〇円で売ってるやん」と言い放った。とっさに、私が「一、〇〇〇円のトースターなんて壊れないからイヤだ」とこたえると、別の同僚から「中根さんはモノを買うのが好きなんだもんね」と笑われてしまった。見抜かれている。実のところ、知人から「故障する」という情報を聞いてから、私は、家電ショップや雑貨店に行くたびに、「次はどれにしようか？」と展示されているトースターを物色して楽しんでいたのである。

どうすべきかという決心がつかぬまま、電器屋さんのトースター売り場に行ってみると、さすがに一、〇〇〇円のトースターはなかったけれども、一、九八〇円のバーゲン商品が展示されていた。確かに、ディスカウントショップに行けば、同様の商品が一、〇〇〇円で手に入るかもしれない。食パンをトーストするという機能だけなら、それで全く問題はないし、耐久性だって、「輸入物」★3と比較すれば、長持ちする可能性のほうが断然高いだろう。

一、九八〇円のトースターを前にしばらく考えたあと、ようやく決心がついた。

★3　もっとも一、〇〇〇円のトースターが日本で製造された可能性は非常に低いことは言うまでもない。

その種のトースターは絶対に買わないと。

「なぜ、安いトースターを買わないのか？」と聞かれたら、相手を完全に納得させるだけの理由を説明できるだろうか？　「デザインが気に入らないから」という理由だけでは、「一、〇〇〇円トースター」を勧めるような相手を完全に納得させることはできない。

新聞に掲載されていた以下のような輸入トースターの紹介記事は、私のトースターに関する消費行動を説明するのにピッタリである。

忙しい朝。朝食にそう手間はかけられないけれど、しゃれたデザインのトースターでパンを焼ければ、それだけで、気持ちのいい朝食になりそうだ。そんな気分にさせてくれる写真のプリンセス・ローラートースター（オープン価格）は、オランダの家電メーカー、プリンセス社の商品だ。★4

そう、「しゃれたデザイン」でなければ、「それだけで」「気持ちのいい朝食」には、ならないのだ。朝起きるのが苦手な私にとっては、パンを入れて焼こうという気分にならないようなトースターは、必要ないのである。使いもしないモノを買うほど、私は裕福ではないし、使いもしない道具を置いておけるほど、キッチンも広くない。

それでは、「しゃれたデザインのトースター」を購入する人たちは、何を消費している

★4　二〇〇二年一一月一六日付の『朝日新聞（朝刊）』の記事。

のか？　ここでは、消費対象としての物が本来備えている有用性を道具的機能と呼ぶ。トースターの道具的機能は、言うまでもなく「パンを焼く」ということである。道具的機能だけを比較すれば、「二、〇〇〇円トースター」も「しゃれたデザインのトースター」もほとんど同じである。とすれば、「しゃれたデザインのトースター」を購入する消費者は、道具的機能以外の何かを消費するために、余計にお金を支払っていることになる。ここでは、その何かをＪ・ボードリヤールに倣《なら》って記号的機能と呼ぶ［Baudrillard, 1970=1979］。Ｊ・ボードリヤール★5は『消費社会』で以下のように述べている。

人びとは決してモノ自体を（その使用価値において）消費することはない。――理想的な準拠としてとらえられた自己の集団への所属を示すために、あるいはより高い地位の集団をめざして自己の集団から抜け出すために、人びとは自分を他者と区別する記号として（最も広い意味での）モノを常に操作している。［中略］消費者は自分で自由に望みかつ選んだつもりで他人と異なる行動をするが、この行動が差異化の強制やある種のコードへの服従だとは思ってもみない。他人との違いを強調することは、同時に差異の全秩序を打ち立てることになるが、この秩序こそはそもそも初めから社会全体のなせるわざであって、いやおうなく個人を越えてしまうのである。［Baudrillard, 1970=1979：68］

★5　ジャン・ボードリヤール（Jean Baudrillard 1929～）
フランスの社会学者・思想家。生産中心主義を批判し、消費という観点から現代社会を解読する「消費社会論」を展開して、一躍注目を集めるようになった。また、現代社会の分析に記号論を導入したことでも、高く評価されている。近年では、学術的な領域を超えて、現代文明批評で活躍している。

記号的機能とは、あるモノを消費することによって、消費者に他者とは違う自分を同定させることである。もちろん、ただ単に他人と違っているだけでは、モノの記号的機能は発揮されない。「しゃれたデザインのトースター」であることは、他人のトースターとの差異を表示する一方で、「しゃれたデザイン」であることが承認される共通のコードを必要とする。モノが記号的機能を果たすためには、その消費によって、差異が表示されるような違いがなければならないけれども、同時に、その差異は「違いが分かる」程度に同じコードに位置づくものでなければならないのである。

消費という視点からは、物の道具的機能自体が、モノの記号的機能として構成されていくという側面が浮かび上がってくる。たとえば、「出力三〇〇馬力を超えるエンジンを搭載した高級車」「音声付きの動画をメールで送付できる携帯電話」「テレビ番組を予約編集できるパーソナル・コンピュータ」などのハイテク機器を想起してほしい。これらの機器に付属されている機能は、有用性という面からみれば道具的機能と言えるだろう。けれども、これらの機器が消費対象としてのモノになるのは、記号的機能を果たすからにほかならない。この場合、実際に、それらに付属されている道具的機能が使用されるか否かは関係ない。なぜなら、記号的機能を発揮しているのは、付属された道具的機能自体であるからだ。J・ボードリヤールなら、こう言うだろう。

あるモノが「客観的に見て」どの程度役に立たないかは、決めようがないのだから。［Baudrillard1970=1979 : 156］

同様に、どのようなモノが「役に立つ（有用な）のか」或いは「必要であるのか」ということにさえ、記号的機能が大きな影響力を発揮する社会を私たちは生きている。つまり、人間にとって必要なモノが絶えず新しく刷新されていく社会を、私たちは生きているということである。

現代の情報消費社会のシステムは、ますます高度の商品化された物資とサービスに依存することを、この社会の「正常な」成員の条件として強いることをとおして、原的な必要の幾重にも間接化された充足の様式の上に、「必要」の常に新しく更新されていく水準を設定してしまう。［中略］原的な必要であれ新しい必要であれ、［中略］現代の情報消費社会は、人間に何が必要かということに対応するシステムではない。「マーケット」として存在する「需要」にしか相関することがない。［見田、一九九六、一一一頁］

見田宗介は、一九九〇年代に東京で電話のない家庭が「普通に」生きられないと述べている〔見田、一九九六、一一〇頁〕けれども、二〇〇三年には、携帯電話のない大学生も「普通の大学生」になれないかもしれない。一〇年ほど前には、携帯電話を持っている大学生は数%に過ぎなかったけれども、今や携帯電話を持たない大学生の方が数%になっている。携帯電話を持たない大学生は、友人関係から排除されたり、アルバイトの雇用からも排除されるかもしれない。もちろん、友人関係を持てなくても、アルバイトに就けなくても、大学生として生きられないわけではない。けれども、友人関係を持たない大学生やアルバイトができない大学生は、「フツーの大学生」とは言えないだろう。

3　消費の物語

T・ヴェブレンが、一九世紀末のアメリカの有閑階級★6による消費行動から見出した衒示《げんじ》（誇示）的消費conspicuous consumptionという概念は、現代社会に於ける消費活動を解読する上でも、有効である。名声や高い社会的地位を獲得しようと「余計なもの」「無駄なもの」を消費することに躍起となったアメリカの有閑階級による消費行動は、「特権的な財の見せびらかし」という衒示的消費だと、T・ヴェブレンは批判したのである〔Veblen,

★6　有閑階級とは、一般に、働かなくても生活できる資産を持って、日々、暇をもてあまして社交や娯楽にふける階級を意味している。T・ヴェブレンは、有閑階級を以下のように特徴づけている。「全体としての有閑階級は、

1889=1961］。つまり、衒示的消費とは、積極的な浪費によって社会的威信を維持しようとする有閑階級の消費特性を表現したものだった。もちろん、T・ヴェブレンの言う衒示的消費は、有閑階級という社会的に限られた上流階級にだけ当てはまるものであり、また、記号的機能としては「上下の差異」を表示する単純なもの（縦軸だけ）だった。それに、横軸の差異が加わることによって、モノの記号的機能は開花していくわけであるけれども、それを準備した歴史的段階をみておかなければならないだろう。

衒示的消費が有閑階級固有の特性として見出されたのは、社会階層間の上昇・下降という社会移動が停滞し、マーケット（市場）が十分に開かれていなかった時代である。社会移動が活性化し、市場経済が社会に浸透していくことによって、大衆消費社会が到来する。日本では、一九五六年に「もはや戦後ではない」と『経済白書』で謳《うた》われた一九五〇年代中頃から大衆消費社会段階に入ったと言えるだろう。当時、耐久消費財の需要を喚起するために生まれたキャッチコピー「三種の神器」は、白黒テレビ・電気冷蔵庫・電気洗濯機を指し、大衆が手に入れたいモノを象徴する言葉だった。また、一九六〇年代後半には、「三種の神器」に替わって「3C」というカラーテレビ・自家用車・ルームクーラーを指す言葉が流行した。こうした「三種の神器」や「3C」に象徴される標準化された消費費目のセットを、D・リースマンは、スタンダード・パッケージと呼び、そうした消費をスタンダード・パッケージ消費と名付けた［Riesman, 1950→1961=1964］。

貴族階級や僧侶階級を、その多くの従者とともにふくんでいる。その階級の職業は、それに応じていろいろに分かれる。しかし、それは非生産的であるという共通の経済的特徴をもっている。このような上層階級の非生産的職業は、おおざっぱにいって、政治、戦争、宗教的儀式およびスポーツのもとにふくませることができるだろう。」［Veblen, 1899=1961 : 9-10］

D・リースマンがスタンダード・パッケージ消費を担う典型的な人間像のタイプとして特徴づけたのは、自分の周りにレーダーを張り巡らし、周囲の状況をチェックすることで他人の行動に合わせて自分の行動を決定していく他人志向型タイプ[★7] other-directed-type である。他人志向型タイプが行うスタンダード・パッケージ消費は、物の有用性（道具的機能）に向けられるのではなく、社会的順応の手段として行なわれるのである。たとえば、日本社会では、ピアノが典型的なスタンダード・パッケージ消費を象徴していたと言えるだろう。当時、日本の住宅事情からみれば、どう考えても相応しくないこの大型楽器は、女の子がいる家庭のほとんどが、少々無理してでも手に入れたい商品だった。数年もたてば中が錆び付いて、そのほとんどが楽器として使い物にならない運命となる大型楽器は、それを手に入れることによって「人並みの生活」を約束し、自らが「中流である[★8]」ということを保証してくれるモノだったのである。大衆消費社会段階に至って、一般に、物はその道具的機能ではなく、「人並み」であることを表示してくれる記号的機能で消費されるモノとなる。

村上泰亮は、中流幻想が飽和状態に達していく高度経済成長を終えた日本の産業社会に関して、「豊かさ」を享受した人びとの自己主張が先鋭化・多様化・コンサマトリー化し[★9]ていくことで、目的を喪失し、没落の危機にあると警告した［村上、一九七五］。つまり、豊かな消費社会の到来は、「豊かさ」を実現してしまうことによって、人びとの目的を喪失

★7　他人志向型タイプ

D・リースマンが提唱した伝統志向型／内部志向型／他人志向型という三つの社会的性格のカテゴリーは、歴史的発展過程に対応させる形で「社会的順応の形式」として定義されたものである。中世以前の停滞的社会では、儀式・戒律・習慣など伝統的な行動様式にしたがって行動する伝統志向型人間が特徴的なタイプとなる。近代資本主義社会では、ジャイロスコープのような内面的な価値を装置して、その目的地に向かう航路に沿って行動する内部志向型人間が出現してくる。大衆社会段階に至って登場するのが、他人の行動に準拠しようとする他人志向型人間である。D・リースマンは、他人志向型人間の消費が、T・ヴェブレンの衒示的消費と本質的に異なっていることを強調している。D・リースマンによれば、衒示的消費は金という伝統的な

させてしまうと言うのである。そして後に、村上は、豊かな消費社会を享受した人びとを新中間大衆new middle massと名付ける。新中間大衆は、「豊かな消費社会」を支えた手段的価値（勤勉さ／まじめさ）をコンサマトリー化し、産業社会を推進した価値観＝手段的能動主義を空洞化してしまう、と［村上、一九八四］。こうした村上の視点は、人びとの消費ではなく、生産の領域に焦点をあてたところに、消費社会を射程にする際には★10、その限界があったと言えるだろう。すなわち、村上は、「豊かさ」を一定の水準が達成されることによって満たされてしまう欲求という程度に位置づけていたのである。同時期に大衆を論じた山崎正和の視点は、村上の「新中間大衆論」とは正反対なものとなっている。

［……］消費する自我は、めざすべき目的として自分の欲望を限定しない自我であり、また、その目的実現のために自分を手段としても限定しない自我だ、といへる。考えてみれば、存在としてひとつの限定された目的しか持たず、もっぱらそれを実現するための手段として存在し、しかも、それを限定されたただひとつの方法で実現するのは、ほかならぬ機械といふものであった。だとすれば、先の生産する自我が、一面でかぎりなく機械に近い存在であったのにたいして、この消費する自我はもっとも非機械的な、したがってもっとも人間的な存在といへるかもしれない。［山崎、一九八四、一八五〜一八六頁］

尺度にしたがった内部志向型人間の特徴として見出せるものであり、「他人指向的な人間は自分だけ光り輝こうというような欲望を持っていない」［Riesman, 1950→1961=1964 : 106］ということになる。

★8　総理府の統計（『国民生活の世論調査』）によれば、人びとが自らを「中」の階層に所属すると答えた割合（「中の上」「中の中」「中の下」の総和）は、一九五八年に七二・四％から増加し一九七九年には九一・三％にまで達している。言うまでもなく、「中」の階層に所属すると答えた人びとの割合は、「中流である」人びとの割合を示すわけではなく、「中流でありたい」という中流志向（幻想）を持つ人びとの割合を示している。

★9　コンサマトリー化とは、それ自体が即時的な価値となるものへの志向を意味している。たとえ

消費する自我の欲望は、満足して解消することなく、「少しづつ満足されながらなほ執拗に疼いてゐる」〔山崎、一九八四、一八六頁〕。山崎は、消費する自我を「藝術的人間」★11＝表現する人間と呼び、自己探求の営みを行なう存在として評価する。つまり、「生産すること」から「消費すること」へと価値観が移行してこそ、人びとが個性を発揮できる社会が到来する、と主張したのである。

消費する自我を肯定的に評価する山崎の視点は、高度消費社会の到来を象徴するマーケッティング分野から登場した少衆論〔藤岡、一九八四〕や分衆論〔博報堂生活総合研究所、一九八五〕と同質のものだったと言えるだろう。少衆論・分衆論では、「消費者が、他人と同じ人並み消費を志向する大衆の時代から、高感度なセンスにもとづく差異化＝個性派消費を志向する少衆・分衆の時代へと、日本の消費社会は転換した」と宣言された。そして、少衆論や分衆論に象徴される「新しい消費者像」は、高度経済成長を終えてからパッとしないマイナーチェンジを繰り返してきたマーケッティング分野で、消費者像をフルモデルチェンジする所謂《いわゆる》「消費論ブーム」〔松井、二〇〇二〕に繋《つな》がっていった。けれども、高感度なセンスを持った「新しい消費者」が個性派消費を行っていた、という点に関しては、かなり疑問である。★12

今や小説家としてよりも某県知事ヤッシーとして有名な田中康夫は、某都知事に「三流

ば、「踊りたいから踊る」「歌いたいから歌う」というように。

★10　生産の領域に限定すれば、当時、村上が日本の産業社会に抱いた危惧は、それほど的外れでもなかったと言えるかもしれない。ただ、一九七〇年代後半から一九八〇年代半ばにかけて、経営学や産業社会学で盛んに評された「日本の労働者の勤勉さ・まじめさ」に関しては、その実証的な検証が必要だろう。つまり、村上が産業社会を推進した価値観と位置づけた手段的能動主義というものは、どの程度まで日本の企業社会に浸透していたのか、ということである。上司の命令に決して「No」と言わず、周りを見渡し横並びで残業を続け、「接待」と称した付き合いを是とするような日本企業社会の価値観を、欧米社会では、「勤勉さ」とも「手段的能動主義」とも呼ばないだろう。

小説」と酷評された流行小説『なんとなく、クリスタル』で、以下のように、主人公の女子大生の心理描写をしている。

テニスの練習がある日には、朝からマジアかフィラのテニス・ウェアを着て、学校まで行ってしまう。普段の日なら気分によってボート・ハウスやブルックス・ブラザーズのトレーナーを着ることにする。スカートはそれに合わせて、原宿のバークレーで買ったものがいい。でも、一番着ていて気分がいいのは、どうしてもサン・ローランやアルファ・キュービックのものになってしまう。いつまで着ていても飽きのこない、オーソドックスで上品な感じが魅力になっている。六本木へ遊びに行く時には、クレージュのスカートかパンタロンに、ラネロッシのスポーツ・シャツといった組み合わせ。ディスコ・パーティーがあるのなら、やはりサン・ローランかディオールのワンピース。〔田中、一九八一↓一九八五、四四頁〕

この小説には、四四二にも上る注釈が付けられており、それらのほとんどはブランドに関する（田中流の）説明になっている。興味深いのは、上述した主人公の心理描写と、後に、精神科医・大平健が「〈モノ語り〉の人びと」と名付けた人たちの症例とに、全く同じパーソナリティが認められることである。大平は、気軽に精神科を訪れる人びとの中

★11　一方、山崎は、生産する自我を「技術的人間」と呼んでいる〔山崎、一九八四、一八七頁〕。

★12　松井剛は、J・ボードリヤールの消費社会論が日本のマーケッティングの世界に導入される際に、我田引水的に解釈されていく矛盾を指摘している。「しかし注意しなければならないのは、ボードリヤールの想定する記号論的世界においては、個人の消費行動が差異化の構造論理に従属している、という点である。つまり、主体的に消費対象や消費スタイルを選んだと自らが考えたとしても、実は社会で共有されたコード化された差異の反映にすぎないのである。明らかに、そこに個人の主体性は見出すことはできない。」〔松井、二〇〇一、一二五頁〕

に、モノを媒介とした途端に雄弁になるという共通のパーソナリティを見出せるとし、そうした人びとを「〈モノ語り〉の人びと」と命名した［大平、一九九〇］。そして、モノを媒介としてしか他人と付き合えないのは、「〈モノ語り〉の人びと」だけでなく、豊かな社会特有の病理である、と大平は示唆している。

　病理と呼ぶかどうかは別にして、ブランド消費は、モノによって個性を表示しようとする高度消費社会に生きる人びとに、特徴的な消費行動として日本社会に定着していった。なぜなら、ブランドは、「違いが分かる」程度の差異（個性）を表示するモノとして、その記号的機能を発揮するのに好都合なモノだったからである。つまり、自己が消費によって個性的であることを示すためには、他の人びとに「個性的であること」が分かる程度に同一のコードの下にある差異を示さなければならない。他の人びとに分かるという点で、ブランド消費は、記号的差異を発揮するためのお手軽な消費文化だったのである。モノによって個性を表示しようとする高度消費社会段階に至って、モノの消費を「物質的な物」の使用や所有に囚われずに考えることが、一般的に可能となる。★13

　商品の生産と消費中心主義は、自己の認識ばかりではなく、自己の外にある世界の認識までも変えてしまう。これらのものがつくりだしているのは、鏡や、架空のイメージや、どんどんリアリティーとの区別がつかなくなっていくイリュージョン

★13　J・ボードリヤールが言うように、「消費はもはやモノの機能的な使用や所有ではない」［Baudlliard, 1970=1979：121］。そして、注意しておかなければならないのは、人間社会にとってモノは最初から物質的な物を超えた存

でできた世界なのだ。鏡の効果は主体を客体にする。と同時に、客体の世界を自己の延長、あるいは投影にしてしまう。だから、消費文化を物質に支配された文化と解釈するのは誤解のもとだ。消費者は物質よりもむしろファンタジーにとりかこまれて生きているのだからである。消費者が生きている世界には、主体もなければ、実在もない。そうしてその世界は彼の欲望を充足させたり、あるいは挫折させたりするためだけに存在しているかのようにみえるのだ。［Lasch, 1984=1986 : 19］

高度消費社会に生きている人びとが物質に支配されていると考えるのは、誤りである。人びとは、物質に支配されているのではなく、「消費によって個性を表示する」というファンタスティックな物語に支配されているのである。それは、実際に消費されているモノに目を向けてみれば、すぐに明らかになる。スノッブなイタリアンレストランで食事をすることも、レストルームのような脱臭化されたトイレ空間で排泄することも、消費であることに違いはないのだから。そして、C・ラッシュが言うように、ファンタスティックな物語の世界は、人びとの欲望を充足させるだけでなく挫折させる。もし、その人が本当に個性的であるならば、モノの消費によって個性を表示する必要などないからだ。したがって、モノによって個性を表示しようとする消費者の試みは、いつも挫折する運命にあるという意味で、エンドレスゲームなのである。

在であったということである。類人化石が発見された際、「道具の有無」は、人類か否かを判断するのに重要な決めてとなる。道具は、二つの意味で、単なる物質以上のモノとして特徴づけることができる。まず、道具の使用によってもたらされる産物は、人間間で交換可能なモノである。また、道具の使用には必ず技術が必要とされるけれども、技術にはそれが何らかの方法で伝達されるという意味でコミュニケーションの存在が前提となる。

「核戦争」「テロ」「犯罪」「環境破壊」という誰も逃れられない終末感漂う一九八〇年半ばのアメリカ社会に生きる人びとのパーソナリティを、C・ラッシュはミニマルセルフ（最小限の自己）というカテゴリーで特徴づけている。自分が自分自身であることを確証できないほど自らのアウトラインを失った自己が、アイデンティティ（自己同一性）を確保するために「自己への関心が精神的なサバイバルへの関心という形をとってあらわれる」［Lasch, 1984=1986 : 2］という背景から、ミニマルセルフは現われる。かつてD・リースマンによって他人志向型人間と名付けられたパーソナリティが他人の行動に準拠したのに対して、ミニマルセルフは、鏡に映し出された自己に魅惑されるナルシシストのように、「自分自身のファンタジーの世界」で生き残ることを志向する。ミニマルセルフは、自己をシェルターの中に囲い込むかのようにして防衛するわけである。そのシェルターは、内部に「自己のファンタジー」を張り巡らせた防壁で守られており、その防壁からは、自己を脅かす「外の世界」が見えないように、内側に鏡が敷き詰められている、とイメージしたらいいだろう。自己を最小限にして、このようなシェルターに閉じ籠《こ》もることによって、ミニマルセルフは、「外の世界」＝他者からの評価や攻撃に曝《さら》されないように、自己のアイデンティティを維持しようとするのである。

ミニマルセルフという概念は、高度消費社会が「違いが分かる」消費志向から「分かるものにだけ分かる」消費志向へと移行した現代日本社会を解読するのに有効である。ブランド消費が一般に定着して飽和状態に達すれば、人びとは、そうした消費によって表示された記号的差異（個性）が階層性に規定されたものにすぎないという「物語の結末」に否応なく向き合うことになる。ファンタスティックな物語の世界になおも生き続けるためには、「分かるものにだけに分かる」という風に自己を最小限にしていかなければならないのだ。ミニマルセルフにとっては、最早、モノを媒介にして他人と付き合うことさえも必要最小限で済ますことができる。分かるものにだけに分かればいいのだから、分からないもの（他者）にまで、あえて説明する必要はなくなるわけである。

4 消費の快楽／消費の憂鬱——高度消費社会の亀裂

高度消費社会に於いては、「個性的であること」が、強制された結果として社会的に現象する。すなわち、ある個人が主体的に自由な消費行動を行なったと思っていたとしても、それは社会的に共有されたコードのもとで、「差異化された記号」を消費させられているにすぎないことになる。「違いが分かる」という消費志向から「分かるものにだけ分かる」という消費志向へ移行しても、それらの消費によって示される個性が強いられた結果であることに変わりはない。だから、J・ボードリヤールによる高度消費社会論の帰結は、現実や主体が不在となったことを隠蔽するセミオクラシー（記号支配）であった［Baudrillard, 1981=1984］。けれども、ファンタスティックな世界に生き続けようとするミニマルセルフは、「自己のファンタジー」を際限なく細分化していかざるをえない。これらのファンタジーが共通のコードをもとにして構成されていくことは明らかであるとしても、細分化されたファンタジーの世界に於いては、共通のコード自体も不在となる。もちろん、共通のコードが消滅したわけではない。ただ、共通のコードが多様に分化し、多層に積み重ねられたことで、高度消費社会のセミオクラシー体系に裂け目が生じているということである。細分化されたファンタジーを生み出した共通のコードが、そのファンタジーの内部で不在となる。ここでは、それを高度消費社会の亀裂として考えてみたい。

次の二つの文章は、いずれも東京の地下街について書かれたものであるけれども、非常に対照的な記述となっている。

> ひとけのないショッピングセンターは『ヘンゼルとグレーテル』にでてくる魔法の森のようでもある。一本一本の木が意志をもち、迷い込んだ人間の気を引き、伸ばした枝の先でがんじがらめに縛ろうとする。おれはいつも商品の魔法にかからぬように、広い通路のまんなかを歩く。もちろん財布が限りなく薄いせいもあるが、人が人を呼ぶようにものも人を呼ぶのだ。［石田、二〇〇二、六五～六六頁］

何のために商店街はあるのだろうか。日用品を売っている店とか、特別なおとくい相手の店は別として、いつも品物を取り換えて並べている商店は、ブラつくのがすきな人たちを立ち止まらせるために苦心しているのだから、そうした努力のしかたが薄れると、こっちではすぐ気づいてしまう。〔中略〕東京の地下街店は白い檻房《かんぼう》のなかに、きまったような棚がつき、どこでも下手くそな並べかたがしてあるので、置かれた品物が可哀想になってくる。〔植草、一九六九↓一九九四a、三三五頁〕

石田衣良は、小説『池袋ウェストゲートパークⅢ』で、主人公・マコトが「商品の魔法」に対して抱く警戒心を記述している。「魔法の森」にたとえられるデフレ不況下の池袋のショッピングセンターでは、陳列された商品＝モノ自体が意志を持っており、逆に、ショッピングセンターに迷い込んだ人間の方がモノに呼びかけれる客体であるかのように見える。そこで、人間が主体であることを示すためには、マコトのように「商品の魔法」にかからぬように、モノの呼びかけに耳を塞《ふさ》いで通り過ぎる以外にない。石田は、「商品の魔法」にかかって客体化される「人びと一般」になってしまわないように、モノの呼びかけに応答しないところで、主体であり続けようとするマコトの意志を描き出している。この小説の記述では、人間の意志は、モノの呼びかけに耳を塞ぐというネガティヴな行為をもって辛うじて示されるものとなっている。逆に、モノの呼びかけに応じた途端、人間は「魔法の森」に迷い込むがごとく自らの意志を失ってしまうのである。つまり、ここで石田が描いているのは、現代人が消費という快楽に身を委ねることで自己を見失っていく光景《シーン》だと言えるだろう。

一方、マコトとは対照的に、植草甚一は、高度経済成長真っ只中の東京の地下街で、モノが魔法をかけてくれないことを嘆いている。ここで、注意しておかなければならないのは、植草が決してモノ自体を嘆いているわけではない、ということである。「下手くそな並べかた」をしている商店＝売り手の努力の欠如を、彼は「置かれた品物が可哀想になってくる」とまで言っている。つまり、植草が嘆く原因は、売る側の意志が伝わってこないところにある。

不世出のエッセイスト・植草甚一は、実に様々なものを買い求めながら、街を散歩したことで知られている。彼の買い物には、必ずしも明確な目的があったわけではない。むしろ、植草は、「これと言って何を買おう」という目的など持たずに、街をブラブラと漫《そぞ》ろ歩くのがほとんどだった。

ぼくは散歩が好きな男だ。それが何か売っている場所でないと散歩する気が起こらない。だから散歩というよりブラつくといったほうがいいわけで、何かしら買って帰らないと、その晩の仕事がはかどらない。くたびれたなという気持ちがさきにたって、机に向かってもポカーンとしている。ジャズのレコードを買って帰った日は、すぐ聴いてみようというふうになるけど、手ぶらの帰宅ではどうしようもない。〔植草、一九七三→一九九四b、一五四頁〕

じつはぼくは何か買って帰らないと、その晩は原稿を書く元気がなくなってしまうのである。洋書を十冊以上買って帰り、それをパラパラめくっていると夜中の二時ころになり、それから朝まで原稿を書く癖がついてしまった。けれど古本屋があまりない繁華街をブラつく日がある。たとえば新宿だと一番さきに紀伊国《ママ》屋の洋書部でペーパーバックの新刊やフランスの小説などを数冊買うと、まあ一時間くらいですんでしまうから、それからは舶来雑貨のディスカウント・ショップをのぞいて歩くことが多かった。〔植草、一九七四→一九九四b、八六頁〕

古本、レコード、切手、玩具、ライター、ボールペン、時計、洋服、スカーフ等々……。植草の買い物は、系統だったコレクターやマニアのそれとはほど遠いものだった。彼が買い求めたのは、行き当たりばったりで気に入って、手持ちの金でどうにかなる程度のガラクタなようなモノばかりだった。そして、それらのガラクタに魔法をかけたのは、植草自身の方だった。

どんな安物のパイプでも、ひとたび植草甚一という〝趣味の国の王様〟の手にかかると、かけがいのない宝物になる。［中略］この王様はまた趣味の世界にありがちな独占欲、排他性と無縁だ。モノを大事にするが、それを決して貯めこんだりしない。苦労して手に入れたモノでもあっさり手放してしまうし、人にあげたりもする。［中略］大事なモノは、植草甚一にとって玩具箱のなかに仕舞いこむものではなく、通過させていくものだ。［川本、一九九四、二三〇〜二三一頁］

お気に入りのモノとの出会いから、それを買おうかどうしようかと迷う様子、買って帰ってあれやこれやと眺めたり手にとったりして無邪気に喜ぶ様まで、植草が自らの消費の一部始終をエッセイに仕立て上げると、ガラクタは輝きを帯びたモノに変貌した。植草のエッセイがそれを読む者に自由な感覚を与えるのは、彼が同時代に支配的だった人並み化の大衆消費社会から自由でいられたからだろう。洗練されていない東京の地下街を嘆いた植草は、他方で、洗練された銀座の商店街に関して、憂鬱な気持ちを吐露《とろ》している。

［……］銀座をブラついているときは、ウィンドウに飾ってあるものを眺め、買っ

た気持ちになってリラックスしてしまうのだ。そうした傾向が近代的高層ビルがふえるにしたがって、そのなかのアーケードを歩いているときに、ひとつの特色となってきたように感じさせる。買わないでリラックスさせるという高級店がふえてきたのは面白いことだが、手ぶらで帰ったあとの気持ちはどうなっているのだろうか。あれを買おうか、それとも別のものを買おうかと考えたり、そのうち忘れてしまったり、また見にいってみると、なくなっていたりする。そして、それが当たりまえのことになってしまうのはいいとしても、ぼくとしてはブラつく目的をうしなってしまうことになるのだ。そういった変化が、東京の中では感じられるようになってきている。〔植草、一九六九↓一九九四a、三三五〜三三六頁〕

植草甚一が、銀座の高級な商店街にいち早く看取したものこそ、大衆消費社会から高度消費社会への変化だったと言えるだろう。差し当たって必要のないガラクタのようなものを買うことで自由な感覚を得られたのは、大衆消費社会に於いてそれが個性的な行為であったからである。けれども、高度消費社会では、もはや個性的であることは自由ではなく、個性的であることが強いられるのだ。石田衣良は、高度消費社会に於ける消費の虚しさを上手く描き出している。

思うにこの世界で大人になるのは、人類最後の買いもの客に成長していくことなのだろう。絶え間なくものを買い、空っぽの心に投げ込む。買いものの淋しさに耐えられなくなり、ショッピングセンターを憎みながら、それでもほかにいくあてもなくまぶしい通路を歩きまわるのだ。たくさんの商品がうたうセイレーンの歌をききながら。〔石田、二〇〇二、六六頁〕

消費には、快楽とともに必ず憂鬱さがつきまとう。それは、高級なショッピングモールでも、チープな百円ショップでも変わりはない。また、洗練された消費であっても、ダサイ消費であっても、消費にともなう憂鬱さから逃れられるわけではない。岡武士の小説「春は酩酊《めいてい》」の中で、安い服を求めて一〇軒目で四百九十円のブルゾンを買った主人公・ヒグチヨウコウは、自らの消費を以下のように回想している。

水を飲み買ったばかりの古いSF映画雑誌のページをめくった。なぜこんなものを買ったのだろうか？　ちらと思った。SF小説はよく読む、SF映画もそれなりに観る、しかし専門雑誌を買ってまでその領域に詳しくなろう、とは思わなかった。結局安いから買っただけのことなのだが、探していたわけでもなく、べつに欲しいわけでもなくて、いろんなところで金を惜しみに惜しんでじゃあ剰余分はどこにい

くかといえば、つまりはこういうことなのであった。〔岡、二〇〇二、八八頁〕

高度消費社会に於いては、消費すること自体を極力控えたり避けたりするような志向自体も、「個性的なスタイル」として消費されていく。★14 確かに、狭小の賃貸住宅にローンで数十万円もする絵画を買い込んだり二〇万円の浄水器を取り付けたりする人間の消費も、★15「環境にやさしいクルマ」や「リサイクルできる暖房器具」に買い換える人間の消費も、★16同じくらい矛盾しているのかもしれない。それでも、私たちに可能なのは、消費の憂鬱さの前で躊躇してみせるか、さもなくば、消費の憂鬱さをしばし忘れるために新たな消費の快楽へと向かう他はないのだろう。

私たちは、消費から逃れることはできない。そして、消費が快楽であっても憂鬱であっても、逃れられないことに変わりはない。けれども、ここで事例にあげた対照的な三者には、奇妙な共通点が存在している。石田の小説に登場するマコトにも、エッセイスト・植草甚一にも、岡の小説に登場するヒグチヨウコウにも、それぞれの消費行動に社会的順応の基準となるような共通のコードが、見出せないのである。さらに、それぞれの憂鬱さの先には、セミオクラシーが隠蔽したはずの「現実や主体の不在」を垣間見ることができる。つまり、「自らの消費が、所詮、自らの階層性に規定されているにすぎない」という当たり前の現実に直面することから、それぞれの憂鬱さは生じているのである。

★14　余計な物を持たないようにする生活が「欧州流シンプルライフ」として注目されたり（『日本経済新聞』二〇〇二年一一月八日付け記事）、消費を極力避ける貧乏暮らしを礼賛した本が売れたりする。

★15　〔矢部・山の手、二〇〇一〕参照。

★16　自然環境に配慮することを第一とするならば、自家用車も暖房器具も持つべきではないだろう。

これらの憂鬱さを生じているのは、高度消費社会の亀裂であると言えるだろう。これらの亀裂が拡大し、憂鬱さを快楽で贖《あがな》えないようになった時、ファンタジーの内部で不在となった共通のコードは、高度消費社会のセミオクラシー体系でも消滅するだろう。おそらく、高度消費社会の終わりは、夢のような楽園の到来にはならないだろう。けれども、それが新しい社会の到来であることは間違いない。

付記
故障したトースターは、輸入代理店にメールで問い合わせたところ、「無償で交換します」と返信があり、結局、新しいものに取り換えてもらった。

文献

Barthes, Roland., 1967, *Système de la Mode*, Éditions du Seuil.（＝一九七二、佐藤信夫訳『モードの体系』みすず書房）

Baudrillard, Jean., 1968, *Le Système des objets*, Éditions Gallimard.（＝一九八〇、宇波彰訳『物の体系』法政大学出版局）

Baudrillard, Jean., 1970, *La Société de consommation : Ses Mythes, Ses Stuructures*, Éditions PLANETE.（＝一九七九、今村仁司・塚原史訳『消費社会の神話と構造』紀伊國屋書店）

Baudrillard, Jean., 1981, *Simulacres et simulation*, Éditions Galilée.（＝一九八四、竹原あき子訳

『シミュラークルとシミュレーション』法政大学出版局）

Ewen, Stuart., 1988, *All Consuming Imeges : The Politics of Style in Contemporary Culture*, Basic Books.（＝一九九〇、平野秀秋・中江桂子訳『浪費の政治学――商品としてのスタイル』晶文社）

Finkelstein, Joanne., 1996, *After a Fashion*, Melbourne University Press.（＝一九九八、成美弘至訳『ファッションの文化社会学』せりか書房）

藤岡和賀夫、一九八四、『さよなら大衆――感性時代をどう読むか』ＰＨＰ研究所

博報堂生活総合研究所、一九八五、『「分衆」の誕生』日本経済新聞社

Girard, René., 1961, *Mensonge Romantique et Vértité romanesque*, Édition Bernard Grasset.（＝一九七一、吉田幸男訳『欲望の現象学――ロマンティークの虚偽とロマネスクの真実』法政大学出版局）

伊藤元重、二〇〇二、「『デフレ予想』払拭がカギ」『日本経済新聞』二〇〇二年一一月四日（朝刊）

石田衣良、二〇〇二、『骨音――池袋ウエストゲートパークⅢ』文藝春秋

川本三郎、一九九四、「解説　王様の玩具箱」植草甚一『植草甚一の収集誌――シリーズ、植草甚一倶楽部』晶文社

Lasch, Christopher., 1978, *The Culture of Narcissism : American Life in an Age of Diminishing Expectations*, W.W. Norton & Company.（＝一九八一、石川弘義訳『ナルシシズムの時代』ナツメ社）

Lasch, Christopher., 1984, *The Minimal Self : Physic Survival in Troubled Times*, W.W. Norton & Company.（＝一九八六、石川義弘・山根三沙・岩佐祥子訳『ミニマルセルフ――生き

にくい時代の精神的サバイバル』時事通信社）
松井剛、二〇〇一、「消費論ブーム　マーケッティングにおける『ポストモダン』」『現代思想』二九―一四
見田宗介、一九九六、『現代社会の理論――情報化・消費化社会の現在と未来』岩波書店
村上泰亮、一九七五、『産業社会の病理』中央公論社
村上泰亮、一九八四、『新中間大衆の時代』中央公論社
岡武士、二〇〇二、『世紀末ディスコ』リトル・モア
Riesman, David., 1950→1961, *The Lonely Crowd : A Study of the Changing American Culture.*（＝一九六四、加藤秀俊訳『孤独な群衆』みすず書房）
田中康夫、一九八一→一九八五、『なんとなく、クリスタル』新潮文庫
植草甚一、一九六九、「経堂から新宿への繁華街を歩くとき」『造』一九六九年一〇月号（→一九九四a、『植草甚一の散歩誌　シリーズ植草甚一倶楽部』晶文社）
植草甚一、一九七三、「ゼイタク感という安いゼイタク」『デリカ』一九七三年初夏号（→一九九四b、『植草甚一の収集誌――シリーズ　植草甚一倶楽部』晶文社）
植草甚一、一九七四、「ライターとボールペンと絹スカーフ」『シルバーオックス』一九七四年春季号（→一九九四b、『植草甚一の収集誌――シリーズ　植草甚一倶楽部』晶文社）
Veblen, Thorstein., 1899, *The Theory of Leisure Class : An Economic Study in the Evolution of Institutions*, New York.（＝一九六一、小原敬士訳『有閑階級の理論』岩波書店）
矢部史郎・山の手緑、二〇〇一、「恐怖力」『現代思想』二九―七
山崎正和、一九八四、『柔らかい個人主義の誕生――消費社会の美学』中央公論社

あとがき——社会学に正解はない

もう少し無難なテキストができあがるはずだった。第1部に基礎編として社会学の方法論を論じたものを四本、第2部に応用編として専門分野について論じたものを六本、それぞれ配置するというのが、最初の計画だった。それでも、執筆者たちの個性的な顔ぶれを思い浮かべれば、そこそこ面白いテキストになるだろう、と考えていた。

すべては、一通のメールから始まった。それは、私が出版社宛に送った出版計画に対する編集者からの返信メールである。そのメールには、まず、そんなテキストでは「読者の興味を触発しない」「セールスポイントがない」「巷に溢れているどれも似たようなテキストと変わらない」

と記されていた。そして、そのメールは、第1部を「ML《メーリングリスト》上での応酬で作り上げろ!」「いきなり論文を書くための技術論から入れ!」と続いていた。一通のメールをまわし読んだ後、こんなやりとりになった。「いい編集者じゃない」「そうでしょう」「やってみます」「そんなんで本になるんやろうか?」「できんことはないやろ」「でも、最後に誰が原稿にまとめるの?」「そりゃあ、言い出しっ屁でしょう」「そうか、そんならやろう」。そんな軽いノリで、インターネット上に会員制MLが開設された。

　MLへの書き込みは、最終的に一三〇件近くになったけれども、執筆者たちの無責任な期待にこたえて、それらをまとめ上げたのは、編集者の竹中尚史さんである。圧巻だったのは、竹中さんから指示された第1部原稿の仕上げ方である。編集用の組版記号が入ったテキストファイル原稿に、直接、執筆者四人が順番に書き込んでいく作業は、延々と二月十七日まで続いた。そして、書き込みのままでは、とても公表できないようなMLでの応酬は、この竹中マジックによって、「対談《ディスカッション》形式」となって第1部にまとめ上げられた。

　さて、第2部に配置された八本の論文は、全て本書のために書き下ろされたものである。それでも、個々の論文で取り扱われているテーマが多岐にわたり、論じられている内容が様々な方向へと向かっていることに、おそらく多くの読者は面食らうことだろう。もちろん、その原因の一端は、執筆者どうしが、明確な分担を決めることなく、念入りな打ち合わせもせずに執筆に臨んだことにある。あえてこのような形態をとったのは、音楽に喩《たと》えれば即興演奏《ジャムセッション》のような臨場感を、執筆者どうしが、読者とともにあじわいたかったからだ。それぞれ勝手な曲調で奏でられた音と音とが衝突した瞬間に、なにがしかの不協和音が発生する。協和音だけで作られたような無味乾燥の音楽を理解することは容易《たやす》い。けれども、不協和音の連続は、単なるノイズとして聴き逃されてしまうこともあれば、時には、耳障りなノイズとして急を告げる不吉な警告音のように、聴くものを不安にさせることもある。「いったい何が起こったのか？」と。

理解できないものや、答えの出ない問題に直面したとき、人間は不安を感じる。現実の社会を生きる個々の人々が感じる「不安」は、音楽上のノイズと同じだ。単なるノイズのように個人的な不安として片づけられてしまうこともあれば、社会不安や社会問題として対処されることもある。本書で執筆者が共通に試みたのは、現実の社会に遍在するノイズのような「不安」の存在を暴き出すだけでなく、それらの「不安」の在処《ありか》をなんとか探り当てようとすることである。けれども、それは、「不安」の原因を明らかにしたり、「不安」を取り除くための答えを提供するものでは決してない。ある「不安」を感じた時、多くの人々は、たいてい、何らかの原因や答えを求めることで、その「不安」から逃れようとする。けれども、社会学的思考とは、人間個々が感じる「不安」を、「不安」を抱えた社会として、把握しようとする試みである。

「不安」から逃れようとするのではなく、「不安」へと立ち向かっていく際に発生する不協和音が、やがてノイズのかたまりとなって警告音のように鳴り響くような記述こそ、私たちが目指したものである。

社会学に正解はないのだから……。

二〇〇三年三月一日

執筆者を代表して　中根光敏

著者紹介［執筆順］

中根 光敏（なかね・みつとし）NAKANE Mitsutoshi

広島修道大学教員

『珈琲飲み――「コーヒー文化」私論』（洛北出版、2014年）、『浮気な心に終わらない旅を――社会学的思索への誘惑』（松籟社、2007年）、『社会学者は二度ベルを鳴らす――閉塞する社会空間／熔解する自己』（松籟社、1997年）、『グローバル化と文化変容』（共編著、いなほ書房、2013年）など。

野村 浩也（のむら・こうや）NOMURA Koya

広島修道大学教員

『植民者へ――ポストコロニアリズムという挑発』（編著、松籟社、2007年）、『無意識の植民地主義――日本人の米軍基地と沖縄人』（御茶の水書房、2005年）、『「文化」と「権力」の社会学』（共著、広島修道大学学術交流センター、2008年）、*Okinawan Diaspora*（共著、University of Hawai'i Press、2002年）など。

河口 和也（かわぐち・かずや）KAWAGUCHI Kazuya

広島修道大学教員

『クイア・スタディーズ』（岩波書店、2003年）、『同性愛と異性愛』（共著、岩波書店、2010年）、『「文化」と「権力」の社会学』（編著、広島修道大学学術交流センター、2008年）、『ゲイ・スタディーズ』（共著、青土社、1997年）など。

狩谷 あゆみ（かりや・あゆみ）KARIYA Ayumi

広島修道大学教員

『不埒な希望――ホームレス／寄せ場をめぐる社会学』（編著、松籟社、2006年）、『「文化」と「権力」の社会学』（共著、広島修道大学学術交流センター、2008年）、「女性と犯罪をめぐる言説――「騎士道精神」から「女性の社会進出」へ」（『解放社会学研究』27号、2014年）、「「出世する女」はお嫌いですか？――1997年「東電OL殺人事件」に関するマスコミ報道を事例として」（『広島修大論集』第53巻第2号、2013年）など。

社会学《しゃかいがく》に正解《せいかい》はない

2003年3月20日初版発行
2017年8月1日第5刷発行

定価はカバーに表示しています

著　者　中根 光敏・野村 浩也
　　　　河口 和也・狩谷あゆみ
発行者　相坂　一

〒612-0801 京都市伏見区深草正覚町 1-34
発行所（株）松 籟 社
SHORAISHA（しょうらいしゃ）

電話：075-531-2878
FAX：075-532-2309
振替：01040-3-13030
URL：http://shoraisha.com

印刷・製本　亜細亜印刷（株）

Printed in Japan

ISBN978-4-87984-224-4　C0036